数字化视角下
创新创业的性别差异

熊艾伦　王子娟◎著

重庆大学出版社

内容提要

随着社会的不断进步,女性在创新创业活动中扮演着越来越重要的角色。传统研究尽管对性别差异进行了广泛的讨论,但忽视了社会进步带来的新影响。数字化、网络化的普及和应用可能会对女性群体带来"双刃剑"效应。本书基于先天因素和后天因素系统性地探讨了性别差异的起源,并通过女性企业家和普通职场女性两组不同的数据解析了职场性别差异的具体表现形式。结合互联网的发展趋势,本书从理论层面分析了数字化背景下女性创新创业的优势和特点,并通过全球创业观察数据和上市公司数据进行了实证检验。本书综合了管理学、心理学、组织行为学和社会学的相关理论,采用了问卷调查、文本分析、实证检验等多种方法,以期为促进包容性的创新创业发展提供有益指导。

图书在版编目(CIP)数据

数字化视角下创新创业的性别差异 / 熊艾伦,王子娟著. --
重庆:重庆大学出版社,2023.7
ISBN 978-7-5689-4135-8

Ⅰ.①数… Ⅱ.①熊… ②王… Ⅲ.①职业选择—性别差异—
研究—中国 Ⅳ.①C913.2

中国国家版本馆 CIP 数据核字(2023)第 150382 号

数字化视角下创新创业的性别差异
SHUZIHUA SHIJIAO XIA CHUANGXIN CHUANGYE DE XINGBIE CHAYI

熊艾伦 王子娟 著
策划编辑:孙英姿 许 璐
责任编辑:张红梅 版式设计:许 璐
责任校对:王 倩 责任印制:张 策

*

重庆大学出版社出版发行
出版人:陈晓阳
社址:重庆市沙坪坝区大学城西路 21 号
邮编:401331
电话:(023) 88617190 88617185(中小学)
传真:(023) 88617186 88617166
网址:http://www.cqup.com.cn
邮箱:fxk@ cqup.com.cn(营销中心)
全国新华书店经销
重庆升光电力印务有限公司印刷

*

开本:720mm×1020mm 1/16 印张:15 字数:225 千
2023 年 7 月第 1 版 2023 年 7 月第 1 次印刷
ISBN 978-7-5689-4135-8 定价:78.00 元

作者简介

熊艾伦　重庆大学管理学博士，副教授。现为重庆工商大学工商管理学院人力资源管理系教师。主持国家自然科学基金青年项目1项、教育部人文社科项目1项，重庆市教委人文社科研究项目1项，获得重庆市第十一次社会科学优秀成果奖1项。

王子娟　重庆大学工学博士，讲师。现为重庆工商大学管理科学与工程学院工程管理系专任教师。主持重庆市基础研究与前沿探索省部级课题1项，主持重庆工商大学高层次人才计划项目、重庆工商大学本科教育教学改革研究项目等校级课题2项，获得重庆市第十一次社会科学优秀成果奖1项。

本研究感谢重庆市教委人文社科研究项目（21SKGH122）、国家自然科学基金青年项目（70192014）项目资助。

前　言

　　党的二十大报告指出，要"加快实施创新驱动发展战略"，"加快实现高水平科技自立自强"。科技创新能力的提升已经成为影响综合国力的决定性因素。而创业优势创新的载体，是实现创新价值的手段和途径，因此创新创业是两个紧密关联的概念。2020 年 7 月 21 日，习近平总书记在企业家座谈会上提出要"加大政策支持力度，激发市场主体活力，使广大市场主体不仅能够生存，而且能够实现更大发展"。2020 年 5 月 28 日，习近平总书记在中国科学院第二十次院士大会、中国工程院第十五次院士大会和中国科学技术协会第十次全国代表大会上发表重要讲话，指出当前"科技创新的深度显著加深、科技创新的速度显著加快、科技创新的精度显著加强"，因此，要"激发各类人才的创新活力，建设全球人才高地"。

　　从个体角度而言，创新创业是个人特质的体现。一些学者认为创新创业是个人能力特质的一部分，主要涉及的是个体如何运用其创新能力解决现实问题的过程。这既可以包括创新性思维的体现，也包括将思想付诸实践创造新事物的能力。也有学者认为创新创业是内嵌于个体人格中的。具备某些性格的个体，会更乐意在生活和工作中颠覆传统，采用新方法，进行新实验。这两种观点的区别在于是否认同创新创业特质的后天可获得性。人格论则意味着创新创业能力大多是先天决定的，能力论则意味着创新创业特质是可以通过后天培养的。这两种观点的相同点在于都认为创新创业主要取决于个体能动性。尽管外部环境能在一定程度上吸引个体进行创新创业，但对于能力欠缺或性格不匹配的个体而言，外部的激励作用始终有限。因此，厘清不同社会群体创新创业偏好就成为促进创新创业发展的重要前置条件。

　　年龄、教育、性别都是个体最显著的特质标签。以性别为例,不少学者认为男性和女性存在明显的性格特征差异,进而反映到后天的行为上。例如女性更沉稳、谨慎,男性则外向、张扬。因此,男性和女性在创新创造的偏好上也有所区别。此外,1972 年,Tajfel 提出了"社会身份认同"(social identity)的概念。该理论指出,个体会因为自己的群体身份而感受到情感和价值。群体成员用相似的标准进行自我评价,对自身的属性拥有相同的定义,并在和他人的互动中遵循相同的规范。该理论还假定人们是通过群体身份的相互比较来维持自尊自信的积极心理体验。因此,不论是从群体身份角度,还是个人性格特征角度,男性和女性在创新创业方面都可能存在明显差异,有待进一步探索和挖掘。

　　数字化时代,也可被称为数字经济时代,是指在信息技术的推动下,以数字化技术和数字数据为基础,通过互联网、移动通信和其他数字技术手段实现经济活动。数字化背景下商业模式得到了极大的重塑。一方面,数字化使得各种信息充分扩散和释放,大家能够更准确了解市场需求,观察客户行为,从而优化资源配置;另一方面,数字经济背景下,要求创业者具备更加敏捷的反应能力和调整能力,要能够不断追踪前沿并乐于应用新兴技术。对于不断演化的社会需求,创业者也必须更加敏感,从而适时调整产品和服务。

　　综上所述,随着社会经济的不断进步,女性在创新创业活动中扮演的角色越来越重要。传统研究尽管对性别差异进行了广泛的讨论,但忽视了技术进步对社会经济带来的新影响。数字化、网络化的普及和应用可能对女性群体造成"双刃剑"效应。本书基于先天因素和后天因素系统探讨了性别差异的起源,并通过女性企业家和普通职场女性两组不同的数据解析了职场性别差异的具体表现形式。本书结合互联网发展趋势,从理论层面分析了数字化背景下女性创新创业优势和特点,并通过全球创业观察数据和上市公司数据进行了实证检验。本书综合了管理学、心理学、组织行为学和社会学相关理论,并采用了问卷调查、文本分析、实证检验等多种方法,以期为促进包容性的创新创业发展提供有益指导。

编　者
2023 年 6 月

目　录

第一章　引　言

一、研究背景

（一）创新创业中的性别差异

当今世界,大国竞争的新格局使科学技术在社会经济可持续发展中的核心作用不断凸显。尤其是面对当下关键核心技术"卡脖子"困境,更要实现科技自立自强,打好关键核心技术攻坚战,培养造就更多的创新创业人才。要有针对性地制定人才培养政策,首先就要了解不同类型人才的成长规律和偏好,而性别因素往往是大众最关注的身份标签。诚然,随着社会经济的不断进步,女性在创新创业中扮演着越来越重要的角色。一方面,学术界对女性特征与企业领导的关系的看法由"冲突"逐渐转变为"匹配",许多研究指出,女企业家有较高的避险意识,不会过度自信,偏好差异化战略,经营稳健,抵御危机能力强,因此,在经济下行压力下能够保持相对较好的业绩。西方有舆论认为,如果当初"雷曼兄弟"变成了"雷曼姐妹",则完全有可能避免破产危机[①]。欧洲议会于 2012 年通过了一个草案,力图促使欧盟上市公司中的女性非执行董事的比例达到

[①] 福克斯新闻网 2012 年 5 月刊登了一篇名为"Lehman Sisters could have averted financial collapse"的报道。哈佛商业评论也于 2010 年 10 月发表了一篇名为"What if Lehman Brothers had been Lehman Sisters"的文章,两者均强调女性作为企业主管在避免经营危机中的正面作用。

40%①,这一举措正是基于女性小心谨慎、风险回避的决策偏好。因此,越来越多的女性人才加入创业大军中。

创新方面,女性科技人员的成长同样令人瞩目。当前女性科技人才规模逐步扩大、结构不断优化、能力显著提升,在基础理论、应用技术、工程实践等各个方面做出重要贡献,充分彰显女性的力量。具体表现在以下三个方面:一是整体比例较大。一项由爱思唯尔开展的全球科研人员性别调研显示,女研究员的占比已经从20年前的29%上升到40%左右。目前,在我国重点计划研发项目中,女性项目课题负责人约有6 000人,履行项目骨干比例占27%。上述指标均高于全球平均水平。二是代表性人物不断涌现。例如:共和国勋章获得者、中国首位诺贝尔生理学奖或医学奖得主屠呦呦女士;专注膜蛋白相关研究、在科研领域富有建树的颜宁教授;文昌航天发射场的第一位女性"金手指"、接连按下问天实验仓和梦天实验仓点火按钮的刘巾杰。三是后备力量发展相对充足。根据国家统计局2020年统计年鉴数据,我国6岁及6岁以上获得大专以上学历女性(抽样)比重超过45%,部分地区如北京、上海和重庆等地,高学历女性占比近50%。

2022年11月,以性别视角解读中国科研生态的研究报告——《性别视角下的中国科研人员画像》(以下简称《科研人员的画像》)首次发布,该研究报告由中国科学院文献情报中心与爱思唯尔共建的科研评价实验室撰写,它指出,就学术影响力而言,男性科学家和女性科学家不相上下,但女性科学家在生命科学、药理学、神经学等方面的表现要优于男性科学家。而在工程技术科学、计算机科学方面,女性科学家的影响力比男性科学家小。此外,女性科学家在工作中更擅长与团队合作。该研究报告显示,女性科研人员的论文合作者数量普遍多于男性科研人员,同时由女性主导的科研团队规模也大于男性主导的科研团队规模。而男性科研人员则在国际合作中更活跃。无论是2005—2009年,还是2015—2019年,相较于女性科研人员,男性科研人员的国际合作率更高。从整体发展态势

---

① 如有公司规定,在2020年前未完成40%目标的,将会被要求出具相应的资质评估报告,证明其在任命高管时是完全公平公正,不存在性别歧视的。该草案主要针对欧盟国家内的大型上市公司,员工在250人以下或年营业额不超过5 000万欧元的公司不在规定之列。

看,男性科研人员、女性科研人员开展国际合作的积极性都在不断上升。

(二)性别差异的普遍性与特殊性

基于男性和女性存在较大差异这一隐藏假设,性别问题在社会科学领域被广泛研究。但不少研究也认为男性和女性的差异并不显著。世界价值观调查(WVS)反映了男性和女性的价值观差异,如表1.1所示。WVS是一项旨在研究公众价值取向并探索其如何随时间与社会政策变迁而变化的全球性调查,由世界社会科学网络联盟的成员单位共同协作执行,目前已覆盖100多个国家、90%左右的全球人口,其调查内容涵盖当今世界热门的价值观话题,如民主化、外籍或少数群体包容性、性别平等、宗教角色与变迁、全球化的影响等。表1.1使用的是2017—2022年的数据,样本数超过15万。

由表1.1可知,86.9%的男性样本认为家庭很重要,对女性样本而言,这一比率超过90%。这意味着女性更认可家庭生活的重要性。相反,男性样本更认可工作的重要性,比值约高于女性样本的5%。男性样本和女性样本对友情和休闲的重视程度则没有明显的差异。对独立自主、勤奋努力、责任担当和大公无私等个性要素,男性样本和女性样本没有表现出明显差异。更多女性样本认为尊重他人是应具备的素质,更多男性样本则认为持之以恒是个人应具备的素质。

表1.1 价值观的性别差异

项 目	男性样本/%	女性样本/%
家庭很重要	86.9	90.7
友情很重要	45.3	45.6
休闲很重要	41.1	42.1
工作很重要	59.5	54.7
待人礼貌	75.0	76.3
独立自主	45.4	46.9
勤奋努力	52.9	50.7
责任担当	66.6	68.2

续表

项　目	男性样本/%	女性样本/%
尊重他人	62.7	67.6
持之以恒	37.8	35.3
大公无私	26.5	27.1

数据来源：世界价值观调查（WVS）。

表1.1的数据表明，男性和女性之间存在的差异并不显著。WVS数据涵盖了众多国家样本，包括发达国家和发展中国家。不难想象，在经济发展水平更高的国家和地区，性别中性更容易被人们所接受，上述差异也可能更小。本书无意讨论性别中性是否正确，但每种社会现象的产生必然有一定的合理性。这意味着社会规范对性别行为的强制力在不断减弱，人们心目中的性别意识在逐渐淡化。

此外，即便一般女性和一般男性存在较大差异，也未必能延伸到承担创新创业任务的企业家或科研人员群体上，许多实证研究也证实了这一点（Vial et al.，2016；Hoyt and Murphy，2016）。这一情形被命名为"蜂后"（queen bee）现象。所谓"蜂后"，是指在男性占主导地位的工作环境中担任管理职务的女性，尤其是担任高层管理职务的女性。她们为了获得更好的职业发展而刻意强调自身具备与男性领导者一样的特质，注重与普通女性员工保持距离的合理性（Derks et al.，2011；Derks，2016；Arvate et al.，2018）。"蜂后"行为是女性在性别歧视下的自我保护手段。然而，"蜂后"现象的直接后果是强化了职场中的性别歧视。蜂后型领导可能不会给予女性员工公正的评价，也拒绝提拔女性下属。而这种由女性产生负面评价和批评观点比男性领导更有影响力，也更具伤害性，且通常不会被认为是性别歧视的表现（Sutton et al.，2006；Faniko et al.，2017）。因此，"蜂后"现象实质上为性别歧视和女性在职场上的弱势地位提供了合理化依据。

引入"蜂后"概念对研究创新创业中的性别差异具有特殊意义。一些学者指出女性和男性在涉他偏好、竞争意识、风险偏好等领域存在明显差异。因此，在创新创业过程中，女性会展现出不一样的决策偏好。由于企业的战略决策异常复杂,最有效率的团队通常由不同身份背景的男性和女性构成。他们能基于自身专业特长、认知能力的差异给出不同的观点(Frink, et al., 2000)。具体而言,女性的优势包括着力改善财务状况、关注公司治理水平、重视满足客户需求等,最终有利于企业绩效(Krishan and Park, 2005;Francoeur et al., 2008;Erhardt et al., 2010;Opstrup and Villadsen, 2015)。因此,如果"蜂后"现象普遍存在,那么在创新创业过程中通过调节性别比例达到某些特定目标的政策就无法顺利实现。

(三)性别差异的发展趋势

造成性别差异的原因可能是先天的也可能是后天的。先天差异可能源于基因遗传,后天差异则归因于家庭生活和社会环境。例如,法国思想家西蒙娜·德·波伏娃认为后天环境是造成性别差异的最主要原因。在其著作《第二性》中,波伏娃指出:"女人并不是生就的,而宁可说是逐渐形成的。……只有另一个人的干预,才能把一个人树为他者。"由于社会的不断进步、平等意识的持续觉醒,传统规范对女性的约束越来越小。因此,女性需要应对社会身份威胁的可能性越来越低,性别平等应成为长期趋势。然而,经济的发展缩小了某些领域的性别差异,但也扩大了其他领域的性别差异。

图 1.1 展示了 2006—2022 年性别平等程度的演化趋势,相关数据来源于各年全球性别差距报告。整体而言,全球性别平等程度仅有微小提升,从 0.65 左右提升到 0.68。其中,教育性别平等程度得分最高,接近1。报告指出,121 个国家在教育领域已经将性别差异缩小了 95%;有 64 个国家或地区基本实现了教育领域的完全平等。而在这些国家中,还包括来自南美洲、中亚等地区的 36 个新兴经济体。表现最差的国家主要来自非洲,包括马里、贝宁、尼日尔、几内亚、刚果、乍得等。这些国家的妇女识字率明显低于男性。在乍得,只有 14% 的女性识字,男性为 31.3%。在几内亚,只有 22% 的女性和 43.6% 的男性识字。健康方面,性别平等同样取得了较大的进展。迄今为止,所有国家都缩小了至少 93% 的健康性别差异,其中 56 个国家在健康方面已经完全实现了性别平等。

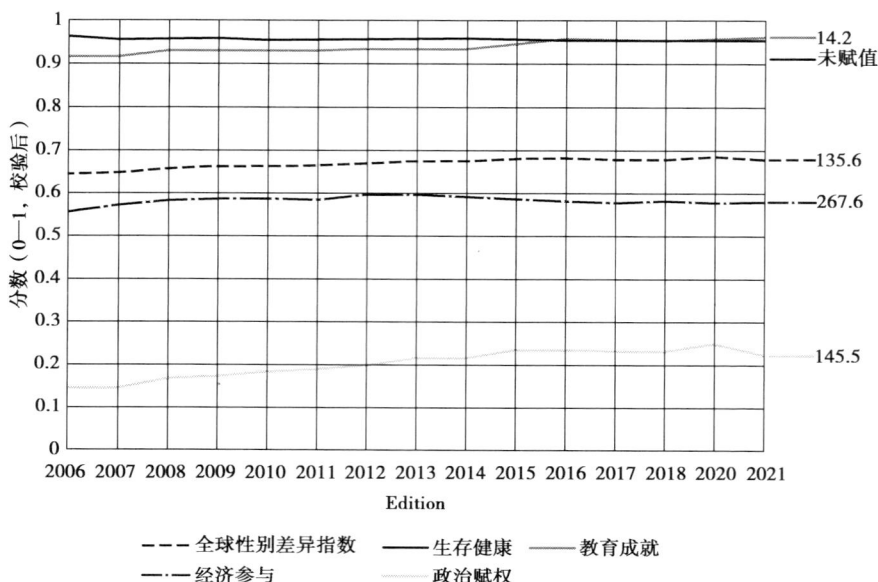

图 1.1　性别平等程度的演化趋势

（来源：全球性别差距报告）

　　经济参与领域性别平等差距较大，迄今为止，只有 58.3% 的差异被缩小，且 2021 年与 2020 年相比没有进步。经济参与领域性别平等差距较大的主要原因之一是妇女在劳动力市场上的代表性不足。从全球范围内来看，15～64 岁的男性获得劳动机会的概率为 80%，而同一年龄组的女性获得劳动机会的概率只有 52.6%。因此，劳动力参与率的性别差异高于 35%。最后，性别差异最大的领域是政治赋权。与 2020 年相比，2021年的增幅减少 2.4%。到目前为止，政治赋权领域差距只缩小了 22.3%，即使是表现最好的冰岛，也仅缩小了 24% 的差距。在调查所涉及的 156个国家中共有 35 500 个政治席位，其中只有 26.1% 的女性。在某些非洲国家（如瓦努阿图共和国和巴布亚新几内亚独立国）整个议会席位中完全没有女性。

二、数字鸿沟与性别差异

　　上述分析表明，社会的进步使部分领域的性别差异缩小，但对于某些领域而言性别差异仍然存在。造成这种性别差异的原因是多重的,本书关注其中的技术领域,也就是数字鸿沟造成的性别差异。

互联网具有改变生活的能力。一方面,它能使人们及时获得信息,增加就业机会并提高收入。另一方面,它也能让人们广泛参与互动,获得基本权利,提升幸福感(Amichai-Hamburger,2013)。然而,当前面临的一个现实问题是互联网信息的传播和应用并不平等。美国宽带委员会(Broadband Commission)的一项研究报告指出,全球范围内有智能手机的女性比男性少2亿。即使女性拥有移动设备,她们也不大可能将其用于移动互联网等变革性服务,这进一步扩大了该领域的性别差距。数字鸿沟并不会自行缩小,需要一系列复杂的社会、经济和文化因素驱动。该报告指出,在全球范围内的任何国家,男性使用互联网的频率都高于女性,且这一差距未明显缩小。全球互联网用户的性别差异直到2021年仍高达5%。在欠发达地区,这一差异甚至可能高达30%。

女性接入互联网的障碍可能有三个方面:第一,许多女性一般收入较低,经济独立性不强,获得外部财政来源的机会有限,因此,她们无法获得较好的硬件基础设施;第二,与男性相比,女性隐私泄露造成的影响更严重,在互联网上,女性更容易面临恐吓、骚扰、暴力、监视等后果;第三,女性一般更容易缺乏使用互联网所需的数字技能或信心。这主要是因为女性在计算机应用方面的能力和训练不足,导致她们无法自如地通过互联网获得理想的服务和资源。

三、研究的问题及其意义

本书旨在探索创新创业视域下的性别差异,并将其置于互联网快速发展的背景下。本书具备以下理论意义:第一,探索性别差异形成的关键因素。对于性别角色认知的研究大多基于社会角色理论(social role theory)。其主要观点认为个体社会化过程是造成性别差异的主要原因(Wood and Eagly,2002),这通常包含三个阶段:首先,家庭生活让个体形成性别观念的雏形,体现在婚姻规范、继承规范、养老规范、生育规范等方面①;其次,教育阶段让个体进一步相信社会角色分工的合理性(许晓茵等,2010)。例如中国传统的女子教育侧重伦理教化,具体表现为规范女子为人妻、为人母、为人女的职责;最后,在社会生活中,人们根据外界规范与期待在不断的社会实践中逐渐形成对自我性别的认同感。性别观念又潜移默化地得到了进一步增强(胡俊修,2003)。第二,本书将探讨技术进步对不同群体的影响。总体而言,互联网和数字技术的发展极大地改善了人们的生活,可能缩小或扩大群体间的差异。女性在信息搜寻、整合、利用等方面与男性存在差异,进而不利于创新创业。互联网使信息可获得性大大增强,使性别差异逐渐缩小。然而,既有研究又指出女性数字技能上的不足,可能使其无法通过数字技术赋能创新创业行为,与男性的差异进一步扩大。本书将通过大量实证对此进行检验以探索数字技术的进步对不同群体的影响。第三,本书将重点关注中国情境下数字技术对性别差异的影响。与其他国家相比,我国数字技术具备两个不同点:第一,对数字技术的发展和互联网技术的应用更加重视。2022 年,中国联通董事长指出:"中国式现代化的宏伟进程必将进一步加速推动数字化网络化智能化在更广领域实现更高质量、更深层次的发展,同时,数字化网络化智能化正成为实现中国式现代化重组要素资源、重塑经济结构、改变竞争格局的关键力量。"②第二,我国性别平等发展程度总体不高,但在某些特定领域,男性和女性差异并不明显。2016 年,中国女性职场调查报告显示,有超过 50% 的受访者认为领导者"责任心""乐观积极""谦虚谨慎""条理清晰""值得信赖"等特征不存在明显性别差异。实践证明,对中国数据的关注,有助于了解究竟哪些领域的性别差异在技术进步背景下会扩大不平等性。

研究的现实意义:第一,通过分析创新创业视域下的性别差异可为相关政策制定提供参考。如前所示,创新创业是我国繁荣昌盛的不竭动力,

① 传统地区往往存在严重的男性偏好,包括姓氏必须由男性继承,家族祭祀必须由男性主持,传宗接代和养老也多依赖男性等。
② 资料来源:腾讯网。

也是国家战略的重要组成部分。如果创新创业领域存在较大的性别差异,为扩大创新创业覆盖群体,或有必要针对不同群体设计差异化的策略。现有政策体系大多关注青少年、大学毕业生等群体,还未能关注其性别差异。第二,为企业高管性别配额制度的有效性提供参考。为解决性别歧视问题,促进妇女的职业发展,各个国家常采取配额政策,强制性地为女性员工保留一定数量的高管职位。但"蜂后"效应的存在导致这一政策可能无法取得预期效果。本书将有助于企业思考是否引入包括工作生活平衡(work life balance)在内的配套举措,以充分发挥女性高管的特点和优势。第三,本书为有效解决数字鸿沟问题提供参考。促进数字均等化和数字经济健康有序发展离不开全民数字素养、数字意识和数字技能的提升。如何让不同群体平等接入、利用数字化是数字鸿沟得以弥合的关键。相关研究表明,全球范围内数字不均等现象普遍存在,且各国或地区间性别差异很大,其中欧洲国家的数字均等指数最高,其次为亚洲、南美洲、中北美洲、非洲。此外,一个国家或地区经济越发达,数字均等化程度就越高①。本书通过探索数字化情境下创新创业的性别差异为促进数字均等化提供建议。

---

① 全球信息社会发展报告(2022)。

第二章 性别差异的起源与发展

在当今社会多元文化的冲击下，人们在社会化过程中的性别角色也发生了意识上的巨大转变，关于性别差异的理论研究也越来越多。在学术研究领域，性别普遍被认为是由"生理性别"和"社会性别"组成的。"生理性别"是天生的，是不能通过后天改变的；"社会性别"是西方女性主义的核心概念，是相对于生理性别而言的，是指男女两性在社会文化的建构下形成的性别特征和差异，即社会文化形成的对男女差异的理解，以及属于男性或女性的群体特征和行为方式。差异指的是男女之间的平均差异，但是男性和女性的内部也各自有大量的不同点，所以两性间总有很多重合的地方。几十年来，人们对男性和女性之间的不同是后天习得的还是主要归因于生物遗传这个问题一直很感兴趣，直到今天，它的重要性一如既往。

一、不同视角下的性别差异

（一）性别差异的生命周期视角

人的一生可以大致划分为婴儿期、幼儿期、学龄期、青春期和成人期，这样划分是因为每一个个体在不同年龄段里展现的身体机能是不一样的，其中包括精力、体力、智力等。随着年龄的增长，我们会有一个转变，身体和生理等都会越来越成熟和稳定，各阶段并没有严格的界限，主要为一个连续的过程，并且相互之间有密切的联系，但在各个阶段男性和女性会呈现出不同的性格和行为特征。

　　婴儿期,即从出生到一周岁这一年龄阶段。这个阶段的婴儿生长发育迅速,是出生后生长发育最快的时期(郭晶晶,2017)。刚出生的婴儿无所谓男女,但有科学研究发现,男婴对妈妈的期待相比女婴更强烈一些,可能是男婴天生比较脆弱的缘故,因而需要得到母亲更多的照顾和关怀。剑桥大学的心理学家们对一天出生的婴儿做了一个实验:他们同时给男婴和女婴看一张女性面部照片和一张手机照片,然后给他们拍照,观察婴儿们更关注哪张照片。结果表明,大多数男婴对手机照片的关注度较高,大多数女婴对女性面部照片的关注度较高。由此可以看出,男孩与女孩的不同源自胎儿时期的发育,这种差异在出生时就出现了。

　　幼儿期,即1~3周岁末。幼儿期的发育速度相较于婴儿期稍慢,但无论是生理的还是心理的发育都非常明显,各方面的发育和发展都非常迅速。正如大家普遍认为的,一般女孩大脑中的语言板块更活跃,我们也可以看到女孩通常比男孩说话早,包括之后说三个字、说句子,甚至上学之后女孩的作文能力也都比男孩稍强;而男孩大脑中负责空间的板块要比女孩发达,发散思维要比女孩更强(王小英 等,2004),所以男孩对立体的认知比女孩快,看宝宝堆积木就可看出,大部分男孩堆建的大楼构架要比女孩强。还有就是运动能力,男孩的运动能力比女孩强,他们一般会比女孩更早地学会一些动作,如爬行、走路、跑步等;但是一些细致的动作,如手技、小手工等,则是女孩更厉害。

　　学龄期,即6~7岁到青春期前。学龄期的儿童体格稳步增长,发展速度比之前缓慢,但已经可以接受系统的教育。随着年龄的增长,男孩和女孩在生理方面的发展差异逐渐明显,特别是在力量上,男孩和女孩已经出现很大的差异(邓梅,1999)。在身体发育方面,男孩比女孩有更多的优势,他们的个头通常比女孩的个头高,肺活量也比女孩的肺活量大,内脏器官也比女孩的内脏器官大;在动作行为方面,男孩比女孩具有更强的身体活动能力,并且更容易发生较多的身体攻击性行为。与女孩相比,男孩不善于用相当成熟的思考替代冲动行为,而女孩在幼儿园有可能通过练习改善她们的行为表现,而男孩则不能。在行为的自我控制能力上,男孩比女孩差;在活动倾向方面,男孩活动多定向于物,他们活动量大,喜欢探究;而女孩活动多定向于人,她们喜欢交往,富于感情,但对新奇事物不够敏感。

青春期,年龄为 11~20 岁。处于青春期的男女,随着年龄的增长以及心理和心智的逐渐成熟,身体也处在生长最迅速的阶段。通常情况下,女孩生长发育的高峰期早于男孩,在 11~12 岁时进入发育期;而男孩则在 13~14 岁时进入生长高峰期,因此从 11 岁开始的两年里,女孩总体比男孩高,而 13 岁之后,由于男孩身高增长幅度大、持续时间长,男孩普遍高于女孩,这种状态一直持续到成年。

第二性征发育不同。不同于出生时就具有的第一性征(生殖器官的差异),第二性征是人出生后在发育过程中出现的性别差异体表特征。女孩音调变高,皮下脂肪增多,不知所措的困惑与成长的兴奋并存,一些变化也给女生带来了很大的困扰。男孩胡须增多,出现喉结及变声。与女孩产生困扰不同的是,大部分男生会因为成熟男性特征的出现而表现出力量感和自信,但也有男生会因为声音过粗而自卑或被同学嘲笑,从而引发心理问题(温馨,1995)。

成人期,即青春期之后。成人期,人体各个器官组织,包括生殖系统已发育完全,心理认知方面可能存在个体差异(李立敏,2008)。在长期的社会化过程中,由于不同的社会分工,人们对男女两性的角色认知、角色期望、角色行为模式的刻板印象也存在很大差异,在潜移默化中男女的性别差异越来越明显:在认知方面,从总体上讲,女性在认识外部环境时会具有更强的依赖性,容易受到环境的影响;而男性则表现得更具有独立性,因此,他们在解决问题时思维更灵活、更具有创造性。在情绪差异上,女性的情感较易暴露,表现得胆小、温顺、依赖、文静,更需要别人的帮助和保护;男性的感情较不易暴露,表现得坚强、独立、自信,与女性相比更能控制自己的行为。在人际交往方面,一般来说,男性更喜欢单独行动;女性偏爱结伴而行,更注重沟通和人际社交,以满足其情感交流的需求。

(二)性别差异的历史文化视角

从古至今,我国经历了多个不同的社会阶段,每个社会阶段有不同的婚姻制度,每个不同社会阶段女性的社会地位也展现出不同的特点。以下对原始社会、奴隶社会、封建社会以及改革开放后女性社会地位进行具体描述。

1. 原始社会的女性地位

恩格斯说,从母系制向父系制的转变,对女性来说是一场具有世界历史意义的失败。在距今四五万年前的旧石器时代,人类由古猿人逐渐进化为新人,原始社会逐渐形成。而一开始形成的是母系社会,母系社会在距今 7 000 年前时到达繁荣鼎盛时期,而在距今 5 000 年左右时,中国由母系社会转变为父系社会,导致女性地位一落千丈。

在原始社会(约 170 万年前至约公元前 21 世纪),由于社会生产力低下,社会的根本目标是生存和繁衍,女性担负起了繁衍种群的重任,男性则大多是附属品,其最大的作用就是保护女性。因为繁衍的确定性和保护者的不确定性,女性占据了主要地位,也正是因为以血缘为纽带,女性族群发展日益壮大,而男性地位越来越不受重视,从而奠定了女性在氏族中的核心领导力。母系社会的婚姻制度最重要的特点是外婚制,外婚制让子女都跟着母亲,大大削弱了父亲对子女的作用,所以母系社会可以说是一个"无父无夫"的社会。

人类由原始向文明转变之时,生产力得到了很大的提升,农耕取代了采集,种群已经趋于稳定,不存在亡群灭种的危险,当人类生活富足时,才会出现贫富分化和阶级对立。这种阶级对立逐渐演变为不同种群之间的争夺,在争夺的过程中男性就显示出了女性没有的力量,男性在氏族中的地位逐渐得到了提升,这使母系社会开始向父系社会转变。在父系社会中,男性占据了主动权,最主要的就是继承权和婚配权,这也导致了在历史上继承父亲职位的都为男性,而女性没有这样的权利,在婚配权上也出现了古代一夫多妻的现象,女性的社会地位逐渐被男性挤压和侵占。

2. 奴隶社会的女性地位

父系氏族公社时期的男性虽占据主导地位,妇女地位依然较高,但是自从进入奴隶社会时期,女性地位就发生了急剧的变化。在奴隶社会(自公元前 21 世纪夏朝建立开始,到公元前 476 年春秋时期结束),女性地位完全沦落,女性成为男性任意支配的奴隶,在社会分工中占主导地位的男性成为社会和家庭中的主力,女性的活动范围则主要局限于家庭中,生育和家务成为女性的责任,妇女完全丧失自由,成为财产,可任意交易与买卖。原始社会的父权制要求将财产传给自己的后代,而奴隶制则要求父权子继世系不变,所以奴隶社会的婚姻制度由偶婚制转变为一夫一妻制。这样对女子来说就必须无条件地忠贞于自己的丈夫,以保证其传宗接代和血统不变,于是一夫一妻制就成了奴隶主阶段积极倡导的婚姻制度。

一夫一妻制改变了社会的基本结构和生活方式,也改变了人们的传统观念。从一定意义来说,它的出现是划时代的进步,但在奴隶社会,它却是相对的退步,因为这种一夫一妻制是建立在奴隶主对女性压迫的基础之上,根据男性自身的利益施行的。

3. 封建社会的女性地位

封建社会的女性地位最低。在多数朝代,女性是不能任官职的,更有甚者,女性还不能抛头露面,否则就会被视为不懂礼节,会被人辱骂,而这些现象的根本原因就是女性社会地位低下。

不过,在封建社会也有女性地位相对提升的朝代,如唐朝,女性地位就得到了提升,但还是不能和男性地位相提并论。唐朝出现我国历史上唯一一位女皇帝——武则天,她依靠自己的能力上位,并且将唐朝治理得井井有条、国泰民安。宋朝涌现了一些女词人,她们的词影响深远,代表词人有婉约派的李清照。在之后的朝代,女性有了能够上学读书、接受教育的权利,并且渐渐地,没有文化不再是女性的标志,而考取功名不再是男性专有的权利。但到了清朝,女性深受封建道德礼教的束缚,不能有自己的态度和行为,无论做什么,都因自己是女性而受到约束。裹脚也是我国女性在封建制度下身份卑微的一个证据,例如明清两代对贞节观念极端倡导,社会风俗以及北宋中叶以后形成对"三寸金莲"的崇拜。

4. 改革开放后的女性地位

1911年,孙中山等领导的辛亥革命推翻了清政府的封建统治,主宰中国两千多年的封建君主专制制度宣告结束,人们获得了部分民主和自由的权利,女性的社会地位比封建时期有所提高。

自改革开放以来,党和政府高度重视妇女事业,各级党政领导高度重视中国女性的全面发展,全力支持妇联组织依据法律和章程创造性地开展工作,加大保障女性权益的支持力度,乡镇、村妇联工作经费和村级妇联主席工作报酬纳入了县乡财政预算。法律对女性的角色地位继续实行保障,并顺应时代的要求,日益走向完善化和合理化。改革开放促使中国女性的工作、生活步入新的发展阶段,女性在各行各业取得了骄人业绩,展现了我国女性的变化和新时代女性自由全面发展的时代风采,自身水平全方位得到提升:女性权利意识得到提高,合法权益得到保障;女性受教育程度得到提高,就业规模继续扩大;女性的健康水平和社会保障水平显著提高;女性的社会贡献更加突出。进入新时代,中国鼓励女性大力发扬"自尊、自信、自立、自强、自爱"的时代精神,充分展示女性创新、创造、创业的英姿风采,争做解放思想的推动者、科学发展的实践者、社会和谐的促进者。加强思想建设,坚定女性的理想信念;加强妇女组织基层建设;鼓励和支持女性建功立业,实现人生理想和梦想;推动社会主义核心价值观在家庭中生根;提升女性平衡事业与家庭关系的能力。

随着时代的变迁,中国不断消除封建时代留下的婚姻制度的顽疾,男女平等、一夫一妻制度成为必然趋势,现代女性在婚姻家庭及生活方式上拥有了更多的自主权和参与权。从过去解放女性小脚到现在,中国女性的地位一步步提升,有了质的飞跃。男尊女卑的时代已经一去不返,男女平等的社会让女性有了自我发展的机会,女企业家、女商业家、女政治家层出不穷。经过多年的努力,社会承认了女性的魅力,但目前,我国部分地区仍然有残余的封建思想,仍然有一些地方或家庭有重男轻女的思想。

(三)性别差异的国际对比

全球性别差异指数由世界经济论坛于 2006 年首次推出,旨在衡量实现性别平等的进展情况,并比较各国在四个方面的性别差异:经济机会、教育、健康和政治领导力。2022 年的全球性别差异指数缩小了 68.1%。尽管还没有一个国家实现完全的性别平等,但排名前十的经济体至少缩小了 80% 的差距,其中冰岛(90.8%)位居榜首,如表 2.1 所示。冰岛是唯一一个性别差异指数缩小了90%以上的经济体,芬兰(86%,第二)、挪威(84.5%,第三)、新西兰(84.1%,第四)和瑞典(82.2%,第五)分别位居第二、第三、第四和第五,其他欧洲国家,如爱尔兰(80.4%)和德国(80.1%)分别排在第九位和第十位。撒哈拉沙漠以南的非洲国家卢旺达(81.1%,第六位)和纳米比亚(80.7%,第八位),以及拉丁美洲国家尼加拉瓜(81%,第七位)也进入了前十名,其中尼加拉瓜和德国是前十名的新进入者。

表 2.1　2022 年全球性别差异指数排行

排名	国　家	分　数	分数变化	排名	国　家	分　数	分数变化
		0～1	2021			0～1	2021
1	冰岛	0.908	+0.016	19	菲律宾	0.783	−0.001
2	芬兰	0.860	−0.001	20	南非	0.782	+0.001
3	挪威	0.845	−0.004	21	奥地利	0.781	+0.004
4	新西兰	0.841	+0.001	22	英国	0.780	+0.005
5	瑞典	0.822	0.000	23	塞尔维亚	0.779	−0.001
6	卢旺达	0.811	+0.006	24	布隆迪	0.777	+0.008
7	尼加拉瓜	0.810	+0.015	25	加拿大	0.772	0.000
8	纳米比亚	0.807	−0.002	26	拉脱维亚	0.771	−0.007
9	爱尔兰	0.804	+0.005	27	美国	0.769	+0.006
10	德国	0.801	+0.005	28	荷兰	0.767	+0.005
11	立陶宛	0.799	−0.004	29	葡萄牙	0.766	−0.009
12	哥斯达黎加	0.796	+0.010	30	巴巴多斯	0.765	−0.004
13	瑞士	0.795	−0.003	31	墨西哥	0.764	+0.007
14	比利时	0.793	+0.004	32	丹麦	0.764	−0.004
15	法国	0.791	+0.007	33	阿根廷	0.756	+0.005
16	摩尔多瓦	0.788	+0.020	34	莫桑比克	0.752	−0.006
17	西班牙	0.788	0.000	35	圭亚那	0.752	+0.024
18	阿尔巴尼亚	0.787	+0.017	36	白俄罗斯	0.750	−0.008

续表

排名	国　家	分　数 0～1	分数变化 2021	排名	国　家	分　数 0～1	分数变化 2021
37	秘鲁	0.749	+0.028	62	赞比亚	0.723	-0.002
38	牙买加	0.749	+0.007	63	意大利	0.720	-0.001
39	斯洛文尼亚	0.744	+0.003	64	塔桑尼亚	0.719	+0.012
40	巴拿马	0.743	+0.006	65	哈萨克斯坦	0.719	+0.009
41	厄瓜多尔	0.743	+0.003	66	博茨瓦纳	0.719	+0.003
42	保加利亚	0.740	-0.006	67	斯洛伐克	0.717	+0.005
43	澳大利亚	0.738	+0.006	68	沙特阿拉伯	0.716	+0.001
44	苏里南	0.737	+0.008	69	北马其顿	0.716	+0.001
45	佛得角	0.736	+0.020	70	蒙古国	0.715	-0.001
46	卢森堡	0.736	+0.011	71	孟加拉国	0.714	-0.005
47	智利	0.736	+0.020	72	乌拉圭	0.711	+0.008
48	马达加斯加	0.735	+0.010	73	波斯尼亚	0.710	-0.003
49	新加坡	0.734	+0.007	74	埃塞俄比亚	0.710	+0.019
50	津巴布韦	0.734	+0.002	75	哥伦比亚	0.710	-0.015
51	玻利维亚	0.734	+0.011	76	捷克	0.710	-0.001
52	爱沙尼亚	0.733	+0.001	77	波兰	0.709	-0.004
53	老挝	0.733	-0.017	78	利比里亚	0.709	+0.016
54	黑山共和国	0.732	0.000	79	泰国	0.709	-0.001
55	格鲁吉亚	0.731	-0.001	80	巴拉圭	0.707	+0.006
56	东帝汶	0.730	+0.01	81	乌克兰	0.707	-0.007
57	肯尼亚	0.729	+0.037	82	洪都拉斯	0.705	-0.011
58	斯威士兰	0.728	0.001	83	越南	0.705	+0.004
59	萨尔瓦多	0.727	-0.011	84	多米尼加	0.703	+0.004
60	以色列	0.727	+0.003	85	马耳他	0.703	0.000
61	乌干达	0.724	+0.007	86	吉尔吉斯斯坦	0.700	+0.019

续表

排名	国　家	分　数	分数变化	排名	国　家	分　数	分数变化
		0～1	2021			0～1	2021
87	莱索托	0.700	+0.002	112	塞内加尔	0.668	-0.015
88	匈牙利	0.699	+0.010	113	危地马拉	0.664	+0.009
89	亚美尼亚	0.698	+0.025	114	塔吉克斯坦	0.663	+0.013
90	罗马尼亚	0.698	-0.002	115	布基纳法索	0.659	+0.008
91	多哥	0.697	+0.014	116	日本	0.650	-0.006
92	印度尼西亚	0.697	+0.009	117	马尔代夫	0.648	+0.006
93	塞浦路斯	0.696	-0.011	118	几内亚	0.647	-0.013
94	巴西	0.696	+0.001	119	黎巴嫩	0.644	+0.006
95	伯利兹	0.695	-0.004	120	突尼斯	0.643	-0.006
96	尼泊尔	0.692	+0.01	121	冈比亚共和国	0.641	-0.004
97	喀麦隆	0.692	0.000	122	约旦	0.639	+0.001
98	柬埔寨	0.690	+0.006	123	尼日利亚	0.639	+0.012
99	韩国	0.689	+0.002	124	土耳其	0.639	+0.001
100	希腊	0.689	0.000	125	安哥拉	0.638	-0.019
101	阿塞拜疆	0.687	-0.001	126	不丹	0.637	-0.002
102	中国(不包括港澳台)	0.682	0.000	127	尼日尔共和国	0.635	+0.006
103	马来西亚	0.681	+0.005	128	埃及	0.635	-0.004
104	文莱达鲁萨兰国	0.680	+0.002	129	科威特	0.632	+0.011
105	毛里求斯	0.679	0.000	130	巴林	0.632	0.000
106	缅甸	0.677	-0.004	131	马拉维共和国	0.632	-0.039
107	斐济	0.676	+0.002	132	科特迪瓦	0.632	-0.005
108	加纳	0.672	+0.007	133	科摩罗	0.631	0.000
109	塞拉利昂	0.672	+0.017	134	印度	0.629	+0.003
110	斯里兰卡	0.670	0.000	135	摩洛哥	0.624	+0.012
111	瓦努阿图	0.670	+0.045	136	卡塔尔	0.617	-0.007

续表

排名	国　家	分　数 0~1	分数变化 2021	排名	国　家	分　数 0~1	分数变化 2021
137	贝宁	0.612	-0.041	142	伊朗	0.576	-0.005
138	阿曼	0.609	0.000	143	刚果民主共和国	0.575	-0.001
139	阿尔及利亚	0.602	-0.030	144	巴基斯坦	0.564	+0.008
140	马里	0.601	+0.010	145	阿富汗	0.435	-0.009
141	乍得	0.579	-0.014				

来源:《2022 年全球性别差距报告》。

下面选定其中一些国家的业绩分两类进行简短的描述性分析。第一类包括全球性别差异指数排行前 5 的国家,按排名顺序列出;第二类包括世界上人口最多的 5 个国家(占世界女性人口的绝大比例),按人口数排名进行排列。

1. 全球性别差异指数前五的国家

冰岛(第一名)连续 13 年以 0.908 的总分和所有分指数的高分表现位居该指数排行榜第一。冰岛表现最强的是教育程度分指数,其报告的虚拟平均得分为 0.993;该国第二高得分是健康和生存分指数,虽然得分差异较小,在该指数中排名第 121 位,但它是该指数得分超过 0.96 的国家之一;在政治赋权分指数方面,冰岛在整个指数中得分最高,因为在过去 50 年中,该国女性担任国家元首的比例高于其他国家,而且女性在议会中所占比例相对较高;最后,在经济参与和机会方面,冰岛的得分为 0.803,它在专业和技术工人的参与方面完全平等,担任高级管理职务的女性比例较低,估计收入也较低。

芬兰位居第二名,迄今已填补了其总体性别差异的 86%。在分指数层面,芬兰的教育程度完全均等;健康和生存接近均等(0.97),这两个分指数保持了 2021 年的得分;经济参与和机会方面的得分(0.789)低于 2021 年(0.806),这是劳动力参与的均等程度下降以及工资平等方面的两性均等程度下降造成的,然而,芬兰在女性作为专业和技术工作者的参与方面保持了完全平等,并将女性在立法、高级和管理职位上的比例提高了 0.6 个百分点;最后,在政治赋权方面,芬兰已经完成了 68% 的性别差异消除。

挪威位居第三名,总体得分为 0.845,略低于其在 2021 年取得的最好成绩。挪威最高的分指数是教育程度,接近完全均等(0.989);其第二强表现是健康和生存方面,排名第 119 位,保持了 2021 年登记的均等水平;在经济参与和机会方面,挪威 2022 年的得分(0.765)下降了 3 个百分点,达到 2007 年的水平,这反映出挪威的女性参与劳动力以及担任立法者、高级官员和管理人员的比例较低,估计的收入也有所下降,但女性参与专业和技术角色的比例保持平等;政治赋权分指数的得分相对于 2021 年略有提高,女性担任国家元首的时间份额和女性在议会中的人数的增加与得分的上升一致。

新西兰排名第四。其在教育和卫生分指数中得分最高。事实上,新西兰在教育方面实现了全面平等;在健康和生存方面,新西兰保持了性别比例均等,并提高了健康预期寿命的排名。与其他国家一样,新西兰 2022 年在经济参与和机会分类指数上达到的平等水平低于 2021 年,这意味着排名和得分都出现了负变化。与 2021 年相比,尽管新西兰类似工作的工资确实增加了,但女性参与劳动力的比例有所下降;在政治赋权分指数方面,新西兰 2022 年的得分比 2021 年略有提高。在过去 50 年,新西兰女性担任国家元首的比例增加了 11 个百分点,女性在议会中的比例也增加了 11 个百分点,女性担任部长职务的比例保持不变。

瑞典排名第五,总体得分为 0.82。尽管自 2006 年第一版全球性别差异报告发布以来,瑞典的排名一直很高,但在过去 16 年里,瑞典的得分只提高了 2.4 个百分点。2022 年,瑞典最高表现是教育程度方面,它的报告显示性别差异已十分微小了;其第二高的得分是健康和生存分指数(0.963),保持了 2021 年报告的水平。虽然瑞典在经济参与和机会方面的分指数得分排名第三(0.812),但瑞典在这一类别中的次级指数表现在全球排名第五,在欧洲排名第一。这一得分反映了女性参与劳动力的比例高,女性在专业和技术角色中的平等参与程度以及估计收入的平等水平高于其他 137 个国家。在政治赋权分指数上，瑞典的得分略有下滑，虽然在部长一级继续保持平等，但议会中女性的平等得分下降了 0.022，导致次级指数下降了一个等级。

综上所述，排名前五的国家多在北欧（冰岛、芬兰、挪威、瑞典），并且由表 2.1 可知，在缩小性别差异方面，北欧是最先进的地区，在缩小经济参与和机会的性别差异方面也处于领先地位。

2. 世界人口最多的 5 个国家

2022 年，中国（不包括香港、澳门、台湾）（第 102 位）在该指数排行中的总排名上升了 5 位，约有 6.89 亿女性。自全球性别差异报告发布以来，中国在经济和健康两个维度上的性别差异得分有所上升：在经济参与和机会方面，女性和男性的劳动力参与都有所下降，健康和存活率都有所改善，估计出生性别比略有增加（+0.006），因此性别均等差异保持稳定；在受教育方面，中国中等教育入学率的均等分数较低。但过去 16 年中，中国的总体分项指数得分在 93.6% ~ 98%；在政治赋权方面，得分的负变化（−0.006）是由于过去 50 年来女性在行政一级担任领导职务的年数有所减少。

自全球性别差异指数首次编制以来，印度（第 135 位）的全球性别差异指数得分在 0.593 ~ 0.683 波动。2022 年，印度的得分为 0.629，这是过去 16 年来的第七高得分。印度的女性人口约为 6.62 亿，其教育水平在地区排名中占有很大比例。自 2021 年以来，印度在经济参与和机会方面的表现出现了积极的变化：男性和女性的劳动力参与率分别下降了 9.5 个百分点和 3 个百分点。然而，在每一个其他指标中，印度相对于其他指标在该次级指数中的权重都有均等增长，如女性议员、高级官员和管理人员的比例从 14.6% 增至 17.6%，女性专业技术人员的比例从 29.2% 增至 32.9%，估计收入的性别均等得分有所提高。虽然男性和女性的价值都在下降，但男性的下降幅度更大。然而，由于过去 50 年来女性担任国家元首的年数减少，政治赋权的得分下降（−0.010）；教育程度、健康和生存分指数报告了微小的变化。

美国（第 27 位）在排名中比 2021 年上升 3 名，其性别差异得分略有改善，1.67 亿女性的性别差异仍为 23.1%。2022 年较高平等水平的两个次级指数是政治赋权和经济参与和机会,教育程度以及健康和生存几乎保持不变。同样,与2021年相比,女性议员、高级官员和管理人员的比例也有所下降;女性在专业和技术工人中的比例基本持平,对工资平等的观念也有所提高。此外,2022年,女性的估计收入有所增加,男性有所下降,改善了两性平等。2020年立法选举后,女性在议会中的席位份额有所增加,议会由女性领导的年份也有所增加。

与2021年相比,印度尼西亚(第92位)的排名(+9)和性别差异得分都有所提高。同大多数国家一样,印度尼西亚的参与劳动力比例有所下降:离开劳动力市场的女性比例为2.3%。然而,在一个拥有1.35亿女性、女性参与率为56%(15~64岁)的国家,这仍然影响着130多万女性的生活。男性和女性的估计收入都有所减少,尽管男性的价值不成比例地下降,但增加了平等。此外,女性在专业和技术工人中的比例已经达到均等,而女性在立法、高级官员和管理职位上的比例也从29.7%增至32.4%。在教育方面,识字率和初等教育入学率的得分略有上升,推动分指数得分上升0.002。最后,值得注意的是,虽然健康和生存分指数的变异性最小,但印度尼西亚是健康预期寿命呈负增长(-0.001)的少数国家之一。

巴西(第94位)约有1.081亿女性,迄今为止,巴西已经缩小了69.6%的总体性别差异,比2021年略有改善。2022年巴西最显著的变化是在经济参与和机会方面,该分指数的排名比2021年提高了四位。女性在立法、高级和管理职位上的比例下降了1%,而男性在同一类别中的比例上升,女性在技术和专业职务中的比例保持完全平等。估计的收入平等略有改善(+0.052),但主要是因为男性收入下降:2022年,女性收入比2021年高1%,而男性收入低7%;类似工作的工资平等也有所改善,得分增加了+0.017。巴西报告业绩较低的一个分指数是政治赋权,因为女性在议会中的比例下降(-0.4%),所以81个席位中有12个由女性占据(14.8%)。巴西在两院制议会(参议院)中实行自愿配额,立法配额要求众议院的选举名单中至少有30%的男女候选人。

二、性别差异产生的原因

（一）先天差异

尽管我们已经认识到,人类行为的方方面面取决于基因和社会经验两个因素,这两个因素又以复杂的方式相互影响,但很多人仍然倾向于把两性间的生物性差异用作证据,证明差异是由基因、遗传直接决定的。这些差异包括肌肉骨骼差异、大脑差异、基因差异等。

1. 肌肉骨骼差异

（1）男性与女性的锁骨不同。男性的肩部通常比女性的宽,男性的锁骨长度通常比女性的长,并且男性的锁骨呈倒 C 形,而女性的锁骨略微向内倾斜,如图 2.1 所示(左边为男性骨骼图,右边为女性骨骼图)。

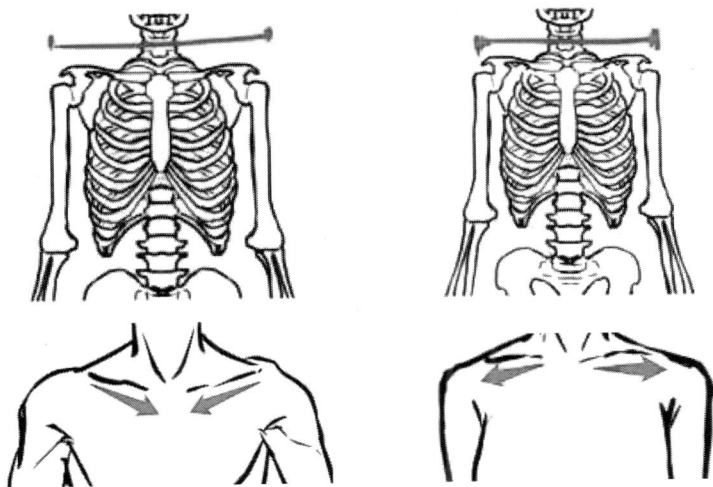

图 2.1　男女性锁骨对比图

（2）男性和女性的肋骨通常不同。男性肋骨较宽,而女性的肋骨较窄,男性的下肋骨较宽,使臀部更难形成领口形。相反,女性的下肋骨是被挤出的,这就导致女性的躯干变瘦,如图 2.2 所示(左边为男性肋骨图,右边为女性肋骨图)。

（3）男性和女性的盆骨不同。男人的骨盆窄而深,女人的骨盆宽而

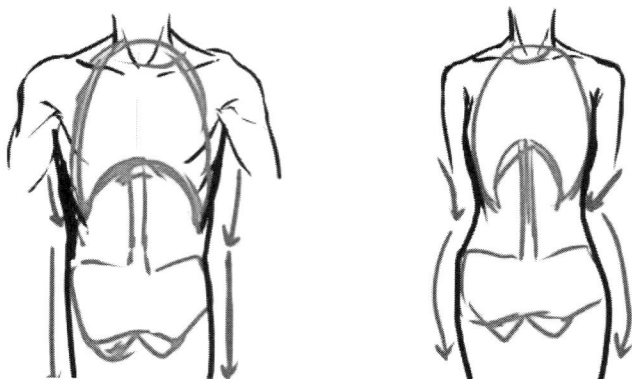

图 2.2　男女肋骨对比图

浅。相对来说,男性的骨盆较高,女性的骨盆较低。另外,男性和女性的骨盆附着角度也有所不同,从侧面看,男性骨盆向后倾斜,女性骨盆向前倾斜,如图 2.3 所示(左边为男性盆骨图,右边为女性盆骨图)。

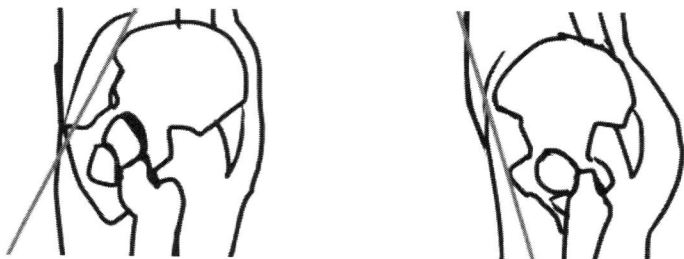

图 2.3　男女骨盆对比图

2. 大脑差异

20 世纪以前,人们普遍认为女性的大脑比男性的大脑轻 10%,直到 19 世纪末,这一说法还被作为理由用来反对提高女性的受教育水平。加州大学厄湾分校的查理德·海尔(Richard Haier)和同事卡米拉·本鲍(Camila Renbow)用大脑扫描技术获得的结果显示了大脑活动方面的性别差异:男性的颞叶部位(在大脑半球的两侧)比女性的更活跃。解剖学家爱丽丝·罗伯特(Alice Roberts)通过大脑剖析发现,男性和女性的大脑确实有所不同,比如,男性大脑总体积普遍比女性大脑总体积大 10%,男性下丘脑比女性下丘脑大,女性与记忆相关的海马体要比男性的大。宾夕法尼亚大学的科学家通过脑成像技术,在大脑两个半球之间描绘详细的连接点图像,并对 900 多名 8 ~ 22 岁的男女大脑进行扫描,结果发现女性的左右脑联系更紧密,男性的前后脑联系更紧密。图 2.4 所示为人脑的两视图,其中左图为大脑从中剖开的右脑;右图,从剖面观察;下脑,左脑,从脑外观察)

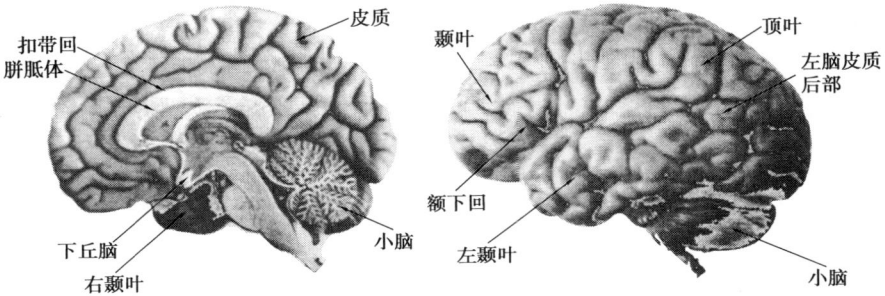

图 2.4 人脑的两视图

3. 基因差异

似乎人类全部的复杂行为都可以从基因中得到解读,这是简化论的思想。迪恩·哈默(Dean Hamer)和他的同事在研究中发现,33 对兄弟 X 染色体一枝末端(Xq28 区)上的 5 个标记相同,因此,他们宣称分离出了使人有同性恋倾向的基因序列,迪恩·哈默和同事相信会在 Xq28 区中找到一个单一的基因,同性恋倾向基因就以某种方式嵌入其中。唐纳德·布罗夫曼(Donald Broverman)和他的同事做过一项实验,看血液中睾丸激素的数量是否会影响某些任务的完成,男性和女性在完成这些任务时表现是否不同。他们用简单的测试检测任务的完成情况,比如读出颜色的速度,指出在一个长序列中随机重复的 3 个数字的速度。最后布罗夫曼及其同事称,他们根据任务的完成情况给出了思维类型一般状况的描述,为数不多的不同任务的结果使他们相信已经发现了某种对人们的思维有决定性作用的东西。很多研究者倾向于男性空间能力较强的观点,多丽恩·奇穆拉(Doreen Kimula)就是其中之一。她和她的同事做了一项测试,要求男性和女性读一张地图,并记住某一特定路径。男性用较少的次数就可以记住,不过一旦男性和女性都记住之后,女性记的路标比男性的多。这一结果被用作证据证明睾丸激素可导致更强的辨别方向的能力,相应的遗传理论任务自然选择了具有较强空间能力的男性适应于狩猎生活。

实际上,遗传或基因在关于生命系统的科学中有一定的位置,但不是第一位的。若干研究发现,男同性恋者或女同性恋者在某些家族中较为普遍,是因为家族有自己的文化,对同性恋更能或更不能容忍,实际上与遗传毫无关联。莱斯蕾·罗杰斯(Lesley Rogers)从另一个角度提出,男性和女性表现出不同的思维方式,原因在于他们被以不同的方式养大,而不是因为性激素对大脑的直接作用。很有可能雄性激素水平不同者被要求或鼓励使用不同的思维方式,这意味着他们在激素水平上的差异,通过改变社会环境间接影响思维方式,而不是通过作用于大脑中的受体直接影响思维方式。社会性别差异不能简化到仅根据分子遗传学或大脑内部的神经细胞活动模式来解释。

(二)后天差异

缘于社会规范的影响,男女在成长过程中有意识地形成了对待事物的不同态度,导致男女在面对同一经济现象时会采取不同的决策行为,表现出不同的结果(Crosen 等,2009)。不同地域文化通过家庭、教育和社会3个渠道对个体性别角色认知产生影响。首先,家庭生活让个体形成性别观念的雏形。其次,教育经历可能使个体进一步相信社会角色分工的合理性(许晓茵 等,2010)。最后,个体根据社会规范与期待在不断的社会实践中逐渐形成的对自我性别的认同感(熊艾伦 等,2018)。

1. 家庭因素

孩子从出生那一刻起就被分为男性或女性,而且在所有文化里,他将被当作男孩或女孩对待。这一决定会给家长带来不同的选择,过去,和家庭财产的继承相关,现在则关涉职业选择和社会成就等,有意无意地,父母会传授给男孩和女孩不同的东西。

有研究表明,母亲的文化水平和职业选择是直接影响儿女受教育程度和职业选择的因素之一。研究发现,父母对事物所持的信念对子女对同类事物的看法影响极大,其中母亲对女儿的影响最大。关于父亲对子女的影响的研究主要集中在父亲的缺席——单亲家庭。研究表明,父亲的缺席对儿子性别认同的形成具有很大的影响,相对而言,更容易出现两种极端,一种极端是男孩表现出女性行为模式,他们在思维模式上更像女孩子,群体活动中攻击性、竞争性也较低;另一种极端是这些男孩可能会表现得过分顽强和具有攻击性,这可能是由于在生活中缺少男性模仿对象而采取了不恰当的情绪释放方式。

性别角色行为的发育,儿童期是关键,也被学者们称为"性的烙印期",也就是说错过了这一年龄期,就很难顺利地习得与性相对应的性别角色行为,并使以后的生活被排除在社会文化生活之外。而这一时期性行为的学习,主要来自父母对符合其性别要求的行为给予赞许和鼓励。父母往往通过差别教养与榜样影响强化这种赞许与鼓励,因此,父母的行为规范直接影响儿童对性别角色的理解。儿童期一旦建立了良好的性角色行为模式,就会相当稳定,并成为其恒常性的个性特征。

2. 学校因素

学校是每一个未来社会成员完成其社会化的重要场所,教育在个体性别形成过程中起着至关重要的作用。然而近年来,教师性别结构的失衡、学校性别教育的缺失、教师性别角色观念的淡薄等因素,制约了学生男女性别角色意识的健康发展。

"我国的教育经历着一段漫长的缺乏性别省思的荒漠区。"在我国现行教育中,性别角色的教育是较为缺失的。我国的课堂教学中虽然有一些性教育的知识,但也只是对男女生理发育的简单介绍,在现行的学校教育中,缺少针对性别角色特点的相关课程设置,这更加淡化了男女生的性别角色意识,限制和阻碍了其性别角色的发展。学校中部分教师性别角色意识淡薄,容易在教育学生的过程中消磨男性特质,未顾及学生在生理、心理及情感方面的问题,给学生成长造成一定影响。

3. 社会因素

青少年性别角色形成与人们的传统观念、职业的社会分工、大众传媒以及国家政策法律等有关。

过去中国深受重男轻女等封建思想的影响,人们对待女性普遍有着一种刻板印象,认为女性具有温柔、顺从、感性等特质(邓舒文 等,2020),若女性表现出与其性别不一致的男性特质,则会受到回弹效应的影响,而不被认可和支持(吴欣桐 等,2017)。此外,中国的家庭意识形态(familial ideology)包含了两种预设,其中之一便是"性别分工使得女人成为家庭主妇及母亲,主要生活在家庭等私人世界里;男人则成为养家糊口的人,主要生活在雇用工作的公众世界里,而这种性别分工也是普遍的、大家想要的形式"(章东轶,2003)。

在个体性别角色社会化过程中,社会职业和劳动分工中的性别倾向对其影响至关重要。某些职业适合男性,某些职业适合女性,这种现象即所谓的"职业性别隔离",即劳动市场中存在女性职业和男性职业的现象。这种"职业性别隔离"既受社会生产和分工水平的制约,也受传统性别观念的影响。为了更好地应对这种社会性别偏见造成的就业困境,越来越多的女生选择以男性化的方式存在,她们借鉴男性的思维方式,模仿男性的行为方式,以提高自己的竞争优势。随着时间的推移,许多优秀的女性特质如温柔、善解人意等被弱化,其女性性别意识逐渐淡薄,取而代之的是男性豪爽的性格特征,出现性别角色的错位现象。

近年来,发轫于娱乐界的中性化风潮,使一些"美男""帅女"被青少年视为一种时尚,在商业文化规训力日益强大的当代,传统的"男女有别"和"男女都一样"的社会性别观均有可能被颠覆。大众媒体出现越来越多的"美男""帅女",甚至被过度渲染,颠覆了人们对以往性别角色的理解和认识。青少年价值观与判断力尚未成熟,很容易跟风模仿,这将影响青少年正确性别观的形成。可以说,一个女孩的"环境"和一个男孩的"环境"是不同的,女孩和男孩周遭环境中的差异是人为造成的。

三、本章小结

本章首先从不同视角论述了性别差异,然后从先天和后天两方面对性别差异产生的原因进行分析。性别差异视角分成三个维度:性别差异的生命视角、性别差异的历史视角以及性别差异的国际化视角。其中,性别差异的生命视角分为婴儿期、幼儿期、学龄期、青春期和成人期五个阶段;性别差异的历史视角分原始社会、奴隶社会、封建社会和改革开放后的社会四个时期;性别差异的国际化视角则基于全球性别差异报告对性别差异指数表现排名前五的国家和人口最多的五个国家进行论述。先天差异从肌肉骨骼差异、大脑差异、基因差异三个方面说明性别差异是与基因、遗传直接相关的;后天差异从家庭、学校和社会三方面说明个体在社会化过程中的性别角色决定了性别差异。

每一个个体在不同年龄段里展现出的身体机能是不一样的,包括发育速度、语言和运动能力、认知水平和情绪心理等,每个社会阶段的女性社会地位展现出不同的特点。原始社会由于生产力低下,社会的根本目标是生存和繁衍,从而使女性占据了主要地位。进入奴隶社会后,女性地位完全沦落,女性成为男性任意支配的奴隶。而封建社会时期是女性地位最低的时候,女性不能任官职,甚至不能抛头露面。中华人民共和国成立以来,党和政府高度重视女性事业,使女性获得了更多民主和自由的权利,经过几十年的努力,社会各界承认了女性的魅力。但目前中国部分地区仍然有残余的封建思想。根据全球性别差异报告,性别差异指数表现最好的国家分别为冰岛、芬兰、挪威、瑞典等北欧国家,而中国仅排 102 位,性别平等还有待完善。男女性的先天差异表现在锁骨长度、肩部宽度、肋骨大小、骨盆深浅、大脑重量、颞叶活跃程度、大脑总体积、同性恋基因倾向、血液中睾丸激素数量等方面;后天差异如家庭中父母对子女的态度、学校中男女教师比例和性别角色教育的深入程度、社会传统文化、社会职业、劳动分工、大众媒体和国家政策等都会对男女性性别差异产生影响。

第三章　性别差异的具体表现形式及相关理论

一、引言

　　随着社会经济的发展,女性在职场中扮演的角色越来越重要。男性通常被认为拥有包含"独立""竞争""远见""冒险"等特征在内的"个体性"风格,而女性则更符合包含"关怀""善良""团结""共情"等特征在内的"社群性风格"(颜士梅和吴珊,2014;Koburtay, et al., 2019)。基于上述性别差异,学者探索了不同性别的领导在管理效能、经营绩效、战略决策等方面的区别(何平林 等,2019;李树文 等,2020;熊艾伦 等,2018)。既有研究大多基于静态视角来看待性别差异,忽略了领导风格的渐变性。由于与传统领导形象并不匹配,女性往往面临更多的歧视和挑战(Eagly and Karau, 2002;Lyness and Heilman),当展现出温暖、关怀等典型女性形象时,可能难以得到下属的尊重(郭爱妹,2016)。因此,社会化的过程使女性领导不得不在一定程度上向男性转变。事实上,一些著名的女性企业家,如格力集团的董明珠、长城汽车的王凤英都具备部分典型的个体性风格。一些研究甚至指出,在高度男性化的行业还会出现"蜂后"(queen bee)型女领导,她们比男性同事更追求冒险和竞争,在工作角色和家庭角色中偏向于前者,对下属也采取强硬的管理风格(Derks et al., 2016;Faniko et al., 2020)。由此可见,从管理风格上看,男性和女性领导的性别差异或许并不显著。

部分学者基于社会身份理论(social identity)分析女性领导展现男性气质体现的原因。该理论认为,如果社会对某个群体存在偏见,其成员在形象塑造时会刻意与该群体切割,以避免歧视。例如许多老年人时常强调自己身体健康、精力充沛(Weiss and Freund, 2012);比赛负方队员拒绝穿戴彰显队伍身份的服饰;同性恋者在公开场合强调自身正常性取向等(Derks et al. , 2016)。由于社会对女性群体或多或少存在性别歧视和刻板印象,女性领导需要将自身与传统女性形象做一定的区别(Arvate et al. , 2018)。因此,在典型的男性行业或岗位上,女性领导的男性风格会放大。Ellermers 等(2004)对高校管理人员进行调查发现,职级越高的女性越倾向于强调自己与男性一样具备同等程度的创造力、冒险精神和竞争意识。Fankio 等(2017)通过对上市公司女性经理的调查也发现她们对自身形象的描述更偏向男性化。以此推断,外部环境和受歧视的经历可能与女性领导男性化气质的形成直接相关(Derks et al. , 2011)。

然而,这类研究还存在许多疑问。首先,男性特质是多元的,"远见卓识""当机立断""临危不乱""严肃认真"等都符合传统男性领导的形象(Fitzsimmons et al. , 2014;Bart and Mcqueen,2013;熊艾伦 等,2019)。究竟哪一点或哪几点男性特质最容易被女性领导接受? 以往的学者并没有给出答案。此外,许多知名女性企业家在彰显男性特质的同时仍然保留了善良、温婉、善于倾听等典型女性特质,而这并不能达到与传统女性形象切割的目的。她们凸显男性气质的动机也不只是为了回避性别歧视。事实上,学者意识到单纯的男性气质必然无法取得最佳效果,需要在男性化和女性化之间取得平衡(Lewis, 2014;Byrne et al. , 2019)。而在不同情境下女性如何跳出性别框架,将不同领导风格进行组合以获得最佳效果,也是以往性别领导力研究中没有涉及的问题。

综上所述,目前关于领导力性别差异的研究忽视了社会化过程对领导风格的塑造作用。尽管一些学者也关注女性领导的男性化问题,但未能对其产生的原因和具体表现形式给出合理解释。基于此,本书围绕女性领导的男性化特质展开研究,重点探讨以下几个问题:女性领导是否都存在男性化倾向? 哪些男性特质更容易在她们身上体现? 影响男性特质呈现的具体因素是什么? 如何将不同的特质进行组合以达到最佳效果? 后续结构如下:第二节基于社会身份理论解释职场女性呈现男性化特质的原因;第三节利用新闻报道进行文本分析,考察 30 位知名女企业家男性化特质呈现的规律(研究二);第四节则聚焦一般女性管理者,通过问卷调查进一步分析职场女性男性化转变的原因以及她们对性别平等政策的态度。

二、文献回顾与理论背景

(一)社会身份理论

社会身份理论(social identity)是用以描述群体行为的重要理论之一。Burke(2000)指出个人行为受两种因素的影响:一种因素是教育、性格等个体特征变量;另一种因素则是自身群体所处的地位和情境。每个人都希望获得自信、自尊等积极情绪,故个体常常不自觉地将自身划归到不同群体中。由于不同群体的社会地位差别较大,正面/负面的情绪体验也就从对比中产生(Scheepers and Ellemers,2019)。群体之间对比的另一个后果是导致了群内偏好和群外歧视的产生。实验研究表明,对群体成员的歧视能让自身感到更"舒适",故群体成员很容易过度贬损对方,甚至不惜对自身造成实际利益的损害(Brown,2000)。欧美国家对有色人种的歧视就是最明显的例子。总之,社会身份理论很好地刻画了人们如何基于不同群体进行自我分类和相互比较的过程(颜士梅和张钢,2020)。

低位群体的成员在对比过程中常处于劣势地位,无法获得积极的情绪体验,从而想方设法移除心理负担(Ellermers et al.,2002)。常见的策略是从一个群体迁移到另一个群体,也就是个体流动(individual mobility)。假设某人是一支球队的队员,但该队战绩不佳,排名长期垫底,该球员在经历了几个赛季的失望后,很有可能转而效力其他球队(Scheepers and Ellemers,2019)。该队球员通过成为优秀球队的一员,来获得积极的心理体验。诚然,并不是所有人都会选择个体流动,社会创新(social creativity)也是另一常见策略。这意味着可以在与其他群体对比时,转换参照标准(Schmid, et al., 2014)。例如球员可以通过强化"尽管我们球队战绩不佳,但我们内部和谐,队员关系友善"之类的信念获得积极情绪体验。最后一种策略为集体行动(collective action),即更加努力地训练以便在下一赛季获得好成绩。不论是社会创新还是集体行动,个体都没有尝试摆脱原有的群体身份,而个体流动策略就意味着与原有群体进行切割。

(二)女性领导风格男性化

尽管性别是不可变的,但女性能通过创造一个新群体身份减少受到的歧视和不公正的待遇,即把"自己"和"一般女性"区别开来。在这一过程中会以男性同事为参照调整自身的行为、风格,从而凸显自己的特殊性。因此,一些实证研究指出,女性领导常常会强调甚至夸大自身具备的男性化特质,以获得其他人的认可,从而顺利进行职业晋升(Ellemers,2014;Hoyt and Murphy,2016)。除此之外,她们还可能刻意与普通女性保持距离。例如Faniko(2017)等发现,一些女性领导会认为自己与其他女性相比是特殊的(special),且比她们更优秀。因为不认同自身的"一般女性"身份,还对女性群体的发展和性别平等问题持漠然态度。一些研究也指出,女性领导支持带有性别歧视的招聘政策或拒绝促进女性职业发展等(Rindfleish and Sheridan, 2003;Ng and Chiu, 2001)。综上所述,在受到性别歧视后,选择个体流动策略的女性会积极地与传统女性形象做切割并凸显男性特质,对于促进女性职业发展也不会持积极态度(图3.1)。

值得注意的是,女性领导选择集体行动策略时,除积极推动女性发展和保持女性特质外,同样也会呈现男性特质。Lewis(2014)指出女性领导一大优点是"个性化"(individualized)。相较于男性创业者,女性的确受到了不少的偏见,但她们谦虚好学,能够清晰地认识到他人的长处,善于借助团队的力量。因此,拥有个性化特质的女性领导能够认可男性的优势,忽略性别差异,按照普遍适用的原则选择领导风格,这是对性别界限做出的一种战略性跨越(Carlson,2011)。因此,在她们身上呈现男性特质的原因并不是为了掩盖普通女性形象,而是为了更好地完成管理工作。同时,她们也不会拒绝女性特质的彰显。成功的女性领导往往知道如何保留典型的女性特质并与男性特质进行有效组合(Rich,2005)。总之,集体行动策略下女性领导仍然具备典型的男性化特质,但背后的动因完全不同。

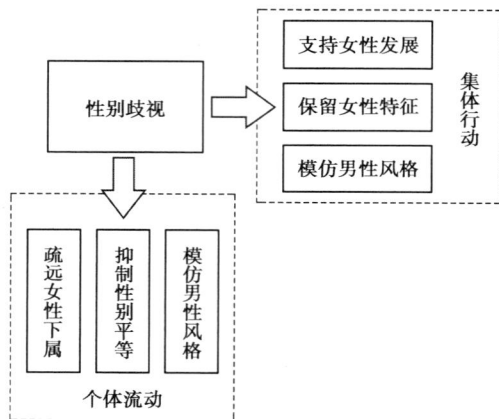

图 3.1 性别歧视与女性策略选择

根据 Lewis(2014)的研究,典型女性领导特质还包括母亲型和关系型。前者是女性为了平衡工作—家庭冲突,满足既想做一个好母亲又想事业有成的双重期望。这也是促使许多女性进行创业的重要原因(Jennings and McDougald,2007)。因此,这类女性企业家提供的产品和服务常常与家庭和女性相关——不仅填补了市场的空白,也符合照料家庭和儿童的需要(Ekinsmyth,2011;Lewis,2010)。母亲型领导会更关注社会责任,强调对他人的关怀和爱护(Swail and Marlow,2018)。关系型领导则意味着追求权利的平等和共识取向。她们会把关系的维护作为重点工作内容,试图创造一种相互理解、相互赋权的经商方式,上下级的关系亦会变得比较融洽(Nadin,2007)。这类领导不会把企业扩张作为首要目的,而是追求"小而稳定"的状态(Lewis,2014)。我国针对女性企业家的调查也得出了类似的结论,发现女性执掌的企业大多小而精(李兰 等,2017)。总之,选择集体行动策略的女领导在凸显男性特质的同时也会保留女性特质以达到一种最佳平衡。

对于典型的男性领导特质,既有研究也将之分为三类,分别是威权型、创业型和家长型(Byrne et al.,2019)。威权型领导独立自主,做决策时往往比较专制,不喜欢咨询他人的意见(Collinson and Hearn,1994)。对于他们而言,最重要的是学会"如何对他人下命令"(Byrne et al.,2019)。创业型领导总是精力充沛,愿意承担有风险的工作,乐于在竞争环境中生存。他们目光长远,对于业务的扩张态度积极(Walker et al.,2015)。家长型领导试图在下属面前塑造一个父亲形象,既严厉又不失关怀,强调对下属的控制但也乐于提供建议和支持。值得注意的是,男性特质的呈现有时是碎片化的,并不是所有的男性领导都同时具备这三种特质,具体工作内容或绩效制度都能对其产生影响(Berdahl et al.,2018)。

由于性别歧视和刻板印象的存在,女性领导主要面临"个体流动"和"集体行动"两种策略,但都会导致男性化风格的呈现。其区别在于"个体流动"策略会伴随着对普通女性群体的疏远甚至对性别平等的反对;而"集体行动"策略则伴随着对女性发展的支持。此外,"个体流动"中的男性化是为了减少性别歧视对自身职业发展的负面影响,而"集体行动"中的男性化则是意识到了某些男性领导特质的实际优势。典型的男性领导特质和女性领导特质各自可以划分为六个类型,依次是"权威型""创业型""家长型";"关系型""个性化""母亲型"。以往的研究虽然发现男性化对于女性领导来说可能是一个常见现象,但没有总结发生转变的具体原因和相关规律,而本书将基于两组不同数据对这一问题展开探讨。

三、研究一：知名女性企业家

研究一采用文本分析法,对30位知名女性企业家的新闻、报道、访谈或公开讲话内容进行分析,从中提取关于性格特征和管理风格的关键词句。近年来,文本分析法在实证研究中得到了越来越广泛的应用,在分析政府工作报告、企业财务报告或企业家讲话中尤为常见(许治和张建超,2020;林乐和谢德仁,2017;田志龙和钟文峰,2019)。《中国企业家》杂志于 2020 年 4 月 25 日公布了 30 位本年度最具影响力的商界女性①。选择知名女性企业家进行分析有利于总结成功女性的一般规律,探索职场女性应具备哪些特质才最有可能获得良好的职业发展。与一般的调查问卷分析相比,尽管文本分析法的样本较少,但每个观测值都能得到更为充分的信息。

课题组使用 Python 软件,在百度新闻网以"公司名+姓名"作为关键词爬取相关资讯,检索时间是 2020 年 6 月中旬,一共获得超过 800 条资讯,但其中包括大量财务类、投资类报道和简讯,与本书研究主题不符。最后保留的新闻报道共 312 篇。这些新闻报道从分布上来说并不平均。由于疫情关系,旅游行业受到明显冲击,关于携程首席执行官孙洁的报道和访谈就非常频繁。基于男性和女性领导的六种不同风格,课题组进一步分拆出 15 种关键特质(表 3.1)。根据这 15 种关键特质,课题组三名成员各自独立进行编码,共获得超过 600 条原始语句,最后通过集体研讨确定每条语句的一致性倾向,汇总成表 3.1。除勤于指导外,其他关键特质均选取 3~4 段示例语句。每位企业家选取两段不同的语句。N 为该特质出现的次数。某位企业家的某一特质在多篇访谈中反复出现只取值为 1。换言之,若 $N=30$ 则意味着所有样本均包含这一特质。示例语句均源于网络公开资料,不存在隐私问题。故为方便读者核对,表 3.1 并未隐去相关个人信息。

① 这 30 位商界女性分别是华策影视赵依芳、国美控股杜鹃、新希望刘畅、VIPKID 米雯娟、阳光印网张红梅、蜜芽刘楠、小红书瞿芳、携程孙洁、探路者王静、诺亚财富汪静波、联想集团乔健、长城汽车王凤英、宏胜饮料宗馥莉、苹果公司葛越、泰康养老李艳华、蓝帆医疗刘文静、华熙生物赵燕、融贯电商姚晓菲、少年得到张泉灵、步步高张海霞、嘉和一品刘京京、福佑卡车单丹丹、李群自动化石金博、云海肴朱海琴、明德生物陈莉莉、奈雪的茶彭心、生命滙陈力、美瑞健康周文川、百果园徐艳林、九阳股份杨宁宁。

表 3.1 30 位女性企业家风格特质文本分析

风格类型	关键特质	文本示例
创业型	目标远大 （N=21）	1. 让中国在世界上能够成为提供好水果的国家（百果园徐艳林） 2. 解决广大中国妈妈的焦虑成为她的创业愿景（蜜芽刘楠） 3. 提供让国人自豪、让世界尊敬的产品，服务于人类的生命健康（华熙生物赵燕） 4. 让医疗最大化地接近家庭、个人，是她最朴素、最远大的理想（明德生物陈莉莉）
	精力充沛 （N=20）	1. 我精力确实比较充沛，一天睡三四个小时，我就能够很精神（携程孙洁） 2. 我从早晨睁开眼就进入工作状态，一直到晚上睡前还会再看一眼微信（泰康养老李艳华） 3. 加起来每天都要学习工作十五六个小时（李群自动化石金博） 4. 访谈时工作人员不断提醒时间紧张，日程忙碌（奈雪的茶彭心）
	冒险竞争 （N=3）	1. 坚忍、热情的冒险家（VIPKID 米雯娟） 2. 喜欢冒险和探索新事物的她做交易时，像个快枪手（嘉和一品刘京京） 3. 她选择了风险大、前景更大的赛道（美瑞健康周文川）
威权型	果断坚决 （N=12）	1. 为了做好工作，她雷厉风行、杀伐果断的强硬性格逐渐显露（长城汽车王凤英） 2. 她严肃认真，行事果断（宏胜饮料宗馥莉） 3. 从这件事中，我们都能看出她的杀伐手段、铁面性格（诺亚财富汪静波） 4. 做决定时杀伐果断（生命滙陈力）
	独立主见 （N=3）	1. 当父亲把心腹派去辅佐她时，她毫不留情地将人辞退（宏胜饮料宗馥莉） 2. 杜鹃不拍板，这件事就干不了（国美控股杜鹃） 3. 她最大的特点便是做事情执着，或者说是"有主见"（云海肴朱海琴）

续表

风格类型	关键特质	文本示例
家长型	强硬严厉（N=4）	1. 性格特别直接,喜欢把最难听的话直接告诉对方(蜜芽刘楠) 2. 以"铁腕"治军闻名,眼里容不得沙子(泰康养老李艳华) 3. 有时候我说话很重(华策影视赵依芳)
	勤于指导（N=1）	她边骂你,边把问题及意见和想法全告诉了你(长城汽车王凤英)
关系型	共识沟通（N=14）	1. 他们之间有任何摩擦、误解,我都是他们解决问题的连接器(联想集团乔健) 2. 在和下属的沟通技巧上,杜鹃充分吸取了教训,手腕更加圆融(国美控股杜鹃) 3. 她能做的就是建立起一种沟通机制,理解别人,然后再去调整自己的表达方式(李群自动化石金博) 4. 医疗方面的人才很有意思,尤其是好医生,他们不会以赚钱为导向,而是以一颗仁心为导向,这样的好医生只有在观念上认同你之后才会加入你(生命滙陈力)
	群策群力（N=14）	1. 员工多发表自己的主张,多思考如何能够做出更多的贡献(苹果公司葛越) 2. 如果完全靠自己,你永远都不可能把所有问题解决了,而且慢慢放低姿态后,你会发现周围每个人都是老师(新希望刘畅) 3. 有很多同事,都是领域内专家,我选择听他们的(阳光印网张红梅) 4. 她对每个人的了解都很深,能让每个人能发挥特长(VIPKID米雯娟)
	关怀下属（N=13）	1. 不似一般老板的精明、强势 她很容易就给人一种亲切感(诺亚财富汪静波) 2. 想方设法为员工创造更好的事业平台,让他们工作更容易,工作环境更好,收入待遇更满意,能更好地照顾他们的家人(蓝帆医疗刘文静) 3. 每次批评人,都要做长时间的心理建设(少年得到张泉灵) 4. 于2007年被授予"全省关爱员工优秀民营企业家"(步步高张海霞)

续表

风格类型	关键特质	文本示例
个性化	虚心好学（N=8）	1. 知识会不断更新,人最重要的是学习精神(联想集团乔健) 2. 每天找一位行业精英深聊,从不同方向搬砖,用来构建自己的大厦(少年得到张泉灵) 3. 我从《黄帝内经》到宫廷御膳,查遍了药典古籍(嘉和一品刘京京)
	人才经营（N=16）	1. 我一直都认为一家公司一个组织,最核心的资产就是人(融贯电商姚晓菲) 2. 最主要的是调动现有员工的积极性,培养优秀的人才(华熙生物赵燕) 3. 企业竞争的根本还是人才的竞争(九阳股份杨宁宁) 4. 如果碰到一个履历漂亮、能力很强的人就会一下扑上去,希望他加入我们(福佑卡车单丹丹)
	性别中性（N=17）	1. 男性企业家与女性企业家没有本质区别,重要的是把事情做对(小红书瞿芳) 2. 任何事情的成功,没有性别之分,只有能力之分(探路者王静) 3. CEO不分男女,只分好坏(阳光印网张红梅)
母亲型	社会责任（N=14）	1. 希望通过我们的方式,将保护藏羚羊、保护这片土地的精神传达出去(探路者王静) 2. 最终极的目标一定要考虑到,那就是人类和社会的福祉(蓝帆医疗刘文静) 3. 强调"社会责任"理念,将责任意识融入商业伦理(步步高张海霞) 4. 3亿用户的信任是我们肩上沉甸甸的社会责任(小红书瞿芳)
	内外平衡（N=17）	1. 对工作和生活的平衡也很重视,和家人在一起的时间永远不嫌多(苹果公司葛越) 2. 要做一个丰富的女人,在事业、家庭之间找到平衡(新希望刘畅) 3. 有时候也没办法,但我尽量让家人知道我是很爱他们、很爱这个家的(华策影视赵依芳) 4. 尽管工作很忙,但我还是很重视对孩子们的陪伴(携程孙洁)

文本分析结果表明,这 30 位女企业家同时具备了典型的男性特质和女性特质。例如诺亚财富的汪静波既果断坚决又关怀下属,VIPKID 的米雯娟既偏爱冒险竞争,又善于借助团队的力量。这也证明了前期研究设想,部分个体性特征是领导应当具备的,故呈现这些特质的女性领导更容易获得成功(Schaumberg and Flynn,2016)。从愿景上看,女企业家大多致力于为客户提供最优质的服务或有建立优秀民族品牌的决心。在工作状态方面显得异常积极,工作时间明显长于一般人。创业型风格中比较缺乏的可能是冒险精神,仅有三人能够找到符合风险偏好的语段。威权型风格中的"果断坚决"出现次数也不少,三分之一的女性企业家有着"杀伐果断"的一面。但独断专行的特点非常少见,家长型风格体现得不充分。似乎女性企业家较少会对下属进行严厉的批评,同时也不会亲身示范以进行指导。在凸显男性特征的同时,典型的女性特质并没有被放弃。许多女企业家乐于与下属维持良好的关系,也能意识到借助他人智慧的重要性。此外,女性企业家能够清晰意识到自身的缺陷和不足,故能够强调学习的重要性,对人才有着强烈的渴望,也认可团队力量的重要性。最后,女性企业家强调取得家庭和事业的平衡,并不主张因为工作而放弃家庭。当然,家人的支持也非常重要。文本分析中我们也发现不少女性企业家特别感谢配偶和子女的包容与理解。

一方面,一些研究指出在男性化行业,存在更多的偏见和歧视,女性如果想要到达更高的管理位置,需要彰显更多的男性特质(Brieger et al.,2019;Campos-Soria and Ropero-Garcia,2015)。另一方面,课题组亦发现,样本中"50 后"和"60 后"企业家多属于下海创业,靠个人力量取得成功;而年轻的企业家多因为追求理想,且拥有创业伙伴。因此,年长企业家可能家长型风格更突出,而年轻企业家更注重团队建设。考虑到行业差异和年龄差异,课题组进行了进一步的分样本分析。女性行业包括母婴、食品、医疗、餐饮、保健、养老等,其余行业归为非女性行业。而年龄的划分则以"80 后"为标准。将各个类型文本数量汇总后除以人数,得到结果如图 3.2 所示。行业差异和年龄差异体现得并不明显,年长企业家可能更稍微偏向于家长型风格,而年轻的女性企业家可能略微体现出更多的威权型风格。但总体而言,区别并不明显,这可能是因为样本量较少。

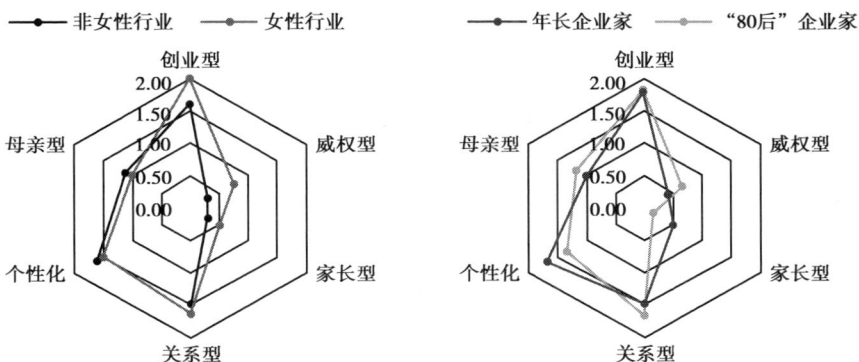

图3.2 女性企业家领导特质分布雷达图(基于行业和年龄的分类)

研究一结果表明,成功的女性企业家并没有选择"个体流动"策略,尽管她们具备了男性特质,但并没有掩盖女性特质。在新闻报道的整理过程中,课题组发现很多女性企业家积极参与促进性别平等的活动。由此可见,女性企业家男性化更多是为了遵循普遍最优的管理原则,而非刻意避免偏见和歧视。西方研究认为男性特质明显且反对性别平等的"蜂后"型女领导至今依然大量存在(Faniko et al.,2020)。但在本书所涉及的样本中并未发现这一现象。与欧美国家不同,我国在家庭领域两性分工和地位越来越平等,男性常常需要承担家庭责任,女性也可以追求职业发展获得更高的收入,这同样会被视为对家庭的贡献(Yang et al.,2000;Liu,2013)。更重要的是,代际共同居住缓解了女性照顾下一代的压力(Zhao et al.,2018),故而在中国职场女性更能寻求家庭角色和工作角色的平衡。而在西方国家,专注于职业发展的女性面临更多的家庭和工作冲突,因而也就更容易演变为"蜂后"。

四、研究二:普通职场女性

考虑到女性企业家和一般职场女性的差别,研究二基于问卷调查数据考察普通女性管理者的男性化问题。女性企业家和一般职场女性的区别可能是领导者角色和管理者角色的区别。企业家角色可能更偏向于领导者,需要激励下属并提供清晰的愿景,使得他们将个人利益和企业利益相结合。而一般担任领导职务的职场女性更多是管理者,关注资源的分配和工作的布置以达到最佳管理效果(Toor and Ofori,2008)。企业家的行为更多受内在价值观的激励,而管理者的行为主要源于组织的目标和压力(Toor,2011)。因此,企业家可能需要特别看重愿景规划和人际关系,这也解释了为什么关系型风格和创业型风格在研究一中更为常见。基于此,课题组认为有必要进一步分析普通职场女性男性特质呈现的规律。

(一)样本、数据与模型

研究二涉及的量表部分来自西方关于女性领导风格男性化的研究(Derks et al.,2011),包含三个主要模块。第一,个人基本情况,包括年龄、教育层次、行业、收入、职级、具体工作内容、企业所有制等。第二,性别平等模块,包括"是否支持工作场所禁止言语或其他方式骚扰女性""是否支持女性员工弹性工作制以方便其照顾家庭""是否支持因生育检查或其他健康需要给予女性员工更多休假","是否因为性别遭受过不公正待遇","是否担心过遭受职场性别歧视"等。第三,领导风格模块,包括"我愿意承担有风险、不确定性高的工作(创业型)","我喜欢在充满竞争的环境中工作"(创业型);"做决策时我不喜欢参考其他人的意见"(威权型),"我做事当机立断,不拖泥带水"(威权型);"工作中我愿意给后辈或下属提供指导并分享经验"(家长型),"如果下属出现工作失误我也会批评"(家长型);"除了工作我也关心大家的生活"(关系型),"工作中上下级应该保持密切的沟通"(关系型);"男性女性各有千秋,不存在孰优孰劣的问题"(个性化),"好的企业能让每个人都充分发挥自己的特长"(个性化);"尽管工作忙碌我仍然愿意承担照顾家庭的责任"(母亲型),"在家庭角色上我与一般女性没有区别"(母亲型)。

在问卷正式发放之前,邀请五名企业高层管理者对问卷提出意见,修改或移除部分条目,例如原始问卷中性别平等模块还包括"是否支持移除工作场所中对女性健康有危害的装饰、设备、布置等"。她们认为目前绝大多数企业的工作环境已能保障健康安全,故该条目可以废除。此外,她们还提出应当尽量压缩条目,如果问卷超过30个问题,那么受访者很难有耐心认真完成。基于此,每一个领导风格只选取了两个最具代表性的条目。例如家长型领导测量,就与汪林等(2020)研究中的示例条目"我有意愿将自己的工作与生活方面的经验和教训同下属分享"相同。问卷委托银行和企业人士针对承担一定管理职务的女性进行链接分享。数据收集时间为 2020 年 3 月至 4 月。共有 394 名受访者填写了问卷,其中 40 份为无效问卷(包括答题时间过长或过短、性别为男性等)。表 3.2 给出了问卷调查的描述性统计。

表 3.2　问卷调查描述性统计

类别	项目	人数	问题	选项	人数
年龄	18~30 岁	150	是否支持工作场所禁止言语或其他方式骚扰女性	非常支持	310
	31~40 岁	178		比较支持	26
	41~50 岁	22		无所谓	12
	51~60 岁	4		不太支持	6
	60 岁以上	0	是否支持因生育检查或其他健康需要给予女性员工更多休假	非常支持	219
年收入	5 万元以内	41		比较支持	113
	5 万~15 万元	106		无所谓	9
	15 万~25 万元	97		不太支持	13
	25 万~35 万元	66	是否支持女性员工弹性工作制以方便其照顾家庭	非常支持	209
	35 万元以上	44		比较支持	96
教育层次	初中以下	2		无所谓	16
	高中	9		不太支持	33
	大学专科	30	是否因为性别遭受过不公正待遇	比较频繁	28
	大学本科	224		有时会发生	133
	研究生及以上	89		偶尔遭受过	63
具体工作内容	生产与质量管理	28		没遭受过	130
	销售与市场	75	是否担心过遭受职场性别歧视	比较担心	105
	财务会计	45		有些担心	99
	人力资源	53		偶尔担心	85
	采购业务	7		不会担心	65
	行政、文案	57	我愿意承担有风险、不确定性高的工作	比较符合=48	有些符合=65
	技术咨询	68		不太符合=144	完全不符合=97
	其他	21	我喜欢在充满竞争的环境中工作	比较符合=77	有些符合=109
所在行业	女性行业	204		不太符合=141	完全不符合=27
	男性行业	150	做决策时我不喜欢参考他人的意见	比较符合=43	有些符合=73
管理层级	基层领导	216		不太符合=164	完全不符合=74
	中层领导	56	我做事当机立断,不拖泥带水	比较符合=74	有些符合=119
	高层领导	71		不太符合=101	完全不符合=60
	企业一把手	11	工作中我愿意给后辈或下属提供指导并分享经验	比较符合=122	有些符合=133
企业性质	国有企业	129		不太符合=75	完全不符合=24
	集体所有制	40	如果下属出现工作失误我也会批评	比较符合=92	有些符合=114
	联营企业	5		不太符合=97	完全不符合=51
	外资企业	20	工作中上下级应当保持密切的沟通	比较符合=168	有些符合=102
	民营企业	160		不太符合=64	完全不符合=20

续表

下属人数	4 人以内	189	除了工作我也关心大家的生活	比较符合 = 155	有些符合 = 107	
	5~10 人	78		不太符合 = 68	完全不符合 = 24	
	11~20 人	42	男性女性各有千秋，不存在孰优孰劣的问题	比较符合 = 138	有些符合 = 102	
	21~50 人	24		不太符合 = 67	完全不符合 = 47	
	51~100 人	9	好的企业能让每个人都充分发挥自己特长	比较符合 = 124	有些符合 = 97	
	100 人以上	12		不太符合 = 76	完全不符合 = 57	
所在地区	东北地区	19	尽管工作忙碌我仍然愿意承担照顾家庭的责任	比较符合 = 104	有些符合 = 117	
	东部沿海	92		不太符合 = 99	完全不符合 = 34	
	中部地区	47	在家庭角色上我与一般女性没有区别	比较符合 = 166	有些符合 = 114	
	西部地区	196		不太符合 = 56	完全不符合 = 18	

注：在回归分析中，课题组将住宿餐饮、教育、文化娱乐、商务服务、医疗卫生、批发零售等归类为女性行业，其余归类为男性行业；将人力资源管理、行政文案、财务会计定义为女性岗位，其他定义为男性岗位。表 3.2 中数值为该选项人数。

如表 3.2 所示，样本的整体年纪相对较轻且学历较高。课题组也意识到相关结论可能并不能简单延伸到全体女性身上。约 87.6% 的受访者"非常支持"禁止工作场所对女性的骚扰行为，但涉及弹性工作制和额外休假时，表示"非常支持"的比例有所下降。作为管理者可能更担心员工绩效问题，故对这类政策的支持力度稍稍有所减弱。但整体来看，绝大多数女性管理者对提升女性权益都持积极态度。约 36.7% 的受访者没有因性别受过不公正待遇，但只有约 18.4% 的受访者表示完全不担心性别歧视问题。这说明性别平等问题的确困扰着大部分职场女性，没有经历过性别歧视者也会担心遭受性别歧视。从领导风格和性格特质上看，符合母亲型、个性化、关系型和家长型的受访者超过 200 人，符合创业型和威权型特质的受访者则相对较少。创业型和权威型的四个特质之间也呈现出一定差异。对于高风险的工作，受访者大多持反对态度，但对竞争性的工作环境则认可度较高。同样，相较于"独立决策"，威权型风格中的"当机立断"也体现得更充分。由于大部分变量为等级变量，故使用 Ordered Logit 模型进行分析。

（二）回归分析

由于因变量较多，所以需要进行多次回归分析，为更直观、清晰地展现回归结果,课题组汇报含置信区间(95%)的回归系数图(图3.3)。对于创业型特质中的竞争意识而言,年龄呈显著负相关。这与既有研究结论一致,年长者经历相对更稳健和更谨慎(Bai et al., 2019)。年龄与冒险精神也呈负相关,但置信区间包含0,故并不显著。收入水平与竞争意识和冒险精神呈正相关。以西方国家为对象的研究同样得到类似结论,竞争意识和冒险精神促使了个体更多参与高风险高收益的经济活动(Hopland et al., 2016)。管理层级的提高与冒险精神呈正相关,下属人数的增多与竞争意识也呈正相关。随着女性领导地位的提升,创业型特质体现得越来越充分。歧视经历和对歧视的担忧与竞争意识相关,但与冒险精神不相关。女性在受到不公正待遇后,展现出超越男性的风险偏好这一说法并没有得到支持。威权型两种特质的影响因素重合度较小。管理层级的提升和下属人数的增多让女性管理者更坚决,个人受歧视的经历也存在相同效应。但对于独立决策而言,上述变量则变得不显著。私营企业的管理人员在决策上更专制,但非私营企业的女性管理者则更果断。对于家长型特质而言,管理层级并不显著,而歧视经历则对两类不同的管理风格形成截然相反的影响。

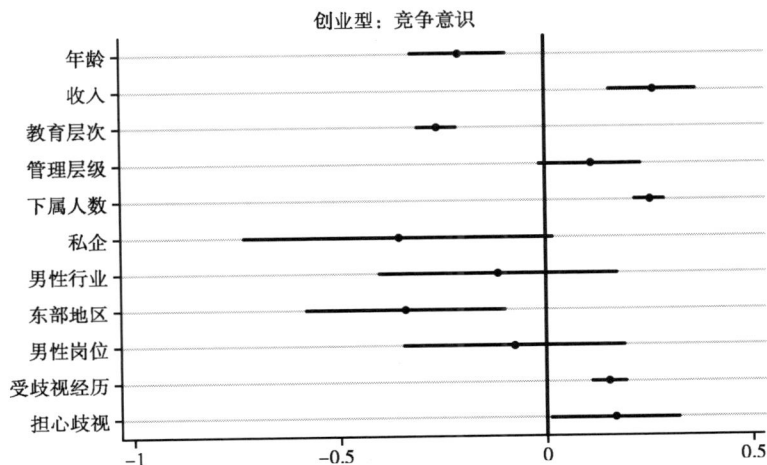

创业型:竞争意识

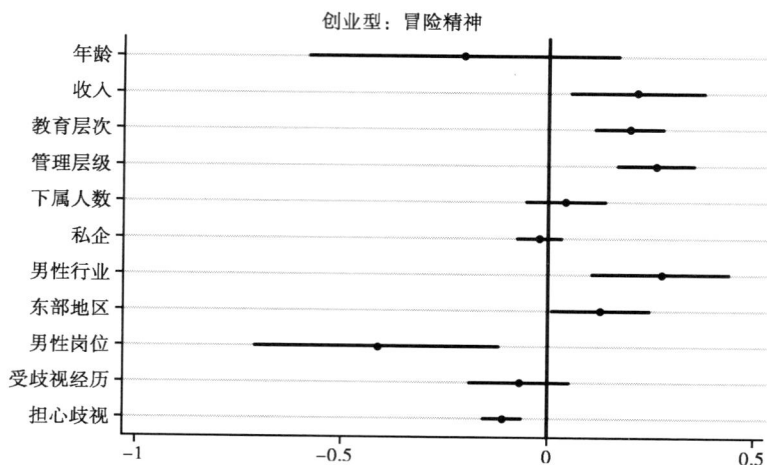

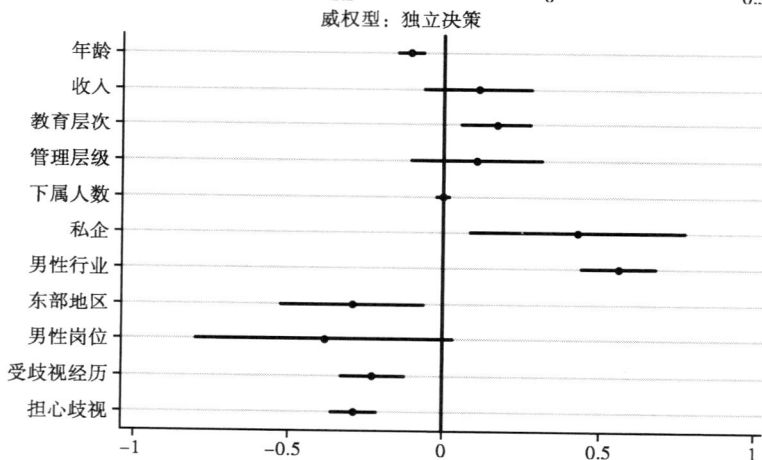

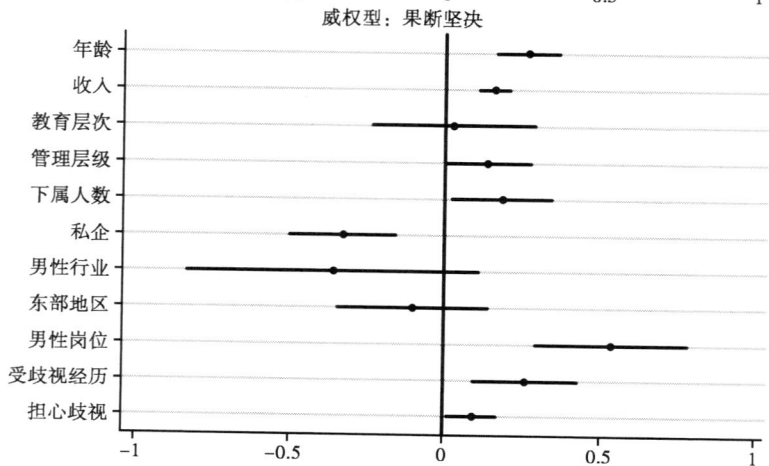

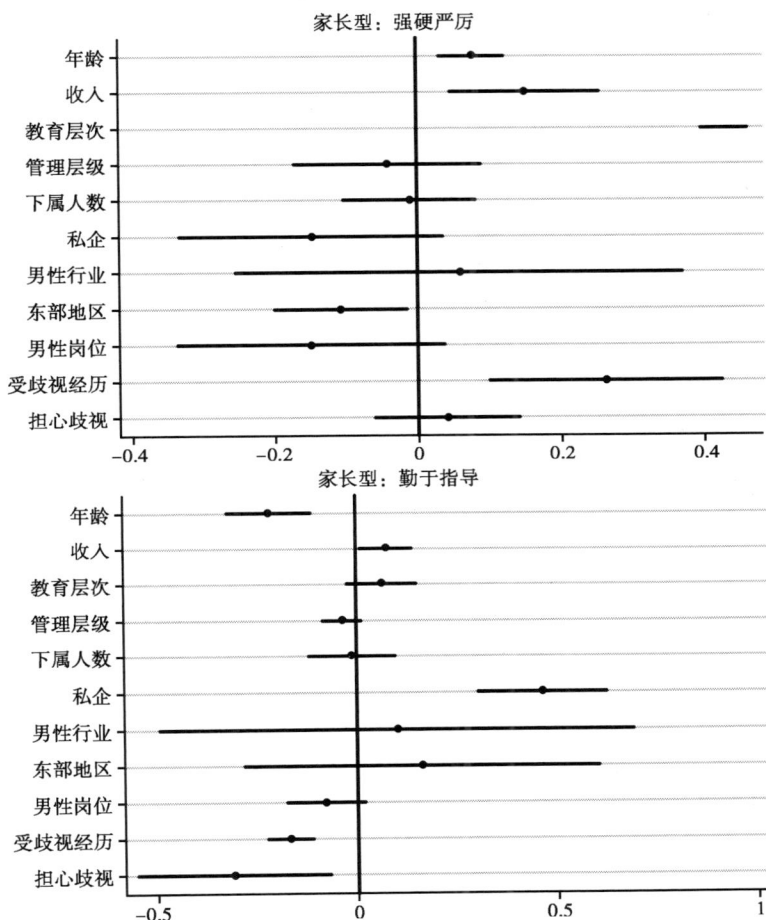

图 3.3　男性特质影响因素

总体而言,女性以碎片化方式实现管理风格的男性化。个人受歧视的经历或对性别歧视的担忧让女性管理者具有更高的竞争偏好和更果断坚决,但削弱了独立决策和勤于指导这两个特质。社会身份理论中关于性别不平等促使了女性风格男性化的推断,并没有得到完全证实。管理层级的提高和下属人数的增多甚至人口学变量都与不同男性特质的体现相关。因此,女性管理风格男性化是多重因素作用的复杂结果。

图 3.4 显示了影响女性管理风格形成的因素,同样为包含置信区间(95%)的回归系数图。年龄越大的女性管理者越关心下属的生活,管理

层级也与之呈正相关。但下属人数则与之呈负相关。随着下属人数的增多，女性管理者可能很难有时间和精力关注到每一个人。对国企和外企而言，私营企业的女性管理者对下属的关怀程度有所降低。同样呈负相关的还包括男性行业。教育层次越低的女性管理者倾向于否认共识沟通的重要性。而有歧视经历和处于男性岗位的女性管理者更看重上下级的沟通。就个性化特征而言，受歧视经历和对歧视的担忧削弱了女性管理者对自身的信心，倾向于否定男女一样优秀的观点。Heckman 等（2017）基于实验研究发现性别歧视和刻板印象的存在降低了有色人种的女性领导在工作中的表现水平。管理层级的提升和下属人数的增加倾向于增强女性管理者的信心，进而认同男女一样优秀的观点。年龄与家庭责任感和女性角色显著相关，且系数较大。这可能是因为年轻样本还未建立婚姻关系。管理层级和母亲型风格呈正相关但下属人数与母亲型风格呈负相关。传统观点认为女性应当专注于家庭，最好不要工作。而现代观点则是探索在照顾家庭的同时女性能够做什么工作。因此，管理层级越高的女性实际上能找到工作—家庭的平衡，融合了男性和女性的共同愿望。总而言之，遭受性别歧视的经历没有让女性管理者拒绝典型的女性特质，而且管理层级越高的女性，尽管可能受到更多的不公正待遇，但并没有拒绝自身的女性形象。

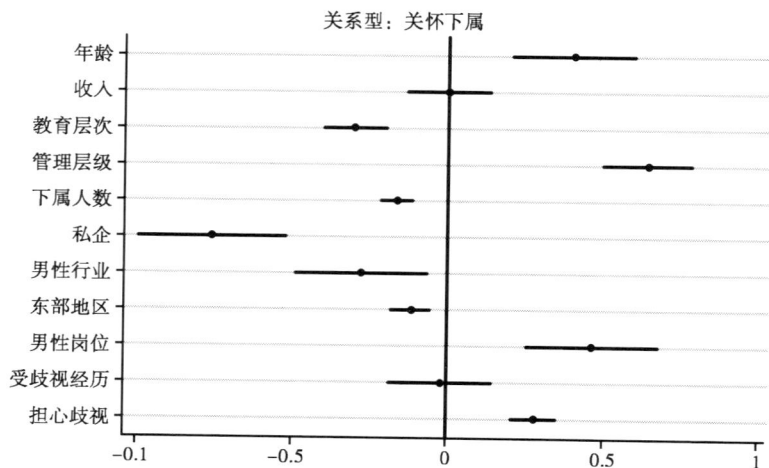

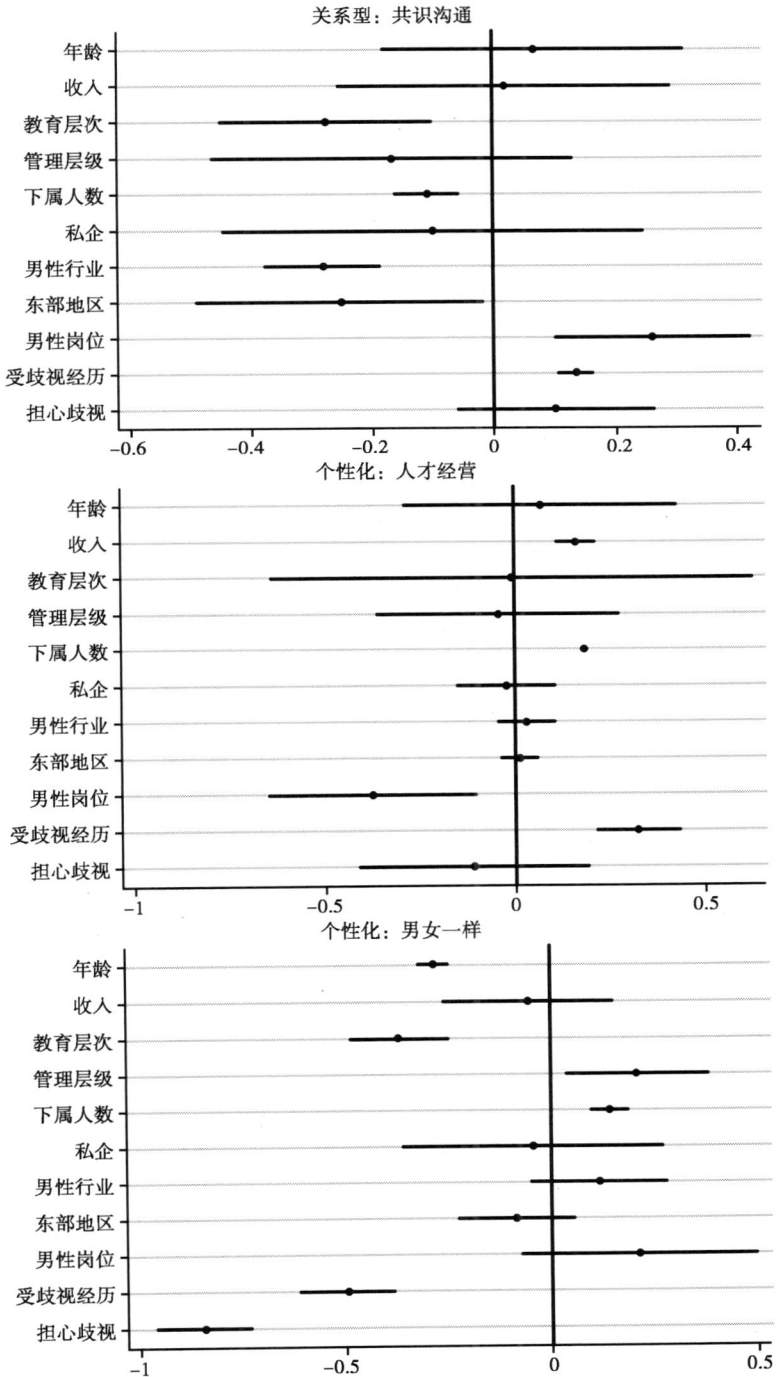

关系型：共识沟通

个性化：人才经营

个性化：男女一样

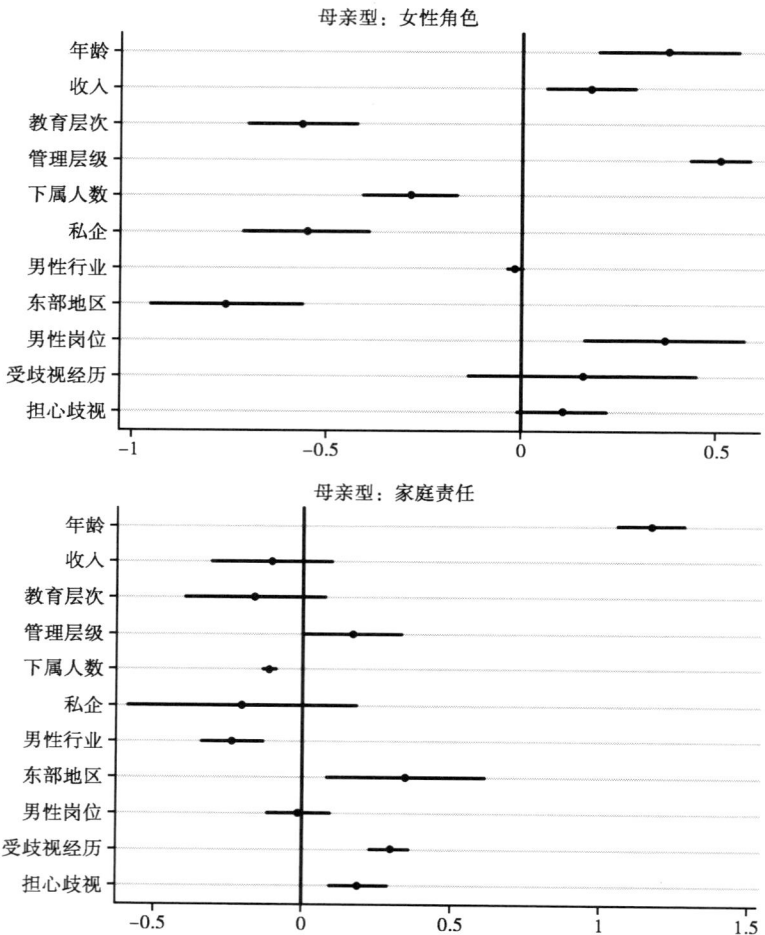

图 3.4　女性特质影响因素

图 3.5 反映了关于女性管理者对推广性别平等措施态度的影响因素。绝大多数受访者,不论年龄、收入、教育层次或职级,皆认为在工作场所应当反对女性言语和其他方式的骚扰,故各个变量并不显著。私营企业的女性管理者倾向于反对女性额外的健康休假和弹性工作制,这可能是因为私营企业竞争压力较大,担心宽松的政策影响女性管理者工作绩效。De-Menezes 和 Kelliher(2017)基于 2 600 个研究样本发现弹性工作制虽然提高了员工的满意度,但也降低了员工的绩效。处于男性行业的

女性管理者倾向于反对女性额外的健康休假和弹性工作制。有研究表明,处于男性行业的女性需要以成就为导向才能符合下属的期望(Guillén et al.,2018)。这实际上给女性领导带来了额外的挑战。总而言之,尽管大多数女性管理者对推行维护性别平等和保障妇女权益的政策持支持态度,但仍然存在企业和行业的差异。

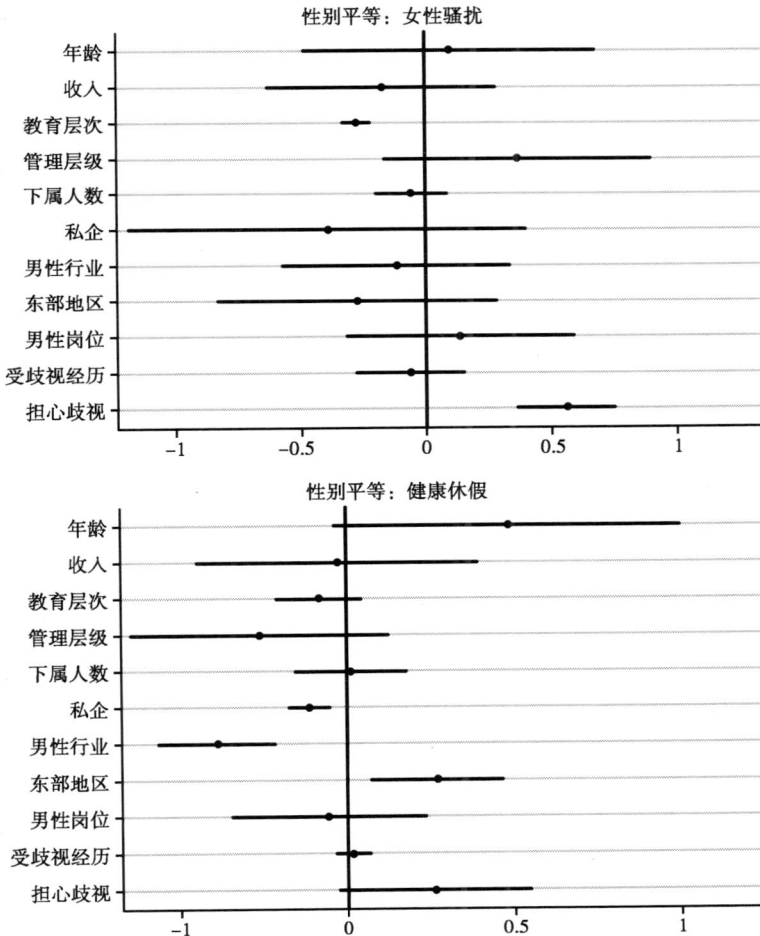

性别平等:女性骚扰

性别平等:健康休假

性别平等：弹性工作制

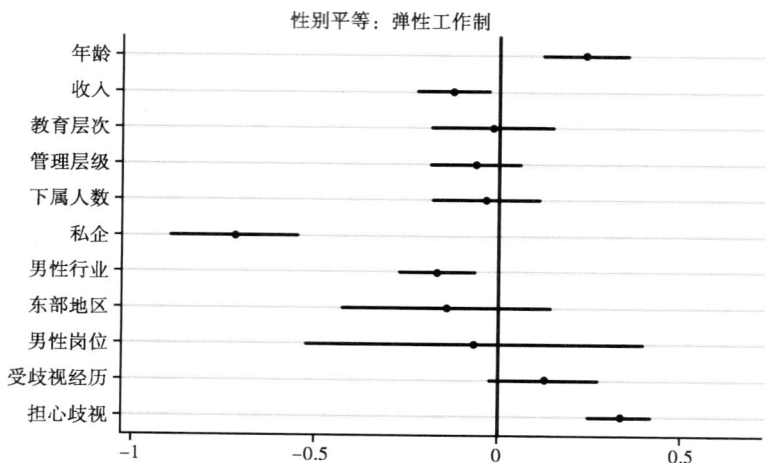

图 3.5　性别平等政策支持程度影响因素

五、本章小结

（一）主要结论

本章关注女性领导风格，重点分析女性领导男性化特质呈现的原因及规律。通过对 30 位知名女企业家的文本分析和 300 余名普通职场女性管理人员的回归分析发现，女性领导风格男性化是一个普遍现象。对女性企业家而言，创业型的男性特质体现得较为明显，即具有远大的目标和充沛的精力，能以坚忍的意志不懈地努力。一般女性管理者大多具备家长型特质，即对下属有严厉的一面，但也愿意为他们提供指导和帮助。威权型特质在知名女企业家身上有所体现，但在一般女性管理者身上不常见。管理层级、企业性质、行业特征、受歧视经历等因素都与男性化程度相关。不论是知名女性企业家还是普通女性管理者，对于性别平等和女性发展都持较支持的态度，且在彰显男性领导特质的同时也没有放弃女性特质。上述结论表明，职场女性若想获得成功，需要跳出性别框架，将男性特质和女性特质有效结合。

（二）理论贡献

本书的理论贡献可以归纳为以下三点：首先，揭示了领导风格的复杂性，为女性领导的成功提供了新的解释。心理学研究表明，随着社会的进步，两性之间的差异可能正在逐步缩小，这种中性化趋势是自然选择的结果（Schmitt et al.，2017）。而职场女性则面临更多的挑战，要想胜任领导角色，必须展现出更多的男性特质。传统研究过分关注女性领导的社群型风格，很容易造成女性若发挥好这些特征就能胜任领导角色的认知误区。成功的女性领导一定是跨越了性别界限，兼具男性和女性优势的。以往也有学者指出某些情境下女性领导展现出男性领导特质时能获得较佳的管理效果（Eagly，2004）。与这些研究相比，本章更进一步地区分了女性企业家和一般女性管理者/领导者两种类型，探索了不同情境下女性领导呈现男性特质的规律。由此可见，对于领导力的性别研究应当突破传统的二元框架。女性领导获得成功的原因在于能够整合两性优势，选择恰当的管理策略，而非单纯地依赖女性特质。

其次，本书基于社会身份理论分析了女性领导者的行为，有助于厘清该理论的迁口性和局限性。社会身份理论虽源于社会心理学，但近年来 广受关注（Nason et al.，2018；颜士梅和张刚，2020）。个 的影响，个人态度、认知和行为在一定程度上需符合群 s and Ellemers，2019）。关于女性员工更多关注家庭责任 注职业发展的推论则是基于性别身份的假设。但除性别 社会身份对首席执行官行为的影响，例如以教育背景、教育机构（如某某校友会）、血缘、地缘为基础形成的群体身份等。有研究发现，首席执行官的高等学校教育背景提高了企业环保意识相关（Amore et al.，2019），也让企业具备长远发展的战略取向（Miller et al.，2020），而高管团队中基于姓氏形成的群体身份还提高了代理成本（Zhang et al.，2020）。由此可见，成功的职场女性对自身女性标签并没有过多关注，对于现代女性而言，性别可能不再是一个主导的群体身份，基于其他身份分析女性企业家的价值观和行为可能更有说服力。

最后，本章证明了不同领导风格在个体层面的共生性。现有研究大多只分析某特定领导风格,忽视了个人性格的复杂性。既然男性特质和女性特质可以同时出现在同一领导身上体现,其他诸如道德型、变革型和公仆型等特质或许也能在一定程度上共生共存。目前关于领导力的研究大多基于一个标准量表,探索某特定风格与其他变量的因果关系。但问卷数据难以全面囊括个体特征,从而引发遗漏变量问题。实证分析所得到的结果可能是不同领导风格共同作用的结果。不难看出,若30位女性企业家脱离了男性特质,恐难以获得职业成功。后续研究可进一步挖掘不同领导风格之间排斥与共生的问题。

(三)实践价值

本章能够为改善职场性别平等提供实际指导。首先,本章的实证分析表明受性别歧视的经历和对性别歧视的担忧打击了职场女性的自信心,使她们得出女性不如男性的结论。因此,企业采取措施减少职场性别歧视行为是十分有必要的。具体策略可以包括两个方面。第一,积极提拔女性高管。本章的研究表明不论是知名女性企业家,还是普通职场女性领导,大多会支持性别平等政策,更重要的是她们能树立一个榜样,让女性职工意识到自身优势能为组织做出贡献。当然,在提拔女性高管时还需要进行充分的沟通,避免让男性职工认为是为应付相关规定不得不采取的平权措施,这反而会加大对女性的歧视(Leslie et al.,2014)。第二,增强员工的归属感和身份感。企业与其他组织一样也能赋予个体新的"群体身份"。当以企业身份占主导地位时,性别身份的重要性自然会降低。男性员工则更多从同事和同伴的角度看待女性员工,而非站在男性的角度。这在一定程度上能够减少职场性别歧视。与私企相比,国企、外企员工的归属感和身份感通常更强烈,故而性别歧视相对较少。因此,通过这样一个更高层次的分类扩大了群体内部的包容性,减少了不同群体之间的对立(Dovidio et al.,2007)。

其次,本章相关结论对企业如何选拔高管起到一定借鉴作用。成功职场女性往往同时兼具了典型的男性特质和典型的女性特质,这恰恰是当代员工所需要的。Guillén等(2018)以工程师群体为研究对象,发现其理想的领导角色形象具有自信、竞争意识、成就导向、善于关怀、乐于帮助他人等特质,其中既包括典型的男性特质也包括典型的女性特质。与男性相比,女性的沟通能力能让她们更好地与他人达成共识,而自身的勤勉努力也能让下属感受到激励和鼓舞。女性管理者大多具备典型的家长型和关系型特质,在维持纪律的同时,又能够给下属适时的帮助和指导。当组织需要善于沟通又严格要求的领导时,可考虑由女性担任。此外,人口学特质能够为进一步辨别适当的女性领导提供参考。参照本章相关结论,若需要具备独立决策能力的女性领导时可考虑年轻且受教育水平高的候选人;若需要对下属严厉要求的女性领导时则可考虑教育水平较高且年长的候选人。总之,女性与领导角色的适配性在不断提高。新时代年轻员工越来越关注工作和家庭平衡,越来越以自我为导向,需要更多的沟通才能与组织达成共识(Anderson et al.,2016),而这一过程中女性领导的优势将不断得到体现。

最后,本章相关结论有助于指导企业如何对女性职工进行培训。学者指出对职场女性开展领导力培训是非常有必要的,这不仅能够提高女性的能力还能增强其自信心(Huang and Gamble,2015)。需要注意的是,领导力培训并不是为了让女性放弃"好母亲"的角色,而是要让她们能够兼顾工作和生活的平衡,成为一个"完整的人"(Kossek and Buzzanell,2018)。一些研究表明,女性对母亲角色的自信心直接影响了其晋升意愿和工作表现。对自身母亲角色游刃有余的女性,越容易产生领导抱负,不会因为工作与家庭的冲突而放弃工作(Kossek et al.,2010)。因此,对于女性的领导力培训可能更需要强调在面临家庭—工作冲突、应对公共评价与社会习俗时的自我调适能力。

(四)局限性与研究展望

尽管本章结合了两种方法探索了女性领导呈现男性化特质的原因和规律,但仍然存在一些不可避免的局限性。首先,一些纸质媒体也常对企业家进行访谈,而这些资料可能没有在网络媒体上呈现,故获取的文本可能有所遗漏。其次,问卷调查中样本的随机性受到限制,若扩大研究样本或采取严格的抽样,得出的结论或许有所不同。未来的研究可基于本文思路,进行更大规模的问卷调查,以便区别不同情境,进一步探索行业差异或职业差异。此外,还可以基于动态视角,观察人生不同阶段女性领导气质的演变。最后,关于女性领导力的研究还应关注性别差异产生的原因究竟是什么。它可能源于天然的基因差异,也可能是父权主义制度下人为塑造的结果。这意味着女性气质本身会随着环境的变化而展现出不同的面貌。本书基于有限的样本初步呈现了新时代中国女性领导的气质特点,但还远远不够,未来研究应在此基础上做出更多的探索。

第四章　复杂情境下的性别差异

一、问题的提出

组织行为学中,组织领导一直是研究的重点。领导理论的发展大致可以归纳成三个阶段,从特质到行为再到权变。其中权变理论认为,探索领导者普遍特质并没有实际意义,关键是探讨影响这些特质发挥作用的情境因素。基于这一逻辑,领导者和管理者在不同的文化背景下和不同的经济环境下有不同的行为特征。例如 Rossberger 和 Krause(2014)的研究发现,在不同的国家文化中的未来导向、集体主义、不确定性规避等维度上的差异影响个人特质的形成,也导致每个国家的人的创新精神不一样,国内学者张婷婷(2017)通过研究区域文化差异对上市公司行为决策的影响发现,当企业首席执行官文化特征与企业所在地一致时,区域文化对企业创新效率产生显著影响。尽管学者认为在不同文化背景下,人们的行为表现会有所差异,但目前的相关研究大多只局限于理论分析。

前一章中,我们对领导者和管理者的性别差异进行了分析。由于文化差异的普遍存在,性别差异在不同的国籍可能会有不同的表现。因此,本章基于欧洲社会调查(ESS)数据,通过设定不同的文化情境,对管理者在现实生活中表现出来的价值观进行实证分析,探索性别差异是否在不同社会、文化、制度环境下仍然具有普遍性。

二、相关文献综述

（一）关于管理者与非管理者的研究

如前所述，现有的关于领导者性别差异的研究大多以一般群体差异为假设。但领导者并非随机产生。因此，领导者或管理者群体本身就与一般群体有着较大差异。关于管理者研究的相关文献，大多以大五人格特质理论作为理论基础。

刘琨（2011）以大五人格特质作为理论基础，通过问卷调查法得出人格特质对管理工作绩效的影响：管理者往往具有神经质、外向型、宜人性、责任性和开放性的特质，且神经质与工作绩效呈负相关，外向型、宜人性与工作绩效呈正相关。此外，熊哲宏（2015）开发实践智力量表与领导人格量表以反映我国管理者工作行为习惯，通过问卷调查法检验企业管理者的实践智力对领导绩效起到预测作用。研究发现管理者越正直诚信、越谦虚，其实践智力水平越强，越能对领导效能产生积极影响。责任心方面，主动预告的管理者其实践智力水平越强，越能更好地完成任务。从开放性维度来看，乐于接纳新事务、突破传统的行为倾向与实践智力没有显著关系，也代表着与公司绩效关系不大。宜人性包含自信、信任、合作和谦虚，更容易得到他人的支持与信任，更容易从他人和外部环境获得实践智力。

荣竹（2017）选取了无锡、南京、苏州和常州的企业管理者为调研对象，通过问卷调查的方式获知大部分管理者具有外倾性人格特质且具有较好的人际交往能力，管理者内倾性人格对社会资本与人际交往能力均产生负向影响。陈立杰、邹洁（2019）通过问卷调查、数据分析得出外倾性人格特质与宜人性人格特质与企业创新呈正相关，其中外倾性人格特质相对于宜人性人格特质影响更显著。陈立杰（2019）通过实证研究法得出管理者尽责性、开放性、宜人性、外倾性人格特质与团队创新呈正相关，且尽责性相关性最强，其次为开放性人格、宜人性人格。环境动态性调节着人格特质与团队创新，高动态外部环境显著负向调节着管理者的宜人性、外倾性和开放性人格特质与创新之间的关系。学者的研究还发现，管理者通常具有外向型、宜人性、正直诚信、谦虚、有责任心等特质。

　　为进一步剖析管理者和非管理者差异，我们使用全球综合社会调查数据进行直观展示。该调查涵盖全球 60 多个国家和地区样本。我们将样本按照管理人数分为四类。管理人数越多的样本，越接近领导者或管理者角色，具体结果如表4.1 所示。与一般员工相比，领导者或管理者生活满意度更高，更容易信任别人，幸福感更强，朋友更多。在宗教信仰、坚持传统、冒险精神、追求快乐等方面两者差别较小。

表4.1　管理者与普通员工价值观差异

评分指标	管理人数			
	200 以上	50～199	13～49	12 人以内
生活满意度得分	7.93	7.80	7.68	7.51
信任周围人得分	6.07	5.74	5.75	5.56
幸福感得分	8.12	8.07	7.92	7.75
朋友数量得分	4.19	3.95	3.84	3.63
宗教信仰程度	4.66	4.82	4.58	4.53
年龄	61.82	58.11	55.37	50.69
创新想法得分	3.93	3.69	3.70	3.70
跟随传统得分	3.17	3.16	3.15	3.07
追求快乐生活得分	3.36	3.28	3.36	3.37
更多冒险	2.84	2.81	2.81	2.88

　　除此之外，还有学者以其他方法得出管理者特征。唐贵瑶、吴湘繁等（2016）通过问卷调查，并通过多元线性回归方法进行检验得到管理者的亲和力与辱虐管理呈显著的负相关，神经质与辱虐管理呈正相关，辱虐管理是一种负向领导行为，指下属知觉到的上级主管对其持续表现出言语或非言语的敌意行为，但并不包括身体接触（Tepper，2000）。李海燕（2017）以沪深交易所上市公司 2008—2015 年的数据作研究样本，通过回归分析等方法得到管理者富有冒险精神可以显著影响技术创新从而提升

企业价值。

陈飘飘(2018)通过规范研究法、实证研究法和比较分析法得出管理者性别与企业价值相关性不显著,管理者年龄、学历、工作经历和教育背景与企业价值呈显著正相关。彭华雯(2019)以知名企业管理者为研究对象,采用个案研究法得出个性偏执的管理者所做的财务决策会给企业带来较大风险,过度自信的管理者会有损企业价值。邓德英等(2019)以高职院校管理者为对象,从道德人格、政治人格、心理人格三个维度分析了其主要人格结构,得到管理者真诚的道德情感可以对被管理对象起到渲染、示范作用。管理者稳定、一致的心理特点以及强烈的责任感更有利于对管理对象产生吸引力。

丘雨田、李洪鑫等(2021)通过文献研究与因素分析法得出管理者的创新能力与企业绩效呈正相关,高创新能力带来高的企业绩效。郭瑞芸(2019)以2011—2016年创业板上市公司为研究样本,运用SPSS统计软件和BP神经网络分析等手段得到:管理者的薪酬、性别、年龄、团队规模、教育背景都对管理者能力有影响,其中,薪酬影响最大,其次是年龄、性别、团队规模、教育背景;管理者能力对公司绩效有显著的正向影响。通过以上学者的结论,得到管理者通常具备亲和力、善于听取建议、有责任心、具有创新能力等特质。通过上述文献研究结论不难看出,管理者往往表现为外倾性与宜人性,并具有创造力。综上所述,我们提出假设:

假设1:管理者具有创造力并且具有较强的亲和力。

(二)男性管理者与女性管理者的差异

关于这一方面的研究,大多数学者集中于对女性高管特质的研究,主要分为两大类,第一类是直接得出女性管理者的特质,如Elizabeth Arch(1993)指出,男性会积极参与风险,将其视为一项挑战,而女性的接纳程度低于男性,往往会选择规避风险。Zuckerman(1994)指出,相对于男性高管而言,女性高管更加保守和谨慎。Bynes等(1999)在多种决策环境下发现,女性管理者通常比男性管理者更沉着冷静,相对于男性来说,女性管理者在处理突发事件时更容易做出正确的决策。

Eckel and Sara(2001)和Eckel and Grossman(2008)通过一个通牒游

戏实验得出,女性相对于男性来说更加重视平等关系。韩丹妮(2016)提出,在竞争环境中男性会更愿意参与竞争,而女性通常会选择规避竞争。何瑛、张大伟(2015)以我国 A 股上市公司 2008—2013 年的数据作研究样本,通过实证检验得出:管理者为男性时越容易出现过度自信,也更偏好于使用负债融资。另一类是通过女性管理者在企业中的表现来得出差异,如 Ralph 和 Jinoos(1988)邀请受试者查看虚拟公司的财务报表,然后决定其投资额度,并要求受试者评估他们对投资项目的信心,结果表明,男性对投资决策的自信程度高于女性。谭松涛等(2006)发现女性投资者过度交易的程度要低于男性投资者。陈传明、孙峻华(2008)通过对我国上市公司面板数据的研究得到女性企业家更加追求长期稳定增长。周泽将(2012)研究得出女性首席财务官报告了更为稳健全面的会计信息。祝继高等(2012)发现女性的风险规避特质大幅降低了公司的过度投资。同时,国外学者 Sanders and Adya(2003)和国内学者何威风和刘启亮(2010)的研究均发现,女性投资者的交易量远远低于男性,但这也或许与 Almazan & Suarez(2003)得出的女性可能会进行过度监督有关。

李世刚(2013)以沪深交易所上市公司 2007—2011 年的数据为样本,研究得出女性高管对上市公司的过度投资会产生显著的抑制作用,但女性高管比例的提高降低了企业价值,很大部分原因是女性高管的风险规避特质带来了过度监督从而影响企业价值。李端生、周虹(2017)以沪深两市 A 股主板上市公司 2012—2014 年的数据为研究样本,得出高管团队中女性所占比例较高时,对内部控制质量能起到提升作用。通过对以上的文献研究结论进行归类可得到,女性管理者相对于男性管理者而言,风险规避意识更强,比男性更沉着冷静,甚至更加保守和谨慎、规避竞争。基于此,我们提出假设:

假设 2,女性管理者相对于男性管理者,更倾向于稳定的环境,具有较强的风险规避意识。

(三)地域文化与管理者价值观偏好

关于文化与管理者价值观的研究,学者大多是围绕社会文化环境对企业影响而展开的。李自杰、张雪峰(2010)通过对 106 家中外合资企业的实证研究,得到国家文化差异与绩效正相关。田晖(2011)对43家中外合资企业的278名有经验的管理者进行了问卷调查,调查结果发现,企业文化冲突与中外合资企业的绩效呈负相关。赵龙凯等(2016)以2005—2007年中国合资企业为样本,通过研究发现,出资国文化的差异会影响管理决策。包星宇(2019)以2010—2017年我国上市公司为研究样本,对样本特征按照所属方言片区的标准划分,研究不同方言片区的文化差异对企业投资的影响。通过以上研究发现,不同文化背景对企业的输出会有一定影响,而无论是企业绩效还是投资,通常都与管理者有着密不可分的联系,同时,不同文化背景也会对管理者的行为产生一定的影响,而到底会产生什么影响,直接研究较少,我们可以通过跨文化管理中流行的理论来做更好的说明。

霍夫斯泰德文化维度理论(Hofstede's cultural dimensions theory)是由来自荷兰的心理学家 Geert Hofstede 提出的,主要分为权力距离(power distance)、个人主义/集体主义、男性化与女性化、不确定性规避(uncertainty avoidance)、长期取向与短期取向、自身放纵与约束六个方面。权力距离是指一个社会中地位低的人对于权力在社会或组织中不平等分配的接受程度,权力距离越高说明不公平程度越大。个人主义/集体主义用来衡量一个社会是更加关注个人利益还是关注集体的利益。男性化与女性化主要看一个社会是倾向于男性气质还是女性气质,其中男性气质更多象征着竞争、独断,女性气质的代表品质是谦虚和关爱他人;不确定性规避是指一个社会对不确定性事件和面对非常规的环境威胁时是否通过正式渠道控制和避免不确定性;长期取向与短期取向指的是某一文化的成员对延迟享受和带来满足所能接受的程度;自身放纵与约束是指某一社会对人基本生活享乐欲望的允许程度。

图4.1所示为中国、伊朗、美国、赞比亚四国文化维度得分一览。从图上可以看到,四个国家在不同指标上得分的确差异较大。例如中国在长期取向、权力距离上得分较高;美国在个人主义、享乐主义上得分较高。这说明地域文化的确存在差异性,可作为影响管理者价值观的因素予以研究。

除了不同区域文化对管理者的价值观有影响,心理学上研究表明,每

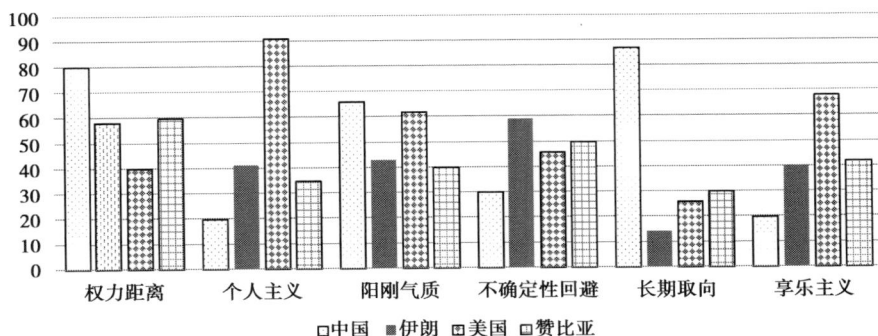

图 4.1 部分国家文化维度得分一览

个人的成长生涯中都会有一个关键敏感期,敏感期利于某些行为与价值取向的形成,且生命后期不再容易更改;由此早期的家庭教育以及学校教育都会对人价值观产生影响,当然管理者肯定也不例外,而本书对管理者价值观的研究,主要是基于欧洲数据围绕近期管理者与非管理者的价值观对比而展开的,以更好地识别甄选管理者为目的,从而对早期的个人文化因素较少考虑。

此外,由于本书采用的是欧洲数据,而欧洲是多民族聚居之地,但主要包括较为发达的西欧、北欧国家,以及较为落后的东欧国家。其中,西欧、北欧国家以日耳曼人、拉丁人为主。东欧国家以斯拉夫人为主。目前关于欧洲不同国家代表性的文化特点的相关研究缺乏系统的梳理研究,本章则主要借助霍夫斯泰德文化维度理论。通过查阅相关资料数据,我们发现在权力距离方面,西欧和北欧国家得分高于东欧国家。在个人主义方面同样如此。在阳刚气质方面,东欧国家得分则要高于其他欧洲国家。在不确定性规避方面,西欧和北欧国家得分低于东欧国家。在文化纬度的其他两个方面,欧洲国家并没有展现出太大差异。基于此,可推断出一个权力距离高的国家,管理者相对不重视公平原则。当一个社会更加崇尚个人主义时,其管理者会更爱表现自我;当一个社会在不确定性规避方面得分较高时,管理者会更加追求稳定的生活环境。由此,我们提出假设:

假设 3,西欧和北欧国家女性管理者相对注重等级观念,保持个人独立。东欧国家女性管理者相对更乐于冒险。

（四）重大事件与管理者价值取向变化

2008 年的经济危机，是由美国 2007 年的次级房贷危机引发的全球性金融危机。在这次危机中，雷曼兄弟公司倒闭，美国失业率飙升，是自大萧条以来最严重的经济衰退。英国 300 年来首次出现了银行挤兑，英格兰银行救助北岩银行。作为全球最大的经济体，美国此次经济危机波及全球，且事后影响持续时间极长。直到 2016 年，美国的失业率才回到 2007 年的水平。经济危机后，很多学者将注意力集中到了银行高管身上，张雪兰等（2014）研究得到金融机构高管的薪酬与风险正相关，Bebchuk 等（2010）也得到相同结论；同时 Mathew（1999）研究得到薪酬是衡量管理者冒进的重要指标，因此，我们认为经济危机爆发的很大原因是企业高管的冒进，特别是金融机构。当然，此次事件之所以持续时间长、影响范围大，还因为有很多其他因素，如政府政策制定者及买房人等，但本书认为最重要的原因还是企业领导者与管理者的冒进，经济危机后学者对管理者的影响做了如下研究。

马永强等（2013）基于我国上市公司管理者的盈余动机对成本费用黏性的影响，研究了受金融危机的影响，不同产权背景下上市公司成本费用黏性的增强和减弱效应，黏性即费用随业务量的变化的非对称性，研究得到金融危机爆发后公司内部的成本费用黏性整体呈下降趋势，即企业会通过缩减成本费用来有效应对外部风险的冲击，也间接体现出，金融危机后管理者往往会变得更加谨慎，更加看重外部稳定的环境。

此外，生物学领域的烙印理论有助于经济危机后寻找企业管理者价值观发生变化的原因。烙印理论（imprinting theory）源自生物学领域，最早出现在动物行为研究领域，是指个体在敏感期的经历会对其特质产生持续性的一项，即使后续环境发生了变化，这种影响依然存在，经历和敏感期是其最基础的两个变量。图 4.2 展示了烙印理论的基本原理。当某事件发生后，个体信念受到影响，进一步激发了某些行为。值得注意的是，烙印理论指出诱发性事件并不是行为产生的直接因素，行为必然是信念激发的。

Simsek 等（2015 年）通过研究发现，烙印会对个人产生持久性的影

图4.2　烙印理论基本原理

响,这种影响会随着后续环境的变化而产生动态变化。邵剑兵等(2019)以2007—2014年我国沪深A股主板上市公司为研究样本,发现金融危机等宏观经济事件会对以CEO为代表的企业高管群体产生烙印效应,从而影响企业的决策。由此我们认为,经过经济危机后,管理者变得更加谨慎,看重外部稳定的环境,同时,受经济危机的影响,管理者会更加注重政府这个大的外部环境的稳定、强大,会更加注重实际的结果,变得更加团结、共同应对困难。而女性本就具备更高的集体主义倾向,基于此,我们提出假设:

假设4,经济危机后女性管理者会更加注重政府的强大与团结。

三、数据分析

本章所采用的数据来自欧洲社会调查(ESS),ESS迄今为止已在欧洲30多个国家/地区进行,它的目标主要有3个:

①观察和分析欧洲内部不断变化的公众态度和价值观,并调查它们如何与欧洲不断变化的机构相互作用;

②在欧洲内外推进、巩固和改进跨国调查测量方法;

③制定一系列欧洲社会指标,包括态度指标。

该调查采用严格的随机概率抽样方法,并进行长达一个小时的面对面访谈,具有较高可检验性和重复性。

ESS数据中包含200多个问题,全部被仔细翻译成多种语言。这些问题在每一轮调查中都会被问到。调查过程中也会询问有关社会人口统计的问题,各项指标可以按年龄、性别、经济状况、种族和其他一系列因素进行分类。此外,官方还对数据进行加权,以确保受访者的样本能够准确地反映整个人口的统计。据统计,目前来自世界各地的超过160 000人访问了ESS的数据。有4 500篇学术论文使用了ESS数据。2003—2018

年有 1 000 多篇媒体文章也使用了该数据。

（一）样本特征

本次采用的数据为欧洲社会调查 1 ~ 8 轮数据，即 2002—2016 年，每两年调查一次，共计 230 152 条数据，其中 151 条为无效数据。这些数据涉及 15 个国家，分别为英国、德国、瑞士、比利时、芬兰、爱尔兰、荷兰、挪威、瑞典、法国、西班牙、葡萄牙、匈牙利、波兰、斯洛文尼亚，在八轮数据中，男性共有 108 798 条数据，占比 47%，女性共有 121 203 条数据，占比 53%；具有管理职责的共有 65 582 条，非管理者职责 143 688 条。关于价值观取向的共有 16 条，分别为：认为具有创造力非常重要、认为获得财富很重要、认为公平很重要、认为能够实现自我价值很重要、认为生活在一个安全的环境很重要、认为按别人说的做和遵守规则很重要、认为可以理解不同的人很重要、认为保持谦逊很重要、认为保持自主性很重要、认为关注和帮助他人很重要、认为获得被人认可的成就很重要、认为拥有一个强大和保障安全的政府很重要、认为拥有冒险的精神很重要、认为得到他人的尊重很重要、认为遵循传统习俗很重要、认为为他人带来欢乐很重要等。数据详情如表4.2—表4.4所示。

表 4.2　管理者与非管理者分布表

是否为管理者	频　率	百分比	有效百分比	累计百分比
是	65 582	31.3	31.3	31.3
否	143 688	68.7	68.7	100.0
合计	209 270	100.0	100.0	—

表 4.3　男性管理者与女性管理者分布表

性　别	频　率	百分比	有效百分比	累计百分比
男	40 128	61.2	61.2	61.2
女	25 414	38.8	38.8	100.0
合计	65 542	100.0	100.0	—

表 4.4　国家分布表

国　家	频　率	百分比	有效百分比	累计百分比
比利时	14 343	6.2	6.2	6.2
瑞士	13 860	6.0	6.0	12.2
德国	23 342	10.1	10.1	22.3
西班牙	15 501	6.7	6.7	29.0
芬兰	16 200	7.0	7.0	36.0
法国	15 051	6.5	6.5	42.5
英国	17 626	7.7	7.7	50.2
匈牙利	13 132	5.7	5.7	55.9
爱尔兰	18 247	7.9	7.9	63.8
荷兰	15 186	6.6	6.6	70.4
挪威	13 248	5.8	5.8	76.2
波兰	14 124	6.1	6.1	82.3
葡萄牙	14 988	6.5	6.5	88.8
瑞典	14 390	6.3	6.3	95.1
斯洛文尼亚	10 914	4.9	4.9	100.0
合计	230 152	100.0	100.0	—

（二）数据分析

1. 关于管理者与非管理者数据分析

利用 STATA 分析软件,对 21 万条问卷数据进行回收筛选,其中管理者问卷 65 582 份,非管理者问卷 143 688 份,关于价值判断的问题共 16 项,分别为认为具有创造力非常重要、认为获得财富很重要、认为公平很重要等价值判断,共设置 6 个选项,分别为与我非常符合、与我比较符合、与我有点符合、与我有点不符合、与我不太符合、与我一点都不符合,其中非常像我计 1 分、像我 2 分,以此类推。通过筛选统计,得到平均分数,详情如表 4.5 所示。

表 4.5　管理者与非管理者价值取向

价值取向	管理者	非管理者
认为具有创造力非常重要	2.34	2.63
认为获得财富很重要	4.28	4.25
认为公平很重要	2.03	2.02
认为能够实现自我价值很重要	3.19	3.24
认为生活在一个安全的环境很重要	2.52	2.36
认为按别人说的做和遵守规则很重要	3.21	3.20
认为可以理解不同的人很重要	2.24	2.37
认为保持谦逊很重要	2.75	2.65
认为保持自主性很重要	2.05	2.21
认为关注和帮助他人很重要	2.13	2.19
认为获得被人认可的成就很重要	3.16	3.34
认为拥有一个强大和保障安全的政府很重要	2.46	2.39
认为拥有冒险的精神很重要	3.86	3.97
认为得到他人的尊重很重要	3.15	3.28
认为遵循传统习俗很重要	2.80	2.80
认为为他人带来欢乐很重要	2.96	3.00

如表 4.5 所示,数值越小相对而言代表受访者认为此项价值很重要。因为本次数据分析以比较管理者与非管理者的价值观为主,所以关注更多的是管理者与非管理者对同一条价值观选择得分的差距情况,而对数值本身的大小不做过多关注。为更好地对数据进行比较分析,将每项问题回答"非常像我"的比例提出,详情如表 4.6 所示。

表 4.6　管理者与非管理者价值取向"非常像我"占比

价值取向	管理者/%	非管理者/%
认为具有创造力非常重要	24.48	18.34

续表

价值取向	管理者/%	非管理者/%
认为获得财富很重要	2.13	2.82
认为公平很重要	33.12	33.85
认为能够实现自我价值很重要	9.74	9.28
认为生活在一个安全的环境很重要	22.43	26.5
认为按别人说的做和遵守规则很重要	9.71	9.65
认为可以理解不同的人很重要	21.47	19.18
认为保持谦逊很重要	14.78	16.79
认为保持自主性很重要	33.68	28.12
认为关注和帮助他人很重要	25.63	24.8
认为获得被人认可的成就很重要	9.12	7.66
认为拥有一个强大和保障安全的政府很重要	22.49	24.06
认为拥有冒险的精神很重要	5.61	5.6
认为得到他人的尊重很重要	9.17	9.07
认为遵循传统习俗很重要	16.72	17.5
认为为他人带来欢乐很重要	12	12.98

为更加直观地进行分析,将表4.6转化为直方图,详情如图4.3所示。

从图4.3可知,管理者与非管理者主要在认为具有创造力非常重要、认为生活在一个很安全的环境很重要、认为可以理解不同的人很重要、认为保持谦虚很重要、认为保持自主性很重要与认为获得被人认可的成就很重要等六个方面存在一定的不同,其中在创造力方面最显著,保持自主性次之,再者就是生活在一个安全的环境。通过对比发现,相对于非管理者,管理者在认为具有创造力非常重要、可以理解不同的人很重要、保持自主性很重要、可以获得被人认可的成就很重要等四个方面更为看重。

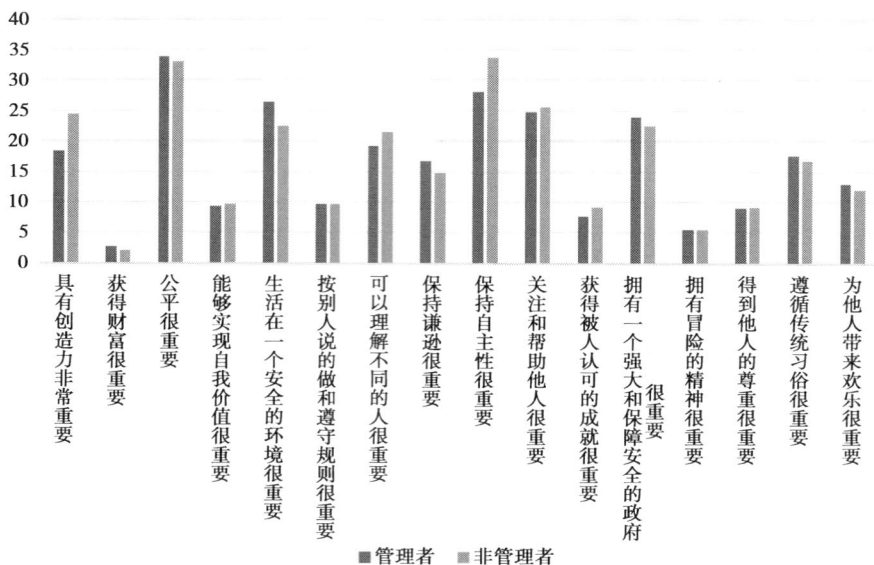

图 4.3 管理者与非管理者价值取向"非常像我"占比

由此可以推论出,管理者往往具有以下特质,即拥有创造力、能够理解不同的人(即同理心)、拥有自主性、可以获得被人认可的成就(即高成就导向)。据此,"假设 1:管理者具有创造力并且具有较强的亲和力"成立。

2. 关于男性管理者与女性管理者数据分析

利用 STATA 软件从 ESS 数据库中共筛选出 65 542 份管理者问卷,其中男性管理者问卷有 40 128 份,占比 61.2%;女性管理者问卷有 25 414 份,占比 38.8%。他们关于判断管理者价值取向的问题平均得分如表 4.7 所示。

表 4.7 男性管理者与女性管理者价值取向

价值取向	男性管理者/%	女性管理者/%
认为具有创造力非常重要	2.33	2.36
认为获得财富很重要	4.16	4.46
认为公平很重要	2.09	1.93
认为能够实现自我价值很重要	3.17	3.24

价值取向	男性管理者/%	女性管理者/%
认为生活在一个安全的环境很重要	2.59	2.41
认为按别人说的做和遵守规则很重要	3.14	3.33
认为可以理解不同的人很重要	2.31	2.14
认为保持谦逊很重要	2.73	2.79
认为保持自主性很重要	2.08	2.01
认为关注和帮助他人很重要	2.23	1.98
认为获得被人认可的成就很重要	3.09	3.27
认为拥有一个强大和保障安全的政府很重要	2.47	2.44
认为拥有冒险的精神很重要	3.75	4.03
认为得到他人的尊重很重要	3.09	3.25
认为遵循传统习俗很重要	2.84	2.74
认为为他人带来欢乐很重要	2.94	2.99

表4.7中,受访者根据自身情况对每个问题进行评分(1—5分)。1分代表"非常像我",2分代表"比较像我",3分代表"一般",4分代表"不太像我",5分代表"非常不像我"。其符合程度呈递减趋势,以此类推。为更清晰地看到两者之间的差别,将表4.7中价值取向回答"非常像我"的指标提出,得到表4.8的数

表4.8　男性管理者与女性管理者价值取向"非常像我"占比

价值取向	男性管理者/%	女性管理者/%
认为具有创造力非常重要	23.79	25.55
认为获得财富很重要	2.4	1.72
认为公平很重要	30.31	37.53
认为能够实现自我价值很重要	9.53	10.06
认为生活在一个安全的环境很重要	19.93	26.35
认为按别人说的做和遵守规则很重要	9.93	9.36
认为可以理解不同的人很重要	19.15	25.1

续表

价值取向	男性管理者/%	女性管理者/%
认为保持谦逊很重要	14.17	15.74
认为保持自主性很重要	31.67	36.84
认为关注和帮助他人很重要	21.37	32.33
认为获得被人认可的成就很重要	9.48	8.55
认为拥有一个强大和保障安全的政府很重要	21.81	23.55
认为拥有冒险的精神很重要	6.18	4.7
认为得到他人的尊重很重要	9.04	9.36
认为遵循传统习俗很重要	15.54	18.56
认为为他人带来欢乐很重要	11.76	12.36

将表4.8转化为条形图,如图4.4所示。

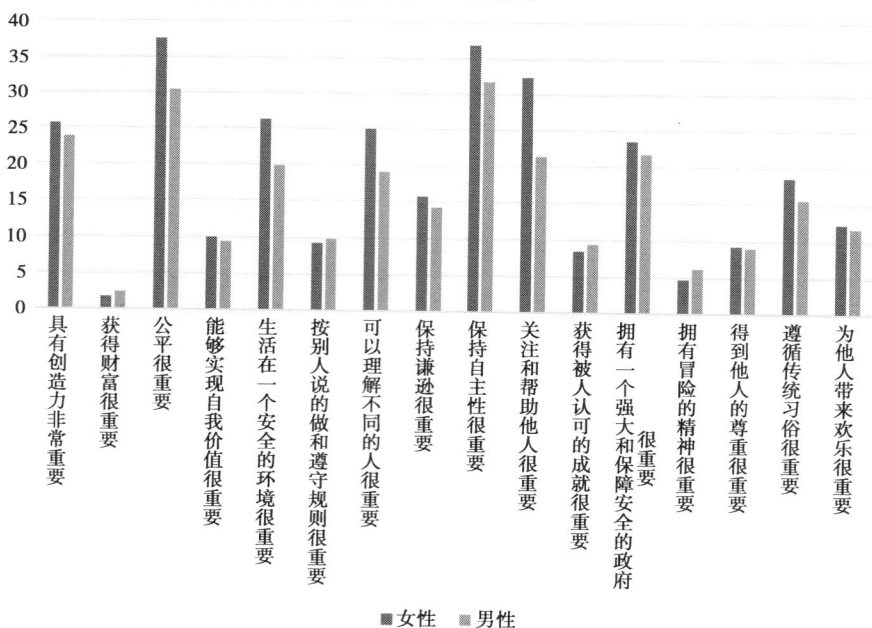

图4.4 男性管理与女性管理价值取向"非常像我"占比

如图4.4所示,男性管理者与女性管理者主要在认为公平很重要、生活在一个安全的环境很重要、可以理解不同的人很重要、保持自主性很重要以及关注和帮助他人很重要等五个方面存在较大的不同;其中男性管理者相对于女性管理者不太重视这五个方面,即女性管理者更具有公平感,倾向于环境的稳定、具有较强的同理心等价值取向。此条结论与学者Zuckerman(1994)、学者Bynes(1999)以及学者李世刚(2013)得到的研究结论一致,即认为女性管理者更具有风险规避意识,追求较为稳定的环境。因此,"假设2:女性管理者相对于男性管理者更倾向于稳定的环境,具有较强的风险规避意识"成立。

3. 关于文化与管理者价值观数据分析

本次数据共包含15个国家,我们将65 542份管理者问卷按照地域进行划分。对于价值取向的问题取平均分,具体数据如表4.9所示。

表4.9　按地域分管理者价值取向

价值取向	西欧、北欧 男/女	东欧 男/女
认为具有创造力非常重要	2.34 2.35/2.34	2.33 2.34/2.35
认为获得财富很重要	4.17 4.15/4.18	3.98 3.97/3.98
认为公平很重要	2.08 2.10/2.05	1.85 1.85/1.86
认为能够实现自我价值很重要	3.27 3.25/3.28	2.66 2.65/2.66
认为生活在一个安全的环境很重要	2.22 2.20/2.25	1.99 1.94/2.02
认为按别人说的做和遵守规则很重要	3.20 3.18/3.21	2.90 2.88/2.90
认为可以理解不同的人很重要	2.25 2.26/2.24	2.27 2.26/2.27
认为保持谦逊很重要	2.04 2.23/2.94	1.88 1.87/1.89
认为保持自主性很重要	2.90 2.88/2.91	2.44 1.89/1.87

续表

价值取向	西欧、北欧 男/女	东欧 男/女
认为关注和帮助他人很重要	2.13 2.13/2.13	2.12 2.12/2.11
认为获得被人认可的成就很重要	3.17 3.15/2.18	2.62 2.62/2.60
认为拥有一个强大和保障安全的政府很重要	2.56 2.54/2.57	2.02 2.02/2.01
认为拥有冒险的精神很重要	3.82 3.89/3.70	3.84 3.84/3.85
认为得到他人的尊重很重要	3.19 3.21/3.17	2.68 2.68/2.66
认为遵循传统习俗很重要	2.83 2.81/2.85	2.34 2.32/2.36
认为为他人带来欢乐很重要	2.95 2.94/2.95	2.87 2.87/2.87

如表4.9所示,西欧、北欧国家和东欧国家的管理者在价值观方面有不少相似之处,但在一些指标上也存在区别。例如西欧、北欧国家管理者对财富的获取相对更加重视,认可自我价值的实现、更遵守规则、更保持自主。此外,西欧、北欧国家的管理者认为取得成就、获得他人尊重、遵循传统习俗很重要。对于背后的原因,我们仍然可以借助霍夫斯泰德文化维度理论,进行下一步探索。

六大文化维度中的权力距离,指的是对权力平等的感知。在这方面,东欧国家管理得分普遍较低,但男性管理者和女性管理者得分相差无几。相比之下,西欧、北欧国家的女性管理者在公平认知方面的得分较男性管理者低,性别差异体现得更为明显。文化维度中的个人主义是对独立自主的认知。东欧国家管理者在该项目上得分较低,且女性得分稍低于男性。西欧、北欧国家管理者在该项目上得分较高,且女性得分略高于男性。这说明西欧、北欧国家女性管理者相对更重视保持个人自主性。文化维度中的男性特质指的是对竞争、冒险等精神的偏好。两组样本在该题项上的得分比较接近。然而。东欧国家男性管理者和女性管理者的得分几乎相同,而在北欧和西欧国家的女性管理者得分明显较低。综上所述,假设3也得到了证明。

4.经济危机(2008年)前后管理者数据对比

本次数据共包含了2002—2016年的数据,每两年记录一次,共八轮。对此,我们将2002—2008年(含)划分为经济危机前,2010—2016年划分为经济危机后,利用STATA软件,筛选出的得分详情如表4.10所示。

表4.10　经济危机前与经济危机后管理者价值取向

价值取向	经济危机前	经济危机后
认为具有创造力非常重要	2.39	2.30
认为获得财富很重要	4.25	4.30
认为公平很重要	2.08	1.98
认为能够实现自我价值很重要	3.19	3.20
认为生活在一个安全的环境很重要	2.53	2.50
认为按别人说的做和遵守规则很重要	3.20	3.23
认为可以理解不同的人很重要	2.29	2.20
认为保持谦逊很重要	2.84	2.66
认为保持自主性很重要	2.08	2.02
认为关注和帮助他人很重要	2.23	2.03
认为获得被人认可的成就很重要	3.16	3.16
认为拥有一个强大和保障安全的政府很重要	2.53	2.40
认为拥有冒险的精神很重要	3.89	3.83
认为得到他人的尊重很重要	3.14	3.16
认为遵循传统习俗很重要	2.81	2.79
认为为他人带来欢乐很重要	3.02	2.90

将表4.10中价值取向回答"非常像我"的指标提取出,得到如表4.11所示数据。

表 4.11　经济危机前与经济危机后管理者价值取向"非常像我"占比

价值取向	经济危机前/%	经济危机后/%
认为具有创造力非常重要	22.6	26.3
认为获得财富很重要	2.19	2.08
认为公平很重要	30.74	35.43
认为能够实现自我价值很重要	9.42	10.04
认为生活在一个安全的环境很重要	21.4	23.43
认为按别人说的做和遵守规则很重要	9.6	9.81
认为可以理解不同的人很重要	20.07	22.83
认为保持谦逊很重要	13.3	16.23
认为保持自主性很重要	31.88	35.44
认为关注和帮助他人很重要	21.96	29.2
认为获得被人认可的成就很重要	8.76	9.47
认为拥有一个强大和保障安全的政府很重要	20.77	24.15
认为拥有冒险的精神很重要	5.01	6.19
认为得到他人的尊重很重要	8.86	9.46
认为遵循传统习俗很重要	15.98	17.43
认为为他人带来欢乐很重要	11.19	12.78

如图 4.5 所示,经济危机后的很长一段时间里,管理者在对认为公平很重要、认为保持自主性很重要、认为关注和帮助他人很重要及拥有一个强大和保障安全的政府很重要等四个方面有较大的变化,且都是经济危机后变得更加重视,在关注帮助他人方面更为显著,其中公平与关注帮助他人都有助于团结。由此,"假设 4:经济危机后管理者会更加注重政府的强大与团结"成立。在此基础上,表 4.12 进一步对样本按照性别分类。不难看出,在经济危机后,女性在认为关注和帮助他人很重要、认为拥有一个强大和保障安全的政府很重要、认为生活在一个安全的环境很重要等题项得分较高,假设 4 因此得到证实。

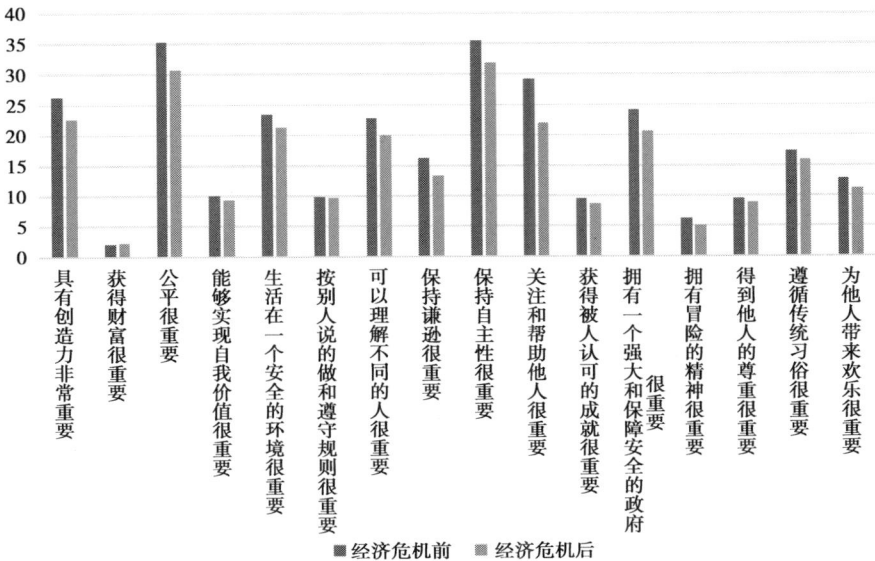

图4.5　经济危机前与经济危机后管理者价值取向"非常像我"占比

表4.12　经济危机前与经济危机后管理者价值取向"非常像我"占比

价值取向	经济危机前 （男性/女性）/%	经济危机后 （男性/女性）/%
认为具有创造力非常重要	23.5/21.2	26.2/26.3
认为获得财富很重要	2.20/2.18	2.10/2.06
认为公平很重要	29.10/32.55	33.21/37.52
认为能够实现自我价值很重要	9.78/9.31	10.11/9.98
认为生活在一个安全的环境很重要	21.22/21.52	23.03/24.51
认为按别人说的做和遵守规则很重要	9.62/9.58	9.81/9.81
认为可以理解不同的人很重要	20.01/20.58	21.53/23.51
认为保持谦逊很重要	13.22/13.44	16.01/17.23
认为保持自主性很重要	31.41/32.50	35.06/36.06
认为关注和帮助他人很重要	21.26/22.51	26.25/31.21
认为获得被人认可的成就很重要	8.71/8.88	9.32/9.55
认为拥有一个强大和保障安全的政府很重要	21.77/19.32	22.10/26.42

续表

价值取向	经济危机前 （男性/女性）/%	经济危机后 （男性/女性）/%
认为拥有冒险的精神很重要	4.95/5.22	6.17/6.23
认为得到他人的尊重很重要	8.84/8.86	9.51/9.82
认为遵循传统习俗很重要	13.28/17.22	17.01/17.44
认为为他人带来欢乐很重要	11.01/11.55	12.71/12.90

四、主要结论与展望

本章根据欧洲社会调查数据,对管理者的价值取向进行了实证分析,本章认为管理者与非管理者价值观的主要区别集中于创造力、能够理解不同的人(即同理心)、拥有自主性、获得被人认可的成就(即成就导向)等方面,此结论与大五人格中外倾性与宜人性相契合,也再次验证了荣竹(2017)、陈立杰(2019)等学者提出的管理者具有外倾性与宜人性特质的观点。在管理者具有创造力的特质方面,也与学者丘雨田、李洪鑫等(2021)得到的管理者的创新能力与企业绩效呈正相关相呼应,故再次验证了一名合格的管理者具有以上的价值观。

除此之外,本章还对管理者进行了细分。以性别划分,管理者分为男性管理者与女性管理者,实证分析得到:女性管理者相对男性管理者来说,更习惯于环境的稳定,具有较强的风险规避意识,同时具有较强的同理心,表现出较强亲和力;从文化角度,以抵御进行划分,实证分析得到无论处于什么文化维度下,管理者应该具有公平感,应该具有一致的认可,若一个社会文化注重个人主义,则其管理者往往不会表现出谦逊的结论;以2008年经济危机划分,经济危机后管理者更加注重帮助与关心他人、注重公平与关注政府强大的价值取向。首先,通过实证分析,学者得出一致的结论,但也发现了一些有趣的现象,如在一个看重阳刚气质的文化环境下,其管理者会更加看重生活在一个稳定的环境之中,这与大多数学者得出的阳刚气质会更倾向于冒险的结论有出入。其次,通过研究结果对比发现,无论在何种情境下,管理者都认为具有创造力很重要。由此可见,创造力是管理者具有的一个通用价值观。而对于管理者其他方面的价值取向,在不同的情境下,其看重程度略有不同,如重视公平、关注和帮助他人与保持自主性方面。相对而言,女性管理者和经济危机后的管理者会更注重这方面的要求。而不同文化的情境下,这两方面无明显差异。

通过对跨国样本进行分析,本章发现,管理者的价值取向在不同地域文化下呈现出一定的差异。本章选取的样本均来自欧洲国家,如果将研究对象扩大到全世界,其性别差异可能会更大。在众多价值观取向的题项中,仅有部分指标存在性别差异,因此男性和女性管理者的风格差异并没有想象中的明显。整体而言,地域文化对领导人价值观的塑造作用要大于性别因素。因此,人口学特征的重要性也就变得不明显了。

瑞士	4	110.77
安道尔	5	104.68
中国	93	5.56
阿尔及利亚	138	0.98
科特迪瓦	139	0.92
埃塞俄比亚	140	0.50
阿富汗	141	0.37
也门	142	0.36

网络速度仅是互联网发展的一个方面,为更全面地衡量互联网、数字技术在全球范围内的发展水平,网络世界竞争力研究中心编制了数字竞争力指数,对全球主要国家进行了排名。该指数包含了知识、技术、前景三个一级维度。知识维度包括人才发展、教育培训、科技专注三个二级维度;技术维度包括规章制度、资金保障、技术支持三个二级维度;前景维度包括数字接受、业务敏捷和 IT 集成三个二级维度,每个二级维度包括众多指标。数字竞争力指标如表 5.2 所示。

表 5.2　数字竞争力指标

	人才发展	高等教育成绩、国际经历、留学生数量、高技术员工等
知识	教育培训	员工培训支出、公共教育支出、女性毕业生、生师比、理科毕业生
	科技专注	研发支出、女性科研人数、专利数量、科技出版数量、科技类就业岗位

第五章　互联网发展与数字技能

一、互联网发展的全球趋势

从 2000 年到 2018 年,互联网用户从 4 亿增长到 40 亿,增幅超过 900%①。在人类历史上,很少有技术能在相对较短的时间内导致如此广泛的社会和经济变化。互联网对全球各地的经济和社会产生了前所未有的影响。相反,互联网对社会的影响也改变了人们使用互联网的方式。它不再只是电子邮件、静态网页和讨论论坛。今天的互联网更是一个充满协作、商业和表达的动态空间。视频目前占所有互联网流量的三分之二以上。同时,正是因为这些特点,互联网目前成为一个无限创新的平台。

互联网具备以下四个典型特征。第一,全球范围内的联通性,互联网的任何端点都可以发送和接收来自其他端点的信息。第二,互联网能够支持广泛的使用需求。虽然互联网会基于某些特定服务或流量模式进行优化,但并没有限制其他服务的使用。第三,不受限制的创新行为,任何

续表

技术	规章制度	产权保护、合同履约、创业政策、科研立法、移民法规
	资金保障	IT 企业市值、技术资金投入、国家信用评级、风投资金、金融服务
	技术支持	通信技术、互联网用户、无线宽带、手机网络用户、高科技出口
前景	数字接受	数字参与、智能手机拥有、网络零售、全球化参与
	业务敏捷	知识转移、大数据应用、智能机器人、企业家失败恐惧、企业敏捷性
	IT 集成	电子政务、网络安全、隐私保护、公私合作、防止软件盗窃

图 5.1 展示了部分国家或地区数字竞争力得分情况,欧洲地区的丹麦、瑞典、芬兰等国家排名较为靠前。亚洲地区的新加坡、韩国也处于前列。丹麦的高排名主要是在前景模块的优异表现,在数字接受、业务敏捷、IT 集成三个领域得分是全球排名最高的。在知识维度上,丹麦在部分指标上表现则稍有落后。例如其高等教育成绩、理科毕业生、女性毕业生等指标的排名仅在 20～30 名。由此可见,数字竞争力是个多维度概念,即便综合排名最高的国家也并非所有领域都能有优异表现。

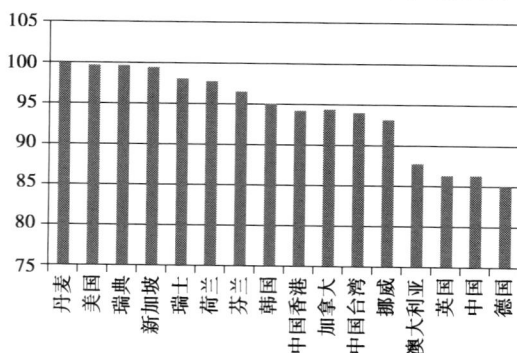

图 5.1　部分国家或地区数字竞争力得分

表 5.3 展示了 2018 年、2020 年、2022 年中国数字竞争力指数各维度得分,整体均呈上涨趋势。其中 2022 年排名最高的是业务敏捷,位居全

球第三位。该指标衡量的是企业快速因应机会和威胁的能力以及能否因为环境的变化而迅速调整策略。科技专注方面,中国的排名也较高,位居全球前十。该指标衡量的是国家政策导向是否将科技发展置于重要战略地位。表现稍稍落后的是 IT 集成和教育培训,前者衡量的是互联网相关技术在各个领域应用的程度;后者衡量的是整体教育水平。

表 5.3　中国数字竞争力各维度排名

一级维度	二级维度	2018 年排名	2020 年排名	2022 年排名
知识	人才发展	18	13	12
	教育培训	46	40	33
	科技专注	21	12	9
技术	规章制度	26	18	16
	资金保障	30	31	27
	技术支持	40	32	24
前景	数字接受	23	17	22
	业务敏捷	19	4	3
	IT 集成	41	35	32

2022 年数字竞争力报告尤其强调了通过网络安全保障数字化进程的能力,随着人们越来越依赖技术,知识产权和个人可识别数据等敏感数据必须免受恶意攻击。因此,在线服务安全和保护用户隐私至关重要。忽视数字化的安全,会导致政府活动和业务运作的中断,从而失去所提供的服务的可信度。数字安全属于 IT 集成模块,在这方面我国还有不少进步空间。

二、我国网民和非网民的基本属性

上述分析表明,在全球数字化进程中,不同国家和地区发展程度各异,呈现出了两极化趋势。这种趋势体现在基础设施建设、技术投入支持、网络安全保护等方面。对个体而言,数字鸿沟也广泛存在。

根据《中国互联网发展报告（2022）》的统计,我国目前有网民 10.51
亿,互联网普及率已经超过 74.4%,其中,网民使用手机上网的比例超过
99%。我国农村网民规模为 2.93 亿,约占 28%,城镇网民规模占 72%。
我国城镇地区互联网普及率约为 83%,而农村地区互联网普及率仅为
59%。由此可见,互联网应用在城乡地区还有不小差距。我国网民男女
比例为 51.7:48.3,与总人口比例保持一致。从整体上看,没有出现明显
的性别差异。年龄方面,20 ~ 49 岁的网民超过 48%,50 岁以上的网民约
占四分之一。不难看出,60 岁以上老年人是没有接入互联网的主要群
体,在出行、消费、就医、办事等日常生活中遇到不便,无法充分享受智能
化服务带来的便利。

图 5.2 展示了我国无法接入互联网群体(非网民)的特征。2020 年
非网民群体中,农村超过 50%,而在 2022 年,降至 40%。这说明尽管农
村地区网民绝对数量仍然不足,但普及率在不断增加。不懂电脑操作是
非网民拒绝接入互联网的主要原因,不懂拼音占比为 20% ~ 30%。仅
15% 的非网民是因为无法购买上网设备而没有接入互联网。

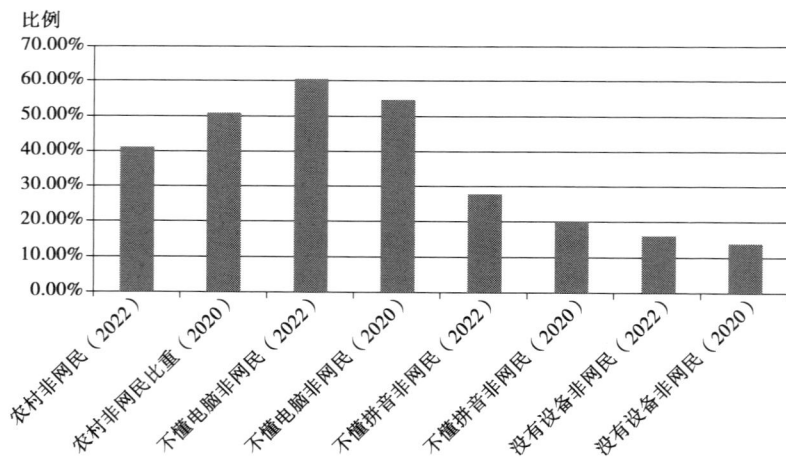

图 5.2　我国非网民特征

三、数字技能的性别差异

（一）数字技能内涵

从个体层面看,数字鸿沟产生的一个重要原因是缺乏使用互联网的必要技能。值得注意的是,数字技能和学历水平并不完全一致。拥有较高学历者并不能保证顺畅操作数字设备。因此,学者开发了数字技能概念,用以区分使用数字设备的能力和一般的教育水平。

学者指出,互联网技能涵盖四个维度,它们相互兼容但又有区别。(Deursen and van Dijk,2016)。首先是操作技能(operational skill),指的是使用互联网的基本能力,包括在线浏览、搜索内容、基本的网络安全意识等。其次是正式技能(formal skill),指的是防止个人在网上冲浪时迷失方向的能力,即不因为互联网上的海量信息而导致分神,浪费时间和精力。有学者指出,对注意力的分散是互联网带来的主要负面影响之一(At Levik and Bjarn,2021)。再次是信息技能(information skill),指的是在线评估和选择信息的能力(Mota and Cilento,2020)。互联网信息繁杂、良莠不齐,个体需要具备一定的能力才能筛选出有价值的信息。正式技能和信息技能都包含对信息的筛选和取舍,但正式技能更多强调的是自律防御,而信息技能强调的是主动筛选。最后是战略技能(strategic skill),指的是借助互联网实现个人宏伟目标的能力。具备战略技能的个体懂得如何利用互联网满足自身的经济需求、社会需求甚至政治需求。

表5.4基于CGSS调查数据对众多样本的数字技能进行了统计分析。操作技能选取的是"能否打开电脑登录网页"和"能否给智能手机安装App"两个题项。绝大多数受访者具备较好的操作技能,其占比超过70%。正式技能选取的是"能否避免上网时间过长"和"不让网络影响生活"两个题项。有不到20%的受访者认为自己非常具备该能力。认为自己不具备这方面能力的受访者为30%～40%。因此,不具备正式技能的受访者似乎更多。信息技能维度包含三个题项,分别是关于"能否找到想要的信息""能否验证信息真伪""能否确认网上交易安全"。不难看出,

具备信息技能的受访者比具备正式技能的受访者更多。最后,战略技能是受访者最不容易具备的技能。四类技能并不是按照难易程度排序的。操作技能和信息技能似乎对中国人而言更容易掌握。正式技能的难度要高于信息技能和操作技能的难度,而最难的仍然是战略技能。

表5.4　数字技能描述性统计

互联网技能	指　标	非常符合/%	符合/%	不符合/%	非常不符合/%
操作技能	能否打开电脑登录网页	48.27	28.44	11.99	11.30
	能否给智能手机安装 App	46.05	27.82	16.65	9.48
正式技能	能否避免上网时间过长	19.17	30.41	40.91	9.51
	不让网络影响生活	19.32	56.81	30.66	3.21
信息技能	能否找到想要的信息	43.62	33.42	16.91	6.05
	能否验证信息真伪	32.14	38.40	24.61	4.85
	能否确认网上交易安全	32.14	33.42	22.41	12.03
战略技能	在网上合理地表达想法	15.64	34.12	42.63	7.61
	知道如何网络维权	6.04	19.82	16.38	57.76

既有研究发现,人口统计学变量和网络行为及技能密切相关。例如,Deursen 等人(2019)发现,互联网知识和技能有限的人倾向于仅将互联网用于休闲和娱乐。他们无法从互联网使用中获得足够的利益。Deursen 和 Helsper(2015)表明,与老年人相比,年轻人在互联网使用方面表现出更优异的多样性。他们也倾向于使用互联网获取信息。与女性相比,男性能更好地使用互联网,因为他们具备更出色的网络技能(Wei and Zhang,2008)。性别数字鸿沟在中国也很严重。例如,使用一个大型数据集,Du 和 Yang(2020)发现数字排斥似乎因性别而异,农村女性被排斥最多,因为她们的资源禀赋最低。其他一些学者如 Pawluczuk 等(2021)和 Arroyo(2020),也注意到了巨大的性别差异。有趣的是,他们发现独生子女家庭的女孩在数字技能方面已经赶上了男孩。非独生子女家庭的女孩在这些活动中仍然处于不利地位。根据 Zou 等(2013)的说法,中国父母

对孩子的学业成绩有很高的期望。因此，独生子女家庭的女孩得到了相当多的资源，有时比男孩更引人注目，没有其他孩子可以争夺家庭资源和父母的关注。

　　考虑到可能存在的性别差异，将样本分为男性和女性并分别汇报均值和方差，见表 5.5。在操作技能方面，男性平均得分高于女性，且女性样本方差要大于男性样本，说明在女性样本中存在操作技能得分差异较大的情况。正式技能方面，男性和女性得分均值差异不大，但方差仍然存在一定差别。信息技能方面，男性和女性同样存在一定差距。但男性和女性在战略技能方面得分则比较接近。

表 5.5　数字技能描述性统计（分样本）

互联网技能	指　标	男性均值	女性均值	男性方差	女性方差
操作技能	打开电脑登录网页	2.61	2.49	0.78	0.81
	使用智能手机安装 App	2.57	2.43	0.86	0.89
正式技能	避免上网时间过长	2.18	2.16	0.89	0.93
	不让网络影响我的生活	2.61	2.59	0.84	0.88
信息技能	网上查找到想要的信息	2.54	2.47	0.73	0.76
	重要信息先验证再相信	2.57	2.51	0.81	0.87
	确认网上交易安全	2.21	2.11	0.82	0.78
战略技能	在网上合理地表达想法	2.23	2.22	0.68	0.70
	知道如何网络维权	1.74	1.73	0.94	0.93

（二）数字技能性别差异的实证分析

　　本章进行回归分析探索性别究竟是否会成为造成数字技能差异的显著因素。

　　被解释变量为数字技能（internet），即数字技能各维度经主成分得分后获得的综合值，经过软件自动划分为五个等级。解释变量为性别（gender），即是否为女性的虚拟变量。其他控制变量详见表 5.6，主要包括可能影响数字技能的其他因素,如所在地区是否是东部发达地区,年龄、收入等。其中我们特别关注了社会交往和家庭变量。社会交往和家庭交往越频繁可能越容易催生对数字技能的需求。

表 5.6　变量指标及释义

被解释变量	数字技能	internet	基于表 5.4 中各维度主成分综合划分为五个等级
解释变量	性别	gender	女性赋值为 1,男性赋值为 0
控制变量	户口类型	hukou	城市户口赋值为 1,农村户口赋值为 0
	社会交往	network	参加社交活动频率(取值 1 ~ 5)
	同事交往	colleague	上班和同事见面的频率(取值 1 ~ 5)
	家庭成员	family	家庭成员数量
	收入等级	income	收入等级(取值 1 ~ 5)
	年龄	age	年龄
	所在地区	east	东部地区赋值为 1,其他地区赋值为 0

表 5.7 显示了回归分析的结果,分别使用了 Probit 回归模型和 Logit 模型(汇报优势比)。回归分析结果显示,女性相比于男性在数字技能方面得分更低。Probit 回归模型系数为负,Logit 模型优势比小于 1。整体来看,男性更容易拥有高水平的数字技能。除了家庭成员,其他控制变量均显著。这意味着城市居民、年轻居民、东部地区居民、频繁进行社交活动的居民更容易获得高水平的数字技能。

表 5.7　变量指标及释义

变量	Probit 回归模型系数	Logit(Odd) 模型优势比
性别	-0.177^{***} (0.000)	0.738^{***} (0.000)
户口类型	0.709^{***} (0.000)	4.073^{***} (0.000)
社会交往	0.223^{***} (0.000)	1.437^{***} (0.000)

续表

变量	Probit 回归模型系数	Logit(Odd)模型优势比
同事交往	0.013 ** (0.025)	0.918 ** (0.012)
家族成员	0.003 (0.532)	1.005 (0.433)
收入等级	0.195 *** (0.001)	1.450 *** (0.000)
年龄	−0.151 ** (0.018)	0.902 ** (0.027)
所在地区	0.473 *** (0.000)	2.230 *** (0.000)
N	4 091	4 091
LR Chi^2	0.000	0.000
Pseudo R^2	0.253 9	0.255 5

注：$^*p < 0.1$，$^{**}p < 0.05$，$^{***}p < 0.01$。

四、本章小结

从全球范围内看,数字鸿沟已出现。北欧的发达国家数字竞争力排名全球前列,而非洲国家在数字竞争力方面表现较差。我国数字竞争力排名处于中上游水平但部分指标表现不尽如人意。从个体层面看,数字技能的差异同样明显。本章将数字技能分为四个维度并进行了实证分析。结果表明个体数字技能的高低与人口学变量存在紧密关联,其中,男性比女性更容易获得较高水平的数字技能。不少研究发现,在接受教育环节,尤其是科技相关领域的学习,女性相对不足。因此在数字化进程中,女性面临更多的障碍。当然,这并不意味着女性不能利用好网络发展和数字化进程。本书将在后续章节作进一步分析。

第六章　性别差异与创新的相关理论

一、创新的经济学概念

随着时代的进步和科学技术的日新月异,关于创新思想的理论与研究应运而生。其中,最具代表性的创新研究学者是熊彼得和弗里曼,他们的创新思想在经济增长和社会发展中起到重要的作用。学术影响更是广泛而深远,为创新的思想研究领域留下了十分宝贵的财富。后续的研究者们不断借鉴与开拓,推动了创新在各个领域的实质性发展。

研究者们对企业创新理论的研究主要是来自经济学家熊彼特,他第一次将创新的概念(什么是创新)引入经济学中,并通过自己独特深刻的见解,使之成为经济学的一个重要概念。他认为,创新是指"企业家对生产要素的新组合"。它包括引入一种全新的产品、采用一种新的工艺生产方法、开辟新兴市场、获取原材料或半成品的新供给来源、构建新的企业组织形式。他强调经济创新是创造性破坏的过程,认为研发创新不但要企业和管理者做出不懈努力,而且需要完善的国家创新系统助力前进。

在企业层面的创新属于企业创新,在产业层面的创新体现为产业创新。弗里曼是产业创新理论的创始人。他认为,产业创新是一个国家创新的重要支柱,弗里曼借鉴熊彼特的创新分类思想,将产业创新进一步分为技术、技能、产品、流程、管理等方面。他的创新体系研究既涵盖了创新的社会经济因素,又兼容了制度、组织、文化等众多影响因素,为现代企业的创新开拓提供了有效的创新示范。继而形成扩散效应,由此推动产业升级和刺激进一步的产业创新。弗里曼提出的独特的"技术—经济"理论体系也日益受到关注,为未来的技术经济创新发展奠定了坚实的基础。

二、创新的管理学概念

创新是企业持续经营的必由之路,新问题、新机会、新挑战只有用创新方式来解决。对于企业创新来说,一定要有目的性。无论对外创造战略价值,还是对内优化组织结构的效率与效果,创新的方向要符合企业战略,植根于符合时代发展的战略,而不是随便发散式地创新。当然,我们要关注的企业创新机会既可以来源于外部市场和客户需求的变化,也可以来源于内部的发展机会和问题的解决。实践证明,内部的机会要远多于外部的机会,成熟的企业管理者要学会跳出惯性思维,适时抓住创新的机遇,也要学会区分不同类型的企业创新以及不同目的的企业创新。

从国内外现有的创新理论来看,对企业创新类型的划分,学者们各抒己见,存在诸多关于企业创新类型的观点,受研究目标的制约而表现出不同的类型。根据已有研究成果,学者们将企业创新大体分为三类,分别是组织化程度、创新程度、变革创新。

(一)根据创新的组织化程度划分

根据创新的组织化程度,企业创新可以划分为自主创新与有组织的创新。企业的自主创新是以企业为主体,企业中的管理者和员工积极、主动、独立地发现、发明、创造的活动。易伟义等(2012)认为企业的自主创新能力可以驱动一个区域的自主创新能力明显提高。通过自主创新,企业在市场利益导向下拥有强大的市场竞争力,打破企业内部的旧秩序,寻求新的创新机遇开展创新活动。企业在发展之路上,必须重点关注企业自主创新的核心要素以及内在循环体系,以此发挥主体作用来提高自主创新绩效。与此同时,企业的自主创新应符合市场和国家政策,将二者结合起来作为自主创新的导向,按照需求的重要程度以及关键技术的研发为创新突破口开展自主创新活动项目(张树满,2022)。

企业有组织的创新是企业管理者通过创新行为的制度化、组织化,有计划、有组织地开展的创新活动。李子彪等（2021）提到当前企业的创新能力更多的是强调增加投入提高企业的创新水准，注重对创新量的追求，而不是对质的追求。因此，有组织地创新尤为重要，要将关注点放在企业能否适时开展有计划的创新、有目的的创新。企业只有具备较高的创新胜任力的特征才适合做创新。创新胜任力强意味着企业有组织、有目的地循序渐进地开展各项创新活动，驱动企业的功能性发展。目标考核是企业计划执行和创新政策中的核心环节，在组织创新的过程中会对企业创新政策的实施效果起到显著作用（闫昊生，2021）。

（二）根据创新的颠覆性程度划分

按照创新的颠覆性程度，企业创新可以划分为两个维度，分别是渐进式创新与突破式创新。

渐进式创新是对现有的管理理念和管理方法进行局部性改进。杨艳玲（2022）认为企业在开展渐进式创新时，能够对已有的产品进行完善与提升。通过管理结构或方式的局部性改善，不仅能够节约研发所花费的时间，还能够帮助企业减少创新的研发投入，降低企业新研发成果和产品服务的市场进入标准，使企业以较小的研发成本和低风险快速获取相应的投资回报。在市场相对稳定的情况下，渐进式创新是企业技术不断革新的源泉，能够显著提高企业绩效，实现企业的创新发展（李玉花，2021）。

与之不同的突破式创新则是对现有管理理论、手段和方法的根本性突破。李玉花（2021）同样指出渐进式创新与突破式创新两者并不矛盾和冲突。从渐进式创新到突破式创新其实质是一种技术性突破，它摆脱了企业在技术路径上的依赖，使企业能在市场经济中不断演变，在内外部环境不断变化的同时，稳步前进，良性发展。突破式创新可以使企业在复杂多变的环境中快速把握住创新机遇、顾客需求，把创新资源转化为组织绩效（Slater，2014）。

（三）根据创新的变革方式划分

按照创新的变革方式，企业创新可分为局部创新、整体创新、要素创新和结构创新。

这四类创新均是在组织结构性质和战略目标不变的大方向下,系统活动的某些内容、某些要素的性质或其相互组合的方式,系统的社会贡献的形式或方式等发生变动,再或者是组织系统的整体改善与调整以实现企业变革创新。战略变革创新的前瞻性能够驱动企业快速地做出重要的创新判断决策,及时调整适应当前市场环境变化的有效措施,从而让企业利用机遇顺应社会经济发展,同时也对其他企业提供政策启示(徐泽磊等,2020)。研究证明,在创新制度与市场环境双元驱动的条件下,企业应明确变革创新中的各要素的相互关系,通过结合自身发展所需的要素,选取与内外部环境最契合的战略变革模式(卜令通 等,2022)。

(四)根据创新的目的划分

从哲学上讲,创新是人类的一种创造性实践,创新的目的是增加利益总量,需要对事物和发现进行利用和再创造,尤其是物质世界的矛盾。通过对物质世界的利用和再创造,人类创造了新的矛盾,形成了新的物质形式。不同目的的企业创新,都是用新方式、新思想、新媒介研究解决问题。综上所述,我们将企业创新按不同目的划分为管理思想创新、技术研发创新、组织与战略创新。

1.管理思想创新

企业管理思想创新就是优化企业内部结构,协调组织系统运转,以实现企业的效率与效益,打破旧的组织结构,摆脱已有的思想束缚,树立全新的企业管理思想观念。

李光(2005)认为管理思想是实际存在的有关管理活动及其职能、目的和范围的知识主体。企业在面对激烈的市场竞争的过程中要学会灵活转变思想,确立科学的管理思想,在组织内外部环境变化中,选择合适的管理思想。而关于企业管理方式的变革,则是衡量企业创新投入程度的重要考核标准(杨栋 等,2014)。

因此,推动企业的创新驱动发展的核心点在于企业能够有效发挥创新主体的作用,完善创新人才的培养政策,强化对企业创新能力的提高,而这一关键的前提在于企业要形成重要的管理创新思想。

2. 技术研发创新

技术研发创新对推动企业高质量发展有着重要意义,特别是认识到技术研发创新在提升经济社会发展创新力中的地位和作用。在现代企业创新过程中,找准研发创新的弱项和短板,遵循研发创新规律,不断提升技术研发创新能力水平。此外,技术研发创新还可促进企业组织形式的改善和管理效率的提高,从而使企业不断提高效率,不断适应经济发展的要求。技术研发创新可以提高企业的经济效益,降低交易成本,还可以开拓市场,从而形成企业独特的品牌优势。

当下,技术研发创新在我国社会经济发展中扮演着举足轻重的重要角色。焦豪等(2022)谈到技术要素是技术研发创新的关键,研发关键核心技术对构建强大的、可持续发展的科技创新能力至关重要。此外,掌握技术要素、培养技术研发能力、深化对技术研发创新的影响机制研究有助于开拓技术创新的新路径。随着人工智能、云端大数据等新兴产业技术的快速发展,企业技术研发创新的路径与模式也在发生根本性变化。在数字化、互联网一体化的大背景下,应该加大技术研发创新对企业增长影响的双元和多维效应的深入研究力度,明确技术研发创新与企业增长的互利关系(李玉刚 等,2022)。

3. 组织与战略创新

企业的战略是以企业的未来发展为导向,与组织的内外部环境相关联,以企业现有的资源和组织框架为基础,对企业未来的蓝图进行决策与计划。组织与战略创新是一个企业不断变革的不竭动力,打破了旧的企业规章制度,确立了新的规则规范,使之适应技术进步的要求。因此,组织与战略创新是一个过程,是一个不断完善组织结构、创新管理战略的过程。

组织与战略相辅相成、相互配合。两者的关系是一种决策权的划分体系以及组织内部各部门的分工协作的运转体系。组织架构需要根据企业总目标,将企业管理要素配置在相对契合的位置上,确定其活动条件,规定其活动范围,形成相对稳定的科学管理体系。战略与组织的有效结合是企业生存和发展的关键因素。企业取得成功在于制定适当的战略,同时建立适当的组织结构以贯彻其战略。企业的战略决定企业的组织,有什么样的企业战略,就有什么样的组织结构。同时,企业组织结构又在很大程度上对企业的发展目标和政策产生很大影响,并决定着企业各类资源的合理配置。

在企业战略创新过程中,创业企业可以通过组织内外部要素的相互作用提升企业的创新动力。例如企业文化、技术创新能力和盈利模式等对企业的战略创新扮演着相当重要的角色。企业要以源创新为战略创新导向,推动企业内外部因素与源创新模式相互契合,把握关键因素,实现企业高质量的战略创新发展(何永清 等,2022)。魏江等(2021)谈到要明确企业创新战略过程中的关键研究问题与研究方向,深入总结新组织创新战略实践的基础,将重心放在"新"在哪里以及如何影响创新战略管理等问题上。重点关注创新战略中的五个关键要素,即创新环境、创新来源、创新资源、创新过程和创新治理。

三、性别差异、互联网与创新

创新之道,在于得人得利从而得势。实现企业创新,要落实到人才、环境、制度三个要素上。发展以创新为动力、以创新型人才为资源、以创新型团队为助推器。创新型人才具有敏锐的观察力、独立的思维能力和严谨的实践能力。敏锐的观察力需要通过深入的讨论发现需要,找出核心问题;独立思考需要善于在前人积累的基础上,利用现有资源为解决问题制订解决方案和创造条件;严谨的实践能力通常需要有扎实的知识基础、严谨的学术操练、丰富的经验积累。这些品质并不总是集中在同一个人身上,而是集中在由不同优势的个人组成的团队,在一个具有前瞻性和大格局人才的领导下,朝着一个目标共同努力,从而迸发出智慧的火花和收获惊人的成果。CEO 作为企业中负责日常事务的最高行政管理者,处理企业行政事务,往往是董事会的成员之一,在企业或组织内拥有最终执行权,自然承担着带领创新团队的责任。CEO 是传统董事会—董事长—总经理公司治理结构变化的产物,从某种意义上说,它的出现代表着一些决策权从原董事会手中向原管理层手中的过渡。CEO 虽然不是企业的投资者,但他有权做出重大决策。因此重大创新决策的通过与否在一定程度上取决于 CEO 以及高管团队的创新偏好。

（一）管理者特质与企业创新

企业在创新过程中面临着十分复杂的内外部环境,CEO 以及高级管理者不可能对其所有方面都进行全面的认识,管理者特质影响着他们的创新决策。高层梯队理论认为,即使在管理者视野范围内的现象,管理者也只能选择性地观察。因此,管理者的既有认知结构和价值观决定了其对相关信息的解释力。换句话说,管理者特质影响他们对创新战略的选择,进而影响企业的创新行为。因此,CEO 以及其带领的高层管理团队的认知能力、感知能力和价值观等心理结构决定了创新决策过程和对应的创新成果。高层管理团队的心理结构难以度量,而高层管理团队客观度量的人口背景特征(如年龄、任期、职业、教育、性别等)与管理者认知能力和价值观密切相关。因此,可以通过观察人口特征变量客观地研究高层管理团队与企业创新之间的关系。随着有关研究的推进,高管特征对企业创新影响的度量不局限于人口特征,如刘铮(2021)对现有文献进行梳理,认为高管特征对企业创新受高管人口特征、性格特征、经历特征、外部环境四个方面的影响。他认为高管的人口特征主要包括性别、出生地、年龄三个方面,对现有文献进行归纳,从过度自信、文化差异、环保意识、环境不确定感知以及风险偏好等方面研究性格心理特征对企业创新的影响,高管经历特征对创新的影响主要体现在早期经历和后期经历。此外,笔者认为,高管薪酬和制度环境等外部环境特征对企业创新也有一定影响。

（二）女性管理者的角色优势

随着时代的发展,越来越多的女性参与企业管理者团队,成为企业创新不可或缺的重要推动力。学术界开始逐渐关注女性管理者参与对企业创新的影响。管理者性别对企业创新决策和行为的影响逐渐成为一个热门话题。相比仅有男性高管参与的高管团队,有女性参与的高管团队更能提升企业绩效(曾萍,2012;陈宝杰,2015)。与男性管理者相比,女性管理者的角色优势表现为人际关系中的亲和与柔韧,在信息传递中的语言天赋与严谨,在决策制订中的稳健与平衡(闫娜,2021)。根据高阶理论,女性管理者和男性管理者的领导风格和创新偏好存在差异。女性管理者更重视组织间的沟通、协调、良好的人际关系及荣誉感,领导方式和管理方式比男性管理者更有效和更人性化(李成彦,2012)。在社会性别特征与领导风格性别差异的研究中,梁巧转(2006)认为在男性化特征上,男性管理者表现得更为明显,但在女性化特征上,男女管理者并不存在显著的差异;在领导风格上,男性管理者更注重以任务为导向,但在以关心为导向方面,男女管理者不存在显著差异。女性领导力特质对团队氛围和员工绩效具有正向的支持作用,能够促进良好团队氛围的形成,并且最终通过团队氛围的中介作用影响员工绩效,这有利于企业提高组织管理效率,培育员工的组织忠诚度和激发员工的创新热情(范黎波,2017)。此外,女性高管在管理与决策过程中更稳健谨慎,不过度自信,重视员工个人发展,偏好差异化战略,更乐于为员工提供专业培训,但采取创新决策的可能性要低于男性高管(熊艾伦,2018)。学术界普遍认为女性高管的风险偏好低于男性高管,这是由女性高管的成长模式和个性差异造成的,从女性高管厌恶程度较高的角度来看,其创新行为和创新绩效相对较低,对企业创新不利(Strohmeyer,2017;Quintana-García,2016;Wang,2015)。

(三)女性高管与企业创新综述

因此,以往学者关于性别因素对企业创新的影响有不同的观点,主流观点认为女性参与高管团队能够促进企业创新。刘婷等(2019)采用混合最小二乘法,探讨企业中女性高管参与对企业创新战略的影响及两者之间关系的调节机制,结果显示女性高管参与比例提升有助于企业提出创新战略及企业创新投入。Ruiz-Jiménez 等(2016)研究了管理能力对科技型中小企业创新绩效影响,以及高层管理团队中的性别差异在这种关系中所起的作用,认为管理团队的男女数量更均衡时,管理能力对产品和流程创新的影响更大。梁桂保等(2021)以 2013—2019 年沪深 A 股 573 家民营上市公司为样本,得出女性比例与企业创新投资呈显著正相关的结论。在探讨高层管理团队中的性别多样性对公司绩效和公司风险的影响,在考察性别多样性对高管薪酬的调节作用的研究中,Perryman A A (2016)发现,在 TMT 中具有较大性别多样性的公司表现出较低的风险并提供更好的业绩。反之,即使在 TMT 层面,女性高管的薪酬也低于男性同事。然而,随着高管团队中性别多样性的增加,性别间的薪酬差异逐渐减小。Han S(2019)就女性高管对创新行为的影响及其机制进行研究,发现与男性 CEO 相比,女性 CEO 对创新行为和激进创新行为都有显著的促进作用,且性别文化对 CEO 性别与企业增量创新具有正向调节的作用。

也有学者持不同态度,认为女性高管阻碍了企业创新。Strohmeyer (2017)的研究调查了性别是否、如何以及为什么会影响企业的创新能力,他认为由女性领导的企业表现出比男性领导的企业更少的创新广度和深度,是由于男性和女性企业家类似于"Jack of all trades"(即"万事通,多面手")的程度不同。王清(2015)以中国 2009—2012 年的 A 股上市公司为样本,实证分析女性高管对 R&D 投入的影响,结果显示,性别是潜在影响 R&D 投资决策的重要因素,相比男性,女性高管更厌恶风险,对创新的态度比较保守,她们显著降低了企业的 R&D 投入。但是女性 CEO 和普通女性高管相比在风险倾向上有所区别,女性 CEO 接受创新研发的态度也更为积极,女性 CEO 调节了女性高管对 R&D 投入的抑制效应。顾远(2013)以沪深 2008—2011 年高技术产业中的电子、医药生物制品和信息技术上市公司中披露研发投入的公司为数据样本,采用实证分析的方法分析了上市公司高管特征对企业技术创新的影响,通过回归分析得出男性高管更愿意加大创新投入。

部分学者认为女性高管与企业创新之间的关系不显著,如李长娥基于 2011—2014 年我国上市公司数据,对区域经济发展水平、女性董事与技术创新之间的关系进行了实证研究,结果表明,女性董事对技术创新没有显著影响,而区域经济发展对女性董事与创新投资的关系起到了正向调节作用,董事会中至少有三名女性成员对公司创新战略的推进起到了重要作用。女性高管对企业创新的不同方面的影响有所不同。韩瑞玲(2018)从企业技术创新的投入、成果和效率三方面,研究了女性高管对企业技术创新的影响,结果表明,女性高管比例对企业创新投资没有显著的负面影响,女性高管与创新财务业绩之间的关系不显著,但对创新技术和创新战略有显著的正面影响,女性高管对提高企业创新效率也有显著的作用。

(四)互联网发展、性别差异与企业创新

在大数据传播高速化的时代,互联网与企业的研发创新息息相关,早已成为企业创新不可或缺的一部分。从互联网的历史发展来看,互联网对创新发展的驱动作用主要体现在三个方面:①促进了企业资源的有效利用与合理分配;②提高了整个企业的创新能力;③促进了新价值空间的生成。综上所述,互联网在驱动创新的过程中,逐渐成为一个重要的核心要素,全面促进传统行业领域的创新。以互联网为主的大数据信息研发技术推动了开放创新模式向深入发展,推动了创新要素和企业创新资源的高效整合,大幅度降低了企业研发成本,提高了创新效率,成为互联网背景下创新发展的一个重要趋势。基于互联网的创新进一步推进了企业创新跨越性发展。

程立茹(2013)认为互联网背景下的经济运行对企业价值网络运营产生了深远的影响,通过大数据管理、物联网管理和网络文化理念构筑等一系列互联网管理路径来实现企业创新。"互联网+"的大环境为大中小企业提供了新的经营导向和发展路径。这种新兴的创新形式改变了企业存在已久的传统商业模式,新的经营模式与新的研发技术相结合在互联网环境下产生了耦合共振效应,推动了各企业在大数据背景下的创新发展。实现了传统行业在互联网时代新的盈利方式,驱动了"互联网+传统行业"的模式变革(戚耀元 等,2016)。因此,郭峰等(2017)谈到随着大数据时代的发展,企业获取信息和处理数据的能力得到明显提高,在经营决策方面企业管理者也十分理性,将大数据环境引入到企业创新行为研究过程中,发现在数据环境背景下,企业行为对创新绩效与创新能力的影响具有正向作用。

基于数字化互联网的发展,曾经的传统女性创新的刻板印象与性别偏见正在慢慢地消除。2015年国务院新闻办公室发布的《中国性别平等与妇女发展》白皮书谈到,女性就业结构的基础设施建设不断完善,女性的就业水平、社会地位都得到了显著提升。通过互联网学习和培训,女性的能力不断强化,女性工作者对网络信息技术的认知与重视在逐渐提升,

数字素养正在大幅度地改善。最新一期中国妇女社会地位调查显示,女性从事第二、第三产业的比例较 10 年前提高了 25 个百分点,各类负责人、专业技术人员、办事人员及有关人员所占比例较 10 年前提高了 13 个百分点。女性企业家群体不断壮大,约占企业家总数的四分之一。由于国家大力推动的"创业创新巾帼行动"战略的实施,女性在互联网创新中表现更加突出,女性创业者已占互联网创业者群体的 55%。

在"互联网+"蔚然成风的今天,企业创新应该搭乘互联网的东风,让整个创新流程透明、便捷起来,最终实现效用的最大化。而女性高管也应该在大数据时代的各项政策的大力扶持下,学会更大范围地利用创新要素和数据资源,加快创新速度与互联网的信息传播,保证创新资源的流动性和可用性,使得企业相关创新项目在互联网发展的推动下,与女性高管之间互动的深度、广度和频度不断加强,以此提升企业的创新绩效。

(五)按环节进行的创新分类

党的十八大提出实施创新驱动发展战略,强调科技创新是提高社会生产力和综合国力的战略支撑,必须摆在国家发展全局的核心位置。我们要实现全面建成小康社会奋斗目标,实现中华民族伟大复兴,必须集中力量推进科技创新,真正把创新驱动发展战略落到实处。因此,在制订创新战略的目标,理解了创新是什么,怎么做之后,还要明确创新的分类。基于互联网发展、性别差异与企业创新的相互关系以及已有的研究成果,本章将创新按环节进行分类,以有效推动企业创新型发展。

综上所述,企业创新的首要问题是要解决创新效率问题,要提高创新效率,必须先对企业创新的环节有清晰的思路。笔者通过对男女性高管的性别差异和上市公司的年报数据的深入研究,以及已有文献对互联网领域的成果贡献,发现在企业创新的背后有一系列高效驱动的环节起着至关重要的运转作用。这一系列包括:创新人才的选择—成果研发—关注量产的转化—新产品的市场转换四个环节。

企业在开展创新时,第一个环节是创新人才的选择。

我们可以从创新的类型考虑。首先,企业最关注也是当下最流行的是客户驱动型(市场驱动型)创新,除此之外还有技术驱动型、设计驱动型等。所需要的人才倾向就会产生区分。同时,不同创新类型之间也是融合的,并没有鲜明的边界区隔,归根到底是为了创造企业价值,给企业带来丰厚的回报和利润。因此以下几种创新人才所具备的特质更受到企业的青睐。

特质一:无论大小事务都能够精益求精。精益求精的匠人精神体现在两个方面。首先,你不能允许自己有缺陷。因为你知道,即使你带着这种极端的态度去工作,你仍然会犯错,更不用说一开始就没有把自己放在最高的标准上。有了这种态度,你以后就能发现错误并做出积极的改进。所以在激烈的市场竞争和转型升级压力下,"工匠精神"被赋予以创新为首要目标、以研发技术为核心、以高质量为方向的新发展动力。

特质二:具有良好的协作精神。企业要想实现有意义的创新离不开团队里每一个成员的合作,正所谓众人拾柴火焰高。在企业创新过程中,有些创造力强的人通常过度自信,对自己的建议、想法充满信心,觉得别人不采用他的意见是他人的损失。这种人常有"怀才不遇"的感觉,受不了批评,容易冲动行事如负气离开团队。而具有良好协作精神的个人能够深入地参与到组织活动中,有效地进行创新。

特质三:具有好奇心,心态开放,勇于挑战和冒险,独立自信等。具有创新思维的人通常对周围的事物有强烈的好奇心和广泛的兴趣。他们能在日常生活中发现独特的事物,在平凡中发现不平凡。受自己内在的好奇心和兴趣爱好的驱使,他们敢于摆脱一成不变的现状,喜欢接触新鲜事物,在探寻中获得有用的启发,进而刺激和促进智力和思维的发展,并让自己的大脑经常处于兴奋状态,从而容易产生创造性思维。

第二个环节就是对研发投入的支持,关键是企业领导者的支持(成果研发)。

从科研成果被试验通过到新产品上市,往往需要 5～10 年的研发周期和大量资金的投入。企业大多数的重大科研项目,一旦没有企业高管大力支持,科技人员就很难着手开展研发创新。而且项目的研发不仅需要依靠企业内部的科研工作者解决问题,还需要多个层级、部门的协作,如供应处、生产组和技术职能部门。如果没有企业高管的批复和支持,创新资源就可能无法得到有效协调和分配,就可能降低企业对项目的研发投入，使创新项目停滞不前。与此同时，企业高管要明确自己的职责和位置。企业高管中的许多人并不是研发技术人员，他们要做的就是做好对新产品研发的管理，更多的是对新产品研发团队的资金投入支持与管理支持。因此，企业高管作为企业的直接决策者，往往对重大投资决策起关键作用。在面对研发创新时，企业高管要学会正向调节高管权力与企业研发投入之间的关系。

第三个环节就是要关注量产的转化。

所谓量产就是研发产品通过检验开始批量生产，是指新产品在经过一系列测试后，通过相应的规章评议审定，开始大批量生产该产品，并投入市场，以满足不同消费者的需要。因此，创新是否成功主要关注量产。在科技人员完成初步研发之后，创新的过程并没有到此结束，之后需要考虑的重点是如何推动新产品的量产。这是创新至关重要的关键点。很多企业在研发创新时都很顺利，但最终败在了如何将新产品完成量产的转化的时间点上。在这个过程中可能会出现专利都是有价值、有意义的；专利很顺畅就能转化新产品，但是企业的行为不可预测。企业开发专利不一定积极转化，可能要顾及市场反馈、企业战略，导致在最终的产品量化上出现问题。如果说，研发解决的是如何创造出一个产品的问题，那么量产解决的则是如何用企业自身生产能力高效率地造出大批次、低成本、高质量的新研发产品。企业只有实现量产，才能使研发创新落到实处，最终实现市场转换。

最后一个创新环节则是新产品的市场转换。

要想实现新产品的有效市场转换，需要重点关注：①当地新产品投放区域的消费者偏好，通过人均 GDP 和可支配收入等直观数值分析当地区域潜在顾客的消费能力。②营销渠道分析。有成熟的新产品和庞大的目标消费群体，关键在于以何种方式才能将新产品转化到市场，投放到消费者面前。营销渠道分析主要关注的就是新产品面对的消费者是谁，其最终转换到市场的过程是怎样的，以及销售商的态度、合作方式等。通过一系列调查研究分析，明确新产品市场转换的方式，使过程更加简便，节省进入市场的成本和时间。③市场环境调查研究。企业创新的起点在科技研发，终点则是市场。考虑到市场环境的复杂性和特点，为了保障创新最终环节的顺利开展,企业需要进行充分的内外部环境调查。企业各个层次的人员参与创新、推动创新,不断发现新的应用,使创新被越来越多的人接受,覆盖更大的市场。基于以上分析,企业可以用5W2H的决策方法进行市场分析:Why,企业为什么需要变革? 为什么一定要这样做? What,企业创新最终实现的目标是什么? 企业各级人员需承担哪些职责? Where,开展创新活动时应该从哪里入手? 哪条创新途径最合适? When,创新什么时候开展? 何时最适宜? Who,创新工作由谁来负责? 谁去完成? 哪类人最适合担任这项工作? How,怎样做才能实现高效益? 怎样做才能提高创新工作效率? How much,新产品产量有多少? 研发成本有多高? 企业最终实现利润多少? 以此驱动企业新产品完成市场转换。

四、本章小结

企业最终采取哪种创新战略与其所在市场环境以及自身制订的决策有关。明确创新的分类,维持高管团队的性别多样性。在互联网的发展驱动下,企业选择正确的创新路径不仅会提高企业效益,使新产品有效进入市场,也有助于科技研发的持续投入和企业自身品牌效应的提升,甚至能让企业因创新一跃成为市场的佼佼者。

因此,企业创新的本质是最终将研发的新产品实现广泛的市场覆盖。选择创新人才之后开展产品研发创新,在实现了产品量产时,企业创新并未结束。只有将产品推向市场,实现成功的市场转换,企业创新的意义与价值才能兑现。创新的四个环节相辅相成、密不可分、相互联系。在这整个过程中,每一个环节都在参与创新,推动创新,不断发现新的应用,使企业创新战略不断完善,最终覆盖整个用户市场。只有严格经历了四个关键创新环节的对新产品的投入和改进,企业创新才算完成了一个闭环。

在这个经济全球化的创新生态链中,很多企业正在利用互联网发展的红利实现科研转化的新路径,企业如果能够把握住"互联网+"的发展机遇,维持企业高管多样性,那么就能够从市场、产业结构变化、人口结构变化的角度挖掘出更多的创新机会,从而有可能谱写企业创新的新篇章。

第七章　技术接受度与性别差异

　　随着科技的不断发展,越来越多的新技术、新商品、新业态不断出现。既有研究表明,人们在对新兴事物的接受程度上存在明显的性别差异。当前国家对新能源发展十分重视,电动汽车行业得到了前所未有的发展机遇。受技术限制,目前电动汽车的性价比还不高,充电基础设施配套也不够完善,通过个人用户购买推动电动汽车行业的发展有较大难度。业内人士普遍认为可以通过发展电动汽车分时租赁,以"租"代"售",让更多消费者体验、使用电动汽车。作为共享经济的一种形式,分时租赁成为快速扩大电动汽车推广应用规模的最佳路径之一。早在 2015 年国家科技计划高新技术领域就设立了"新能源汽车分时租赁与集成示范"专题,而目前已有许多一线城市积极开展电动汽车分时租赁业务。对于新兴产品客户服务的发展而言,如何充分挖掘和培育有支付能力和迫切需求的潜在客户群体是重中之重(张长令,2014)。本章以共享经济模式的接受度为例,探索性别差异对新兴事物接受程度上的影响,从而帮助企业识别潜在客户群体。

一、技术接受模型

　　技术接受模型(Davis,1989)是近年来社会科学领域用以分析消费者行为的最具影响力的技术模型之一。该模型认为有两个主要因素影响个人使用新技术的意图:第一是感知易用性;第二是感知有用性。例如有些老年人不喜欢玩计算机游戏是因为使用计算机很复杂或游戏本身太难玩,从而造成了一种排斥心理。这就是感知易用性。另外,老年人可能不在乎计算机游戏带来的心理刺激,认为这种获得感不是自身需要的,这就是感知有用性。表7.1提供了更为详细的解释,有助于进一步加深对两个概念的理解。基础的技术接受模型如图7.1所示。

表7.1　感知有效性和感知易用性的具体内涵

感知有效性	感知易用性
使用这种(工具、技术、产品)有助于更好地完成我的工作	对于如何使用这种(工具、技术、产品),我感到有些无从下手
使用这种(工具、技术、产品)让我解决了生活、工作中的需求	使用这种(工具、技术、产品)时我有可能会失误
离开这种(工具、技术、产品)可能会让我的工作陷入困境	使用这种(工具、技术、产品)我必须集中精神
使用这种(工具、技术、产品)节省了我不少时间	使用这种(工具、技术、产品)对我来说不太方便
使用这种(工具、技术、产品)能让我每天完成更多的事情	使用这种(工具、技术、产品)有时候会带来一些意料之外的坏结果
使用这种(工具、技术、产品)能避免把时间花在无意义的事情上	使用这种(工具、技术、产品)会造成额外的经济负担

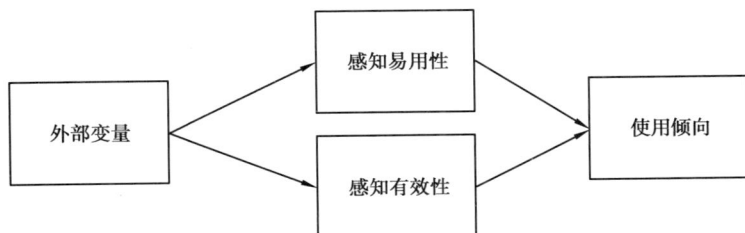

图7.1　基础技术接受模型

值得注意的是,使用倾向并不一定带来最终的使用,但探索这种预期仍然是具备理论价值的。既有研究表明,影响感知易用性和感知有效性的外部变量包括性别、年龄、经验和受教育水平等。学者发现,在采用新技术方面,性别差异的影响并不统一。例如在计算机、电子邮件服务、电子数据管理系统等电子信息技术方面,性别差异是使用该技术的一个重要影响因素。这主要是因为男性比女性更擅长信息技术。但在其他方面,性别差异则影响有限。例如在社交媒体互动方面没有观察到性别差异,不过男性和女性在使用社交网站时确实存在不同的偏好。女性主要利用社交网络来"维持现有关系",而男性则利用社交网络"结交新朋友"等(Goswami and Dutta,2016)。

表 7.2 汇总了关于数字化与性别差异调查报告的主要内容。总体来看,与过去相比,女性使用数字技术的频率越来越高,与一般男性基本持平。但老年女性和教育水平较低的女性仍然受到较大限制。此外,男性和女性有着不同的使用偏好,但在就业领域,男性仍然占优。综上所述,在新技术、新事物的接受和使用上存在一定性别差异,但既有研究未能得出一致结论,有必要继续进行探索。

表 7.2 数字化与性别差异部分研究汇总

研究问题	主要结论
互联网接入	欧盟数据显示,女性在互联网使用频次方面与男性大致相同:78%的女性和80%的男性每天使用互联网。然而,老年妇女和受教育程度低的妇女落后明显。此外,25%的 55~74 岁女性和27%的低学历女性从未有机会使用互联网,而 55~74 岁男性的这一比例为21%,受教育程度低的男性使用互联网的比例为21%。与 2010 年相比,女性对互联网的使用程度有了很大提升,但与男性的差距仍然需要关注
自信心与态度	欧盟数据表明,女性对数字技术更加关注,但对数字技术也有更多的负面看法。例如,男性更有可能认为较新的技术对经济(78%对72%)或生活质量(70%对63%)产生了积极影响。只有二分之一的女性(54%)对机器人和人工智能持积极态度,而男性的这一比例为67%。女性对新技术的了解也往往比男性少,这可能导致她们对新技术有更多的不信任。就人工智能而言,41%的女性在 2019 年中听说过、读过或看到过有关它的东西,而男性的这一比例为53%

续表

研究问题	主要结论
使用偏好	相关数据表明,16～24 岁的年轻女性比同龄男性更有可能创造性地使用数字技术进行在线分享。例如,他们比男性更有可能在网站上分享自己创建的内容(文本、照片、音乐、视频、软件等)(60% 对 56%)。这种有利于年轻女性的性别差异随着年龄的增长而减小[年轻女性(25～29 岁)]为 50%,而年轻男性为 48%。学者发现这可能与自我展示行为有关,例如年轻女性总希望保持积极的在线形象
劳动力市场包容性	学者发现平台工作的兴起为女性提供了更多的经济空间和灵活性的时间安排。这为有照顾家庭责任的人提供替代传统就业的积极方案和更具包容性的劳动的机会市场。这种灵活性是数字化的主要优势,可以在不影响女性工作质量的同时,保障女性对劳动的参与。总体而言,这些新创造出来的就业机会减少了劳动力方面存在性别差异
技术岗位就业	根据欧盟的数据统计,自 2010 年以来,就业领域的性别隔离指数得分几乎没有优化。在所有调研样本中,约有 50% 的妇女从事教育、卫生和社会工作活动,而从事这些行业的男性只有 13%。ICT 部门相关职业仍然由男性主导。例如,只有 27% 的 ICT 专家是女性,且女性更经常采取兼职工作形式(女性为 31%,男性为 8%)或临时工作(12% 对 10%)

资料来源:Gender Equality Index 2020:Digitalisation and the future of work(研究报告)。

二、共享经济与分时租赁相关概念

共享经济通常指的是将拥有的闲置资源的使用权进行拆分,有偿让渡给他人使用。让渡者能够获取回报,而使用者也因此无须购买整体使用权。通过这种方式,企业个人能够实现物品价值的提升,节省成本并获得收益(Hamari et al.,2015)。随着智能设备和互联网的普及,共享经济的实现需要具备完备的技术前提。共享的时间可以长达数月或一年,也可以短到几周或一天。而分时租赁则是基于按分钟或小时这种更短的时间跨度。

与传统租赁相比,分时租赁具有不少优势。首先,它提升了车辆利用率,降低了投资成本。分时租赁使得一辆车使用时间拆开为每分钟,因此每辆车反复租用的概率大幅提升。因此同样规模的业务,分时租赁需要投入的车辆数量大大减少,降低了运营方的投资成本,减轻了资金压力,从而更具发展潜力。其次,分时租赁提升了停车场的利用率。分时租赁使得各个时间段均有客户在使用车辆,车辆闲置的时间大大缩短,占用停车位的时间也在同步减少。车辆的不断流动使得一个停车位可以同时为多辆车提供临时停放服务,大幅提升了停车场地的效率。再次,分时租赁降低了人力资源成本。由于网店较多,且小而分散,分时租赁需要依靠自助服务。顾客通过手机和网络就能完成租车和还车流程,这就降低了人力资源投入。最后,分时租赁不需要固定店面和办公场地,这无疑又节省了一部分固定资产投入。除了经济利益,分时租赁还能带来巨大的环保效益。如巴黎开展的 Autolib 项目中投入了 4 000 辆可供租赁的电动汽车,在 2020 年减少了市区 20% 的碳排放以及 22 500 辆私家车,从而解决了巴黎市区面临的拥堵和尾气污染问题。

三、共享经济潜在用户群体识别

分时租车属于分享经济的一种。分享经济指的是将社会分散闲置资源集聚使用,从而实现社会价值创新;分享经济强调使用而不占有以及不使用即浪费。Schaefers(2013)认为分享经济对客户的吸引主要在于便捷、环保、经济及时尚。首先,环保以及可持续发展是提倡分时租车的原因之一。欧洲租赁公司常常将分时租车带来的环保效益作为主要的推广和宣传领域。因此,环保意识较高以及对绿色消费有一定偏好的人群将有更大的内在激励参与分时租车或其他分享经济项目。此外,与整车购买相比,分时租车还属于相对新鲜的事物,而可供租赁的电动车大多小巧玲珑,在外观乖巧的同时又不乏年轻人所推崇的动感。未来预计汽车租赁商还会推出更多个性化的定制类服务,增强用户体验。因此,对时尚的追求也将是消费者参与分时租车的一大诱因。最后,经济因素也是消费者参与分时租车的主要动力。以巴黎 Autolib 项目为例,消费者无须负担保险、停车、车辆维护以及充电等费用,使用成本大大低于打车和自驾私家车。加州伯克利大学的一份研究报告指出,美国许多大城市已经针对低收入群体开展了专门的电动汽车租赁业务,平均每个家庭每月节省的交通费用开支在 150 美元以上。因此,分时租车对追求环保、实用、创新以及经济利益的社会群体最具吸引力。除了理念和经济效益等内在激励因素,外部环境也会显著影响社会个体参与分时租车的意愿。以往研究指出是否拥有私家车是影响个人参与分时租车或拼车的最显著因素(Shaheen and Rodier, 2005; Zhou and Kockelman, 2011)。通过考察美国13 个地区的分时租车参与情况,学者发现环境、教育水平、年龄以及收入等人口学变量并不十分显著。分时租车在那些私家车保有量低、独居人口比例较高以及步行便捷程度较差的社区更普及。

实证证据

本书总结了部分实证研究(表 7.3)发现,在北美和中国,高学历、年轻且相对收入不高的群体是分时租车的主要客户。例如 Martin 和 Shaheen (2011)的问卷调查发现,在对分时租车感兴趣的群体中有 44% 年龄在 20~35 岁,40% 的受访者学历在高中以上,78% 的受访者月收入在 3 000 元以内(Wang et al. 2012)。在以上海居民为调查对象时发现,大部分对分时租车有兴趣的受访者年收入在 7 万元以内。以美国和加拿大为考察区域的研究也证实对分时租车有兴趣的群体大多年收入在 5 万美元以内。国家统计局公布的数据显示,2010 年,美国人和加拿大人均收入为 5 万美元左右。这也意味着分时租车用户群体大多为中低收入人群。此外,以公共交通为主要日常交通工具的群体对分时租车也有较高的需求。因此,与理论预测一致,分时租车主要客户对象为年纪较轻、文化程度较高,有一定支付能力但收入并不太高的社会群体。

表 7.3　分时租车影响因素实证文献总结

研究时间和人员	考察区域	样本数量	主要结论
Wang et al. (2012)	中国上海	$N=271$	对分时租车最感兴趣的是大学(含专科)以上学历,27~35 岁,年收入4 万~7 万元人民币,通勤时间较长的群体
Martin and Shaheen (2011)	美国和加拿大	$N=9\,578$	在北美 11 个租车平台注册用户中年龄在 30 岁以内的占比 40%,本科学历的占比 43%,年收入 5 万美元以内的占比 34%
Zhou and Kockelman (2011)	美国得克萨斯州	$N=403$	参与分时租车客户评价年龄段为 21~38 岁,平均学历层次为大学专科和本科,平均收入为 2.5 万~5 万美元
Ballús-Armet (2014)	美国圣弗朗西斯和奥克兰	$N=300$	没有私家车,每周至少需要搭乘一次公共交通的受访者对分时租车有较浓厚的兴趣
Martin and Shaheen (2010)	中国北京	$N=840$	在对分时租车感兴趣的受访者中44% 的受访者年龄在 20~35 岁,40% 的受访者学历在高中以上,78% 的受访者月收入在 3 000 元以内。以公交车为主要交通工具的受访者中有 74% 对分时租车感兴趣
Blair and Dotson (2011)	美国纽约州	$N=800$	在考察的两个租车平台中,客户平均年龄分别为 30 岁和 22 岁,25% 的客户年收入在 1 万美元以内,60% 的客户年收入不超过 5 万美元

四、共享经济的利基市场

利基市场通常指的是被市场中的统治者、有绝对优势的企业忽略的某些细分市场或者小众市场。在进入市场初期,利基企业可以通过差异化策略进入低竞争高盈利的产业环节(陈德富 等,2011)。就分时租赁行业而言,大学校园可以作为一个利基市场。一方面,教师群体出行率比普通家庭高,出行目的也更多样化,但并不像其他职业一样习惯开私家车上班。另一方面,在校大学生年纪较轻,对新事物接受能力强,有一定经济能力但大多没有私家车(Zhou et al.,2012)。此外,以往研究还发现大学生出行率比普通家庭高,出行目的也更多样化;而大学校区及其周边社区的交通状况不仅需要满足常规的通勤性、服务性、应急性和生活性的需求,还需承载连接景观景点和公共空间的功能。因此大学校园对分时租车存在一定需求。

根据美国最大的分时租车运营商 Zipcar 的统计,截至 2016 年,该公司已经在美国和加拿大超过 100 所高校开展了分时租车业务。由此可见,包括拼车、分时租车等对公共交通有替代功能的交通模式已经在国外大学校园得到了很好的推广和应用。以往也有不少学者对校园地区的分时租车及合伙拼车项目进行了研究。例如 Zheng 等(2009)发现学生对相关概念的熟悉程度与参与租车和拼车的意愿呈正相关,学生收入以及是否拥有私家车对参与意愿的影响不显著;访问学者以及交换生则普遍对分时租车拥有较浓厚的兴趣。Zhou(2013)则考察了校园中的教职工群体出行特征,发现女性员工对租车和拼车的需求较大。不同学校人群出行时使用这些非传统交通工具的比例也有较大差异,例如弗吉尼亚州的四所高校分时租车使用率为 11% ~ 15% ,在加州洛杉矶分校分时租车的使用率为 8% ~ 9% ,而在加州伯克利分校这一比例仅有 5% 。价格、停车位以及等待时间可能是造成这种差异的主要因素。Danielis 等(2016)通过对意大利里雅斯特大学的考察发现,租车价格为 0.29 欧/分钟时,约有 60% 的受访者表示愿意参与;而当价格下降到 0.19 欧/分钟时,这一比例上升到 68% 。租车等待时间从 8 分钟上升到 18 分钟时会减少 30% 的参与率;而使用私家车的停车时间从 3 分钟上升到 23 分钟时会增加 35% 的参与率。也就是说,私家车车位越少,停车越困难时,学生越容易参与租车或拼车,因为后者通常配有专属停车位。由此可见,校园人群参与分时租车需求并不稳定,深入考察影响参与意愿的因素有极大理论价值和实际意义。

五、研究设计及数据分析

（一）数据收集过程

为研究我国大学生交通出行结构以及对分时租车的参与意愿,课题组在重庆市大学城的三所高校开展了问卷调查。重庆市大学城位于沙坪坝区西部虎溪街道和陈家桥街道,占地约 20 平方千米,距市中心约 15 千米,规划和建设面积 33 平方千米,规划人口 50 万。大学城地区居民内部交通出行主要往返于学校与学校之间以及学校与商业区之间,出行交通工具以公交和自行车为主,出行时间不会超过半小时。居民对外交通则主要往返于学校与重庆市中心区域之间。如果以公交车为交通工具出行时间通常在 1 小时以上,且高峰期容易拥堵。例如从大学城的重庆大学校区到达龙头寺火车站需 2 小时,到达菜园坝火车站需 1 小时;到达解放碑商圈需要 1.5 小时①。地铁出行时间虽短,但节假日异常拥挤。课题组成员选取了重庆大学、重庆师范大学以及重庆电子工程学院作为考察对象,于中午 12 点左右在高校食堂发放调查问卷,同时为每个参与调查的同学发放小礼品,本次调查共收回 742 份有效问卷。

（二）样本的描述性统计

数据显示,3% 的大学生每周对外出行次数在 7 次以上,14% 的大学生每周对外出行次数为 3～10 次,76% 的大学生每周对外出行 1～2 次,余下的大学生的出行范围则基本只在大学城内部。由此可见,绝大部分大学生可能只在周末离开大学城逛街或游玩。如图 7.2 所示,76% 的受访大学生表示愿意尝试参与电动汽车分时租车。这可能意味着出行范围在大学城区域以外的大学生对分时租车有积极意向。当然,有参与意愿并不意味着转化为实际参与行动。在受访大学生中有 36% 取得了驾照

---

① 出行时间测算主要依据百度地图导航所示。

或正在考驾照;有 32% 的大学生曾经有过租车经历。这些持有驾照并有过租车经历的大学生将最有可能参与电动汽车的分时租车。因此,可以预估大学城地区参与租赁的实际需求比例可能在 30% 左右。前文提到,美国高校群体对分时租车的使用率为 5% ~ 15%,但考虑到我国私家车保有量要低于美国,且从大学城乘坐公共交通往返于中心城区并不方便;30% 的有效需求比例并不算过高。

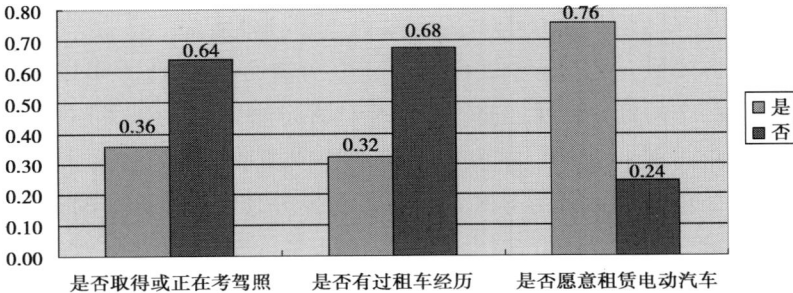

图 7.2 分时租车参与意愿调查数据

课题组还考察了大学城学生对分时租车的了解程度。有 26% 的受访大学生对分时租车并不了解,66% 的受访大学生表示听说过这一概念,只有 8% 的受访大学生表示对分时租车比较了解。38.5% 的受访大学生表示习惯按天收费的计价方式,23.3 的受访大学生表示接受按小时收费的方案;而有 31% 的受访大学生表示喜欢按里程收费。价格方面,如果以小时计费,47% 的受访大学生最高承受价格在 20 元以内,28% 的受访大学生最高承受价格为 20 ~ 40 元,25% 的受访大学生最高承受价格在 40 元以上。如果按天收费,31% 的受访大学生的最高承受价格在 30 元以内;28% 的受访大学生最高承受价格在 30 ~ 100 元,41% 的受访大学生最高承受价格超过 100 元。目前在重庆开展分时租车的业务主要有左中右、盼达和 Car2go 三家企业。其中左中右主要按小时计费,费用为 20 ~ 25 元;盼达公司也按小时计费,99 元/天封顶;Car2go 则同时按分钟和里程收费,预计 1 小时行驶 30 千米的路程需要花费 75 元左右。除了 Car2go 定价稍高,两家本土企业的定价与大学生群体心理价位基本保持一致。51.6% 的受访大学生认为租车点应当设置在距离自己 1 千米以内;只有 12.8% 的大学生认为租车点与自己最合适的距离在 3 千米以上;平均最合适距离为 1.67 千米。因此,绝大多数受访大学生都认为租车点可以设置在大学校门附近;同时大学城的商圈、步行街以及地铁站也应当设立租车点。

(三)实证分析结果

本书使用 Logit 模型对影响消费者参与分时租车意愿的因素进行分析。基准回归模型如下:

$$\text{Logit}(P) = \beta_0 + \beta_1 x_1 + \cdots + \beta_n x_n$$

由于因变量"参与分时租车意愿"是二分类变量,因此 P 可以理解为愿意参与租车的概率。我们使用逻辑模型进行测算。$\text{Logit}(P)$ 是因变量或响应变量,x 是自变量。本模型中的 β 参数或系数是通过最大似然估计(MLE)方法进行测算的。该方法将通过多次迭代得出不同的 β 值,从而优化对数概率的最佳拟合。所有这些迭代都会产生对数似然函数,逻辑回归会试图最大化该函数,从而找到最佳参数估计值。一旦找到最佳系数(具有多个自变量时找到多个系数),就可以计算、记录每个观测值的条件概率,并将它们加在一起,得出预测概率。

鉴于自变量较多,本书在传统回归方法上还加入了逐步回归技巧,这包含两种方法,第一种方法是前向选择,即从只包含截距项的回归模型开始进行变量引入和筛选;第二种方法是后向消除,即从包含所有解释变量的模型开始逐步消除非显著变量。前向选择原理如下:假设有 m 个自变量,分别与待考察的因变量建立回归方程,则我们有 m 个 Chi 卡方统计检验量;$\{\text{Chi}_1^1, \text{Chi}_2^1, \cdots, \text{Chi}_m^1\}$。选取其中的最大值 $\text{Chi}_{k1}^1 = \max\{\text{Chi}_1^1, \text{Chi}_2^1, \cdots, \text{Chi}_m^1\}$,如果 $\text{Chi}_{k1}^1 \leqslant \text{Chi}_{\text{forward}} = \text{Chi}_a(1, n-2)$,则停止筛选;反之则可以加入下一个步骤。假设筛选出来的变量是 x_1,可以将其与其他自变量一起与因变量建立二元回归方程,此时有 $(ax_1 + bx_2 = y, ax_1 + bx_3 = y, \cdots, ax_1 + bx_m = y)$;再次计算统计检验量 $\{\text{Chi}_2^2, \text{Chi}_3^2, \cdots, \text{Chi}_m^2\}$,并取其中的最大值。如此反复计算直到没有显著自变量可以再纳入模型为止。后向消除基本原理与前向选择一致,只不过反过来进行,每次剔除最小值的统计量。通过逐步回归可以得到最优变量子集,在此基础上增加的变量都无法显著提高模型拟合优度。

表 7.4 输出了影响样本参与分时租车意愿的因素,本章使用了三种

计量模型以得到更为稳定的结果。逐步回归方法只给出显著变量,省略非显著变量。实证结论显示男性对分时租车的参与意愿并不显著高于女性。尽管从经验上判断,男性应该比女性更热衷于新技术的使用,但本章并没有支持这一结论。没有接触过电动汽车、没有租车经历以及与参与分时租车意愿呈负相关,而对电动汽车了解程度与租车意愿呈正相关。这一结论与 Zheng 等(2009)以及 Shaheen 和 Martin (2010) 的研究一致,两者都认为以往个人经历及对分时租车或拼车的熟悉程度对参与行为有正面影响。样本出行次数及使用公共交通工具的次数对参与意愿无显著影响,这说明出行频繁的大学生对分时租车的需求并不一定更迫切。出行目的地如果集中在主城商圈则会显著提高参与概率,这可能说明大学生的租车目的主要是离开大学城区域到主城游玩。因此,如果主城商圈或景点区域没有设立租车和还车点时,将降低大学生参与租车点积极性。

表 7.4　分时租车参与意愿影响因素

因素	常规 Logit	逐步回归 1	逐步回归 2
性别 = 男	0.312 (0.199)	—	—
重点学校 = 是	−0.601 (0.184)	−0.799 (0.029)	−0.779 (0.047)
租车经历 = 否	−0.804 *** (0.002)	−0.778 *** (0.003)	−0.816 *** (0.002)
接触过电动汽车 = 否	−0.825 *** (0.004)	−0.822 *** (0.003)	−0.865 *** (0.002)
是否取得驾照 = 否	−0.226 (0.359)	—	—
对分时租车的了解	0.361 ** (0.044)	—	0.349 ** (0.047)
出行区域 = 主城	0.520 ** (0.033)	0.547 ** (0.043)	0.552 ** (0.041)
出行区域 = 其他高校	0.119 (0.616)	—	—

续表

因素	常规 Logit	逐步回归 1	逐步回归 2
对外出行次数	-0.046 （0.822）	—	—
对内出行次数	0.020 （0.707）	—	—
对外使用公交次数	0.095 （0.553）	—	—
对内使用公交次数	0.004 （0.394）	—	—
Wald	48.06	39.312	42.29
Nagelkerke R2	0.138	0.114	0.123
No. Obs	742	742	742

注：$^*p < 0.1$，$^{**}p < 0.05$，$^{***}p < 0.01$。

表 7.5 单独对女性样本进行了回归分析，与全样本回归结果稍有差异。重点高校的样本中，持有驾照的对参与分时租车积极性更高。与男性一样，有过租车经历、接触过电动汽车的女性样本更乐于体验分时租车。从分样本回归结果看，当女性样本没有驾照时，对分时租车接受度较低。这意味着有过类似经历的女性才更愿意体验该服务，这也从侧面说明了女性对新兴事物的接受度影响因素与男性稍有不同。因此，在对女性推广时，要更加注重客户体验。

表 7.5　分时租车参与意愿影响因素（女性样本）

因素	常规 Logit	逐步回归 1	逐步回归 2
重点学校=是	-0.242 ** （0.028）	-0.299 ** （0.029）	-0.279 ** （0.047）
租车经历=否	-0.304 *** （0.000）	-0.311 *** （0.003）	-0.320 *** （0.000）
接触过电动汽车=否	-0.425 *** （0.000）	-0.422 *** （0.001）	-0.411 *** （0.000）

续表

因素	常规 Logit	逐步回归 1	逐步回归 2
是否取得驾照＝否	-0.355** (0.009)	-0.355** (0.009)	-0.355** (0.009)
对分时租车的了解	0.397** (0.014)	—	0.341** (0.021)
出行区域＝主城	0.520** (0.033)	0.547** (0.043)	0.552** (0.041)
出行区域＝其他高校	0.223 (0.150)	—	—
对外出行次数	-0.092 (0.422)	—	—
对内出行次数	0.044 (0.637)	—	—
对外使用公共交通工具次数	0.006 (0.321)	—	—
对内使用公共交通工具次数	0.004 (0.544)	—	—
Wald	48.16	42.32	52.11
Nagelkerke R2	0.155	0.121	0.139
No. Obs	312	742	742

注:* $p < 0.1$, **$p < 0.05$, ***$p < 0.01$。

六、本章小结

共享经济是当前迅速发展的新型商业模式。以往的研究倾向于认为对新技术、新业态的接受程度存在明显的性别差异。这可能是男性和女性对价格的敏感不同、对使用新技术或新事物的兴趣不同、对传统事物依存度不同、对个人自信心不同等多种原因造成的。本章通过梳理相关文献,以共享经济业态下的分时租车为研究对象,探索新兴技术使用下的性别差异。

　　通过问卷调查我们发现,76%的样本对分时租车持肯定态度。尽管有租车意向并不一定转化为实际行动,但调查结果显示有超过30%的样本曾经有过租车经历。因此可以认定目标地区样本群体对分时租车的需求比例在30%左右。通过Logit回归模型,我们发现对分时租车的了解程度以及过往租车经历是影响参与分时租车意愿的主要因素。与传统研究结论相悖的是,本章发现性别差异十分有限。与男性相比,女性并没有更排斥或更愿意参与共享经济下的新型服务。对女性分样本回归发现当具备了前期经历时,女性对使用这种服务的接受度更高。本章总体说明在新技术、新兴事物面前,现代女性并不是弱势群体。

第八章　性别差异与创新的实证分析

一、研究假设

(一)高管性别对企业创新的影响效应

以往学术界对企业的创新研究更多关注企业政策、企业结构等组织层面特征的影响,很少关注企业内部高管的性别差异。但往往组织成员的个人特质会影响组织的战略决策和发展规划。基于已有文献成果,学者开始对企业高管的性别多样性进行深入研究与探讨。

实证研究表明,相较于男性高管,女性高管在企业创新方面受到的影响因素更多。梁上坤等(2020)谈到,女性高管与创新投入呈负相关,主要是受到生理和文化两方面因素的抑制。家庭传统观念的枷锁、对女性长期的历史定位和生儿育女的固定角色定位都在无形地影响着女性的风险偏好。在一些民风民俗文化悠久的地区,女性高管对风险规避越敏感,对创新投入的影响就越大;反之,则女性高管对创新投入的影响越小。与此同时,女性高管的工作也并不稳定,由于育儿和分出精力投入家庭等,女性高管职业生涯发展前景并不明朗,相较于男性高管更容易被打断(Cromie and Hayes,2011)。淦未宇(2018)也发现高管的性别多样性对企业创新决策有着至关重要的影响。由于自身教育水平或行业的差异,当公司高管为女性,或女性高管比例增加时,企业对研究研发投资强度显著降低。

当然,也有其他的研究学者发现,女性高管抑制创新投入还与男女性面对风险的截然不同的态度有关。贺新闻等(2020)在研究企业技术创新时发现,女性高管对于研发投入和男性高管有着不同的思想和观念,女性高管在开展企业创新活动时更加喜欢规避风险。在女性创业者看来,创业失败意味着失去了经济来源,所以她们对创新的态度更加保守,风险规避程度高于男性。究其原因,主要是女性更加向往稳定可靠的生活(刘鹏程 等,2013)。这种性别差异在很多方面都能得到考证。相对而言,男性高管抗压能力更强,男性高管在面临不确定性情境时,更愿意在决策的过程中做出一些冒险性、挑战性的行为。祝继高等(2012)发现,女性在面临不确定性情境时,在决策或行动时会更加谨慎。在公司中,如果女性董事比率高,则该公司会减少长期贷款,投资水平相应下降。综上所述,女性高管在规避风险方面体现得十分显著。基于以上分析,本章提出假设5。

假设5:与男性高管相比,女性高管领导的企业创新投入强度显著降低。

(二)互联网发展对创新的影响

在互联网时代,互联网技术不断渗透生活的方方面面,"互联网思维"也深刻影响着企业的发展与变革。在新的时代背景下,企业的创新升级如果跟不上时代发展速度,就会面临更多的风险和挑战。随着互联网大数据的普及、网络技术的飞速发展,创新资源得以优化。互联网技术成为企业高创新投入的核心力量。以互联网为代表的信息技术渗透到了各行各业,将各个领域融合在一起,打破了以往的传统商业模式,激发了创新的新动力(宁家骏,2015)。秦子初(2022)认为"互联网+"在创新活动中发挥着至关重要的作用。城市互联网技术的研发,推动了传统企业创新的升级,降低了研发成本,提高了创新效率,为大中小企业打造了稳定的创新环境和提供了强有力的技术支撑。段玉婷等(2021)也发现企业的互联网战略能够正向推动企业的创新绩效,提高企业创新投入的效率。基于上述分析,本书提出假设6。

假设6:城市互联网发展水平与企业创新投入呈正相关。

(三)高管性别与企业创新投入:互联网的中介调节作用

随着数字新基建的大规模建设,互联网技术得到广泛普及和快速发展,影响了人们生活的方方面面。基础设施和公共服务一体化更加完善,区域内科技创新、人才、研发投入、大数据信息等创新要素资源变得更集聚和共享,女性高管所面临的创业环境发生了深刻的变化。与传统的工作形式不同,女性高管通过网络技能培训熟悉了互联网的操作使用,利用互联网的便利性扩大自身的社交圈,提升了相应的工作能力以及创新思维能力。在面对企业的创新投入时,她们有着自己的见解和决策。

在信息畅通的大数据生态环境中,各种资源能够得到有效协调运用与整合。互联网作为一项建设较为成熟的基础设施能够有效地促进女性的创业活动(丁栋虹 等,2019)。马继迁等(2020)基于 CFPS 数据的实证分析发现,互联网的使用对女性创业有显著的正相关影响,女性通过互联网能够获取更多的金融信息,使社会资本得到有效提升,从而取得更多的创新型资源。在激发女性创新的同时,驱动女性开展机会型创业。同时,与一部分不使用互联网的女性相比,使用互联网的女性创业的意愿更强烈,互联网帮助她们打破固定的创新思维模式,提升其创业概率(刘汉辉,2019)。基于以上研究分析,本书提出假设 7。

假设 7:随着城市互联网基础全面提升,女性高管对创新投入的抑制作用逐渐减弱。

二、实证一: 女性高管与创新投入

(一)变量定义

被解释变量:研发投入(INRD),公司研发支出的自然对数。解释变量:女性高管参与比例(Fratio),公司女性高管人数占高管总人数的比例。互联网普及率(Inter),互联网宽带接入用户除以年末人口数。公司经营情况变量:公司规模(Size),公司年末资产的自然对数;公司负债率(Lev),年末总负债除以年末总资产;营业收入增长率(Growth),本年营业收入除以上一年营业收入减去一。是否亏损(Loss),当年净利润小于 0 取 1,否则取 0;公司成立年限(FirmAge),当年年份减去公司成立年份加一的自然对数。公司治理情况变量:独立董事比例(Indep),独立董事除以董事人数;董事人数(Board),董事会人数取自然对数;两职合一(Dual),董事长与总经理是同一个人为 1,否则为 0;第一大股东持股比例(Top1),第一大股东持股数量除以总股数;管理层持股比例(Mshare),管理层持股数据除以总股本。

（二）数据来源与样本选择

各变量指标的测度和数据来源见表8.1。本文选取2016—2019年沪深两市A股全部上市企业为研究对象,获得初始观测值12 968个,样本依次选择按照以下原则进行:①剔除样本期间内曾出现的ST、∗ST或PT的上市公司。②剔除金融行业的公司。③剔除绝大多数关键变量数据缺失的公司。④为减小离群值对估计结果的影响,对所有连续变量在1%和99%的分位数进行了缩尾处理,最后得到1 320家公司和5 280个观测值。

表8.1 变量指标和数据来源

被解释变量	研发投入	INRD	ln 研发支出
解释变量	女性高管参与比例	Fratio	女性高管人数占总高管层人数的比例
中介变量	互联网普及率	Inter	互联网宽带接入用户/年末人口数
控制变量	公司规模	Size	年总资产的自然对数
	资产负债率	Lev	年末总负债除以年末总资产
	营业收入增长率	Growth	本年营业收入/上一年营业收入-1
	是否亏损	Loss	当年净利润小于0取1,否则取0
	独立董事比例	Indep	独立董事除以董事人数
	董事人数	Board	董事会人数取自然对数
	两职合一	Dual	董事长与总经理是同一个人为1,否则为0
	第一大股东持股比例	Top1	第一大股东持股数量/总股数
	公司成立年限	FirmAge	ln(当年年份-公司成立年份+1)
	管理层持股比例	Mshare	管理层持股数据除以总股本
	行业虚拟变量	Industry	2012年中国证监会行业分类标准
	地区虚拟变量	Province	划分为东、中、西部
	年度虚拟变量	Year	根据2016—2019年设置3个

说明:表中以比值形式度量的变量无单位,如女性高管参与比例、营业收入增长率、独立董事比例、第一大股东持股比例、管理层持股比例;主成分构造的变量和取对数的变量也无单位,如公司规模、董事人数、公司成立年限;虚拟变量无单位,如行业虚拟变量、地区虚拟变量和年度虚拟变量。

(三)模型构建

为检验研究假设 5,参考梁上坤(2020)、闫珍丽(2020)、刘运国和刘雯(2007),设计 OLS 回归模型 1 如下:

$$INRD = a_0 + a_1 Fratio + \sum Controls + \sum Industry + \sum Year + \varepsilon_1 \quad (8.1)$$

式中,因变量 INRD 表示研发支出的自然对数;核心解释变量 Fratio 为女性高管占高管团队总人数的比例; $\sum$ Controls 为控制变量组, $\sum$ Industry 和 $\sum$ Year 分别表示行业固定效应和时间固定效应; a_0 为截距项, a_1 表示女性高管参与比例对企业创新投入的边际影响; ε_1 为随机扰动项。为验证研究假设 6,参考黄俊和陈信元(2011),设计 OLS 回归模型 2 如下:

$$INRD = \beta_0 + \beta_1 Inter + \sum Controls + \sum Industry + \sum Year + \varepsilon_2 \quad (8.2)$$

式中,因变量 INRD 表示研发支出的自然对数;核心解释变量 Inter 为互联网普及率(城市互联网宽带接入用户数／年末总人口数),指代城市互联网发展水平; $\sum$ Controls 为控制变量组, $\sum$ Industry 和 $\sum$ Year 分别表示行业固定效应和时间固定效应; β_0 为截距项,表示 β_1 城市互联网普及率与比例对企业创新投入的边际影响; ε_2 为随机扰动项。为进一步分析女性高管参与对企业创新的影响机制,参考采用 Baron & Kenny(1986)提出的"中介作用"检验模型,通过以下三个公式来判断是否存在互联网发展水平是否起到"中介作用",设计检验模型 3 至模型 5 如下:

$$INRD = \varphi_1 + \theta_1 Fratio + \sum Controls + \varepsilon_3 \quad (8.3)$$

$$Inter = \varphi_2 + \theta_2 Fratio + + \sum Controls + \varepsilon_4 \quad (8.4)$$

$$INRD = \varphi_3 + \theta_3 Fratio + \theta_4 Inter + \sum Controls + \varepsilon_5 \quad (8.5)$$

式中,被解释变量 INRD 表示研发支出的自然对数;解释变量 Fratio 为女性高管占高管团队总人数的比例,中介变量 Inter 为城市互联网发展水平; θ_1 表示女性高管参与比例对企业创新投入的边际影响, θ_2 表示女性高管参与比例对互联网发展水平的边际影响, θ_3 表示再加入中介变量时女性高管比例对创新投入的边际影响；$\varphi_1,\varphi_2,\varphi_3$ 为截距项；$\varepsilon_3,\varepsilon_4,\varepsilon_5$ 为随机扰动项；$\sum$ Controls 为控制变量组，$\varepsilon_i(i=3,4,5)$ 为随机扰动项。

参考 Cameron 等（2011），邵剑兵和吴珊（2019），模型 1 与模型 2 回归时控制了行业效应和时间效应，通过模型选择检验，检验结果选择固定效应回归分析。若研究假设 1 成立，则模型 1 中的女性高管比例的系数 a_1 应该显著为负。若研究假设 2 成立，则模型 2 中城市互联网发展水平（Inter）的系数 β_1 应该显著为正。检验互联网水平的中介作用，本章参考温中麟等（2005）的中介效应检验，具体步骤为：首先检验模型 3 中的系数 θ_1 是否显著，若显著则进行下一步验证，否则分析无意义。其次检验模型 4 中的系数 θ_2 以及模型 5 中的 θ_4 是否显著，如显著，中介作用成立，若模型 5 中的 θ_3 不再显著，则互联网发展水平起到完全中介的作用，若 θ_3 显著，则互联网发展水平起部分中介的作用。

（四）描述性统计

表 8.2 是本章变量的描述性统计。根据表 8.2 可知，我国上市公司创新投入（RD 的自然对数）的均值和中位数都为 17.91，接近于王清和周泽将（2015）的结论。女性高管参与比例的均值和中位值分别为 20.9% 和 20%，与曾萍和邬绮虹（2012）以及李世刚（2013）的结论接近，表明女性高管虽然进入了企业管理层，但是和男性高管相比，人数上差距相对较大。同时，女性高管比例的 25 分位数为 12.5%、75 分位数为 28.6%，标准差为 0.112，表明女性高管比例在不同的公司间存在较大的差异。样本公司所在城市的互联网发展水平均值为 45.5%，标准差为 0.216，初步表明我国城市互联网发展水平存在一定的时空异质性。样本公司的营业收入增长率平均为 20%，亏损的公司占 10.4%，独立董事占比 37.8%，两职合一的公司占比 35.8%，第一大股东持股比例平均为 30.1%，管理层持股占比 19.8%。这些统计值均在合理范围内。

表 8.2 描述性统计

Variable	N	Mean	p25	p50	p75	SD
INRD	5 280	17.91	17.17	17.91	18.72	1.292
Fratio	5 280	0.209	0.125	0.200	0.286	0.112

续表

Variable	N	Mean	p25	p50	p75	SD
Inter	5 280	0.456	0.282	0.405	0.603	0.216
Size	5 280	22.06	21.32	21.97	22.70	1.028
Lev	5 280	0.377	0.229	0.365	0.506	0.182
Growth	5 280	0.200	0.009 00	0.140	0.307	0.368
Loss	5 280	0.104	0	0	0	0.306
Indep	5 280	0.378	0.333	0.364	0.429	0.053 0
Board	5 280	2.080	1.946	2.197	2.197	0.187
Dual	5 280	0.358	0	0	1	0.480
Top1	5 280	0.301	0.201	0.285	0.385	0.130
FirmAge	5 280	2.910	2.773	2.944	3.091	0.276
Mshare	5 280	0.198	0.007 00	0.142	0.354	0.198

（五）相关性分析

表 8.3 是本章主要变量的相关系数矩阵。从表 8.3 可知,女性高管参与比例与创新投入的相关系数显著为负;此外,样本公司所在城市的互联网发展水平与创新投入的相关系数显著为正。其余变量间的相关系数的绝对值大多不超过 0.5。此外,对变量进行方差膨胀因子（variance inflation factor, VIF）诊断法,方差膨胀因子表达式为:$VIF_i = 1/(1 - R_i^2)$。其中 R_i 为自变量 x_i 对其余自变量作回归分析的复相关系数。诊断结果为表 8.4,各变量的方差膨胀因子（VIF）,均在 1 和 2 之间（小于 5）,因此多重共线性对本章结果的干扰不大。

表 8.3　相关性分析

Variable	INRD	Fratio	Inter	Size	Lev	Growth	Loss
INRD	1						
Fratio	−0.111 ***	1					
Inter	0.104 ***	0.100 ***	1				
Size	0.531 ***	−0.101 ***	−0.010 0	1			
Lev	0.194 ***	−0.067 ***	0.087 ***	0.499 ***	1		
Growth	0.068 ***	−0.005 00	−0.038 ***	0.105 ***	0.028 **	1	
Loss	−0.084 ***	0.041 ***	0.062 ***	−0.075 ***	0.185 ***	−0.214 ***	1

续表

Variable	INRD	Fratio	Inter	Size	Lev	Growth	Loss
INRD	1						
Indep	−0.062 ***	0.117 ***	0.058 ***	−0.095 ***	−0.029 **	−0.007 00	0.040 ***
Board	0.118 ***	−0.149 ***	−0.066 ***	0.190 ***	0.081 ***	−0.002 00	−0.048 ***
Dual	−0.019 0	0.091 ***	0.061 ***	−0.107 ***	−0.080 ***	0.014 0	0.022 0
Top1	−0.025 *	0.038 ***	0.021 0	0.025 *	−0.004 00	0.022 0	−0.117 ***
FirmAge	−0.003 00	−0.029 **	−0.005 00	0.147 ***	0.130 ***	−0.064 ***	0.044 ***
Mshare	−0.060 ***	0.098 ***	0.043 ***	−0.311 ***	−0.248 ***	0.057 ***	−0.084 ***
Indep	Board	Dual	Top1	FirmAge	Mshare		
Indep	1						
Board	−0.661 ***	1					
Dual	0.149 ***	−0.133 ***	1				
Top1	0.042 ***	−0.066 ***	0.080 ***	1			
FirmAge	−0.010 0	0.061 ***	−0.095 ***	−0.055 ***	1		
Mshare	0.068 ***	−0.090 ***	0.137 ***	0.046 ***	−0.207 ***	1	

注：* $p<0.1$，** $p<0.05$，*** $p<0.01$。

表8.4　共线性诊断

Variable	VIF	1/VIF
Board	1.860	0.539
Indep	1.800	0.556
Size	1.520	0.656
Lev	1.460	0.685
Mshare	1.190	0.843
Loss	1.150	0.868
Growth	1.070	0.934
FirmAge	1.070	0.936
Dual	1.060	0.942
Fratio	1.050	0.954
Inter	1.030	0.969
Top1	1.030	0.970
Mean	VIF	1.270

（六）实证结果与分析

表8.5显示了研究假设1的回归结果,对应研究设计中的模型1,被解释变量为创新投入。第(1)列中仅显示了控制变量的回归。结果显示,公司规模(Size)的系数显著为正,公司规模越大,对新产品的研发投入相对越高。此外,董事会规模(Board)与创新投入为正显著,说明在样本公司中,董事会规模越大,创新投入也会增加。第(2)列同时包含了自变量与控制变量。女性高管比例的系数为-0.382,在1%的水平上显著,表明女性高管比例越高,一定程度上抑制了公司的创新投入,与研究假设5一致。

表8.5　女性高管比例与创新投入水平

Variable	(1) INRD	(2) INRD
Size	0.693***	0.694***
	(0.026)	(0.026)
Lev	−0.111	−0.107
	(0.082)	(0.082)
Growth	0.023	0.024
	(0.017)	(0.017)
Board	0.220**	0.220**
	(0.086)	(0.086)
Loss	0.062***	0.062***
	(0.021)	(0.021)
Indep	0.142	0.156
	(0.268)	(0.267)
Dual	−0.037*	−0.036*
	(0.022)	(0.022)
Top1	0.097	0.099
	(0.175)	(0.175)
FirmAge	0.333	0.350
	(0.270)	(0.270)
Mshare	0.204*	0.197*
	(0.108)	(0.108)
Fratio		−0.385***
		(0.125)

续表

Variable	(1)	(2)
	INRD	INRD
_cons	1.163	1.144
	(0.989)	(0.988)
N	5 280.000	5 280.000
r2	0.402	0.404
r2_a	0.150	0.152
Year	Yes	Yes
Industry	Yes	Yes

注: $^{*}p<0.1$, $^{**}p<0.05$, $^{***}p<0.01$。

表8.6显示了在控制行业效应和时间效应情况下的回归结果,对应研究设计中的模型2,表8.6中的第(1)列仅为控制变量的回归结果,与表8.5第(1)列中的回归结果相同。第(2)列为加入互联网发展水平(Inter)的回归结果,结果显示,互联网发展水平与创新投入间存在显著的正相关关系,说明公司所在城市的互联网发展水平能够影响公司的创新投入,且互联网发展水平越高,公司的创新投入就会增加,假设6成立。城市互联网发展水平与创新投入水平如表8.6所示。

表8.6 城市互联网发展水平与创新投入水平

Variable	(1)	(2)
	INRD	INRD
Size	0.693 ***	0.691 ***
	(0.026)	(0.026)
Lev	−0.111	−0.106
	(0.082)	(0.082)
Growth	0.023	0.023
	(0.017)	(0.017)
Loss	0.062 ***	0.064 ***
	(0.021)	(0.021)
Indep	0.142	0.148
	(0.268)	(0.268)
Board	0.220 **	0.224 ***
	(0.086)	(0.086)

续表

Variable	(1)	(2)
	INRD	INRD
Dual	−0.037*	−0.038*
	(0.022)	(0.022)
Top1	0.097	0.086
	(0.175)	(0.175)
FirmAge	0.333	0.324
	(0.270)	(0.270)
Mshare	0.204*	0.205*
	(0.108)	(0.108)
Inter		0.354***
		(0.128)
_cons	1.163	1.070
	(0.989)	(0.989)
N	5 280.000	5 280.000
r_2	0.402	0.403
r2_a	0.150	0.151
Year	Yes	Yes
Industry	Yes	Yes

注：$*p<0.1$，$**p<0.05$，$***p<0.01$。

　　基于层级回归法，进一步验证假设，回归结果整理见表8.7。表8.7中的第（1）列验证了假设，女性高管比例对创新投入具有负向影响（$\theta_1=-0.373$，$p<0,01$），与前面的检验结果一致。表8.7中的第（2）列以互联网发展水平作为被解释变量，以女性高管比例作为解释变量进行回归，结果显示女性高管比例与城市互联网水平的系数显著为正（$\theta_2=0.059$，$p<0.01$）。第（3）列的回归结果显示，女性高管比例对创新投入负向显著（$\theta_3=0.379$，$p<0.01$），互联网发展水平与创新投入之间存在显著正相关关系，说明互联网发展水平在女性高管比例与创新投入之间具有部分中介效应，假设7通过验证。

表 8.7 互联网发展水平的中介作用

Variable	(1)	(2)	(3)
	INRD	Inter	INRD
Fratio	−0.373 ***	0.059 ***	−0.379 ***
	(0.125)	(0.017)	(0.125)
Size	0.709 ***	0.021 ***	0.701 ***
	(0.026)	(0.003)	(0.026)
Lev	−0.078	0.012	−0.071
	(0.082)	(0.011)	(0.081)
Growth	0.013	−0.007 ***	0.014
	(0.017)	(0.002)	(0.017)
Loss	0.062 ***	−0.000	0.064 ***
	(0.021)	(0.003)	(0.021)
Indep	0.161	−0.006	0.169
	(0.270)	(0.037)	(0.270)
Board	0.198 **	−0.029 **	0.204 **
	(0.087)	(0.012)	(0.087)
Dual	−0.038 *	0.003	−0.039 *
	(0.022)	(0.003)	(0.022)
Top1	0.157	−0.034	0.149
	(0.175)	(0.022)	(0.174)
FirmAge	1.671 ***	0.436 ***	1.419 ***
	(0.099)	(0.012)	(0.120)
Mshare	0.204 *	0.006	0.206 *
	(0.109)	(0.014)	(0.109)
Inter			0.451 ***
			(0.124)
_cons	−3.023 ***	−1.188 ***	−2.351 ***
	(0.572)	(0.074)	(0.600)
N	5 280.000	5 280.000	5 280.000
r_2	0.384		0.387
r2_a	0.129		0.132

注: $*p<0.1$, $**p<0.05$, $***p<0.01$。

(七)拓展分析

1. 基于地区类型分析

本章按照沈小波和陈语(2021)对各区域进行划分,把样本公司所在省区按照其地理位置划分为东部、中部、西部三个组(东部组包括北京、天津、河北、辽宁、上海、江苏、浙江、福建、山东、广东、海南;中部组包括山西、吉林、黑龙江、河南、湖北、湖南、安徽、江西;西部组包括内蒙古、重庆、四川、广西、贵州、云南、陕西、甘肃、青海、宁夏、新疆)。表8.8 第(1)、(2)、(3)列为女性高管比例对创新投入分组回归的结果,结果显示,东、中、西部地区女性高管比例对创新投入有负向影响,但东部地区与中部地区的负向影响更显著(系数分别为 -0.289, $p<0.01$),而女性高管参与比例在中部地区负向影响不显著($p>0.1$)。表8.8 中的第(4)、(5)、(6)列为城市互联网发展水平与公司创新投入分地区的回归结果,结果显示,中部地区互联网发展水平与投入创新前的促进作用更强。

表8.8 地区分组回归

Variable	(1) 东部地区	(2) 中部地区	(3) 西部地区	(4) 东部地区	(5) 中部地区	(6) 西部地区
Fratio	−0.279**	−0.468*	−0.794	—	—	—
	(0.131)	(0.274)	(0.621)			
Size	0.641***	0.546***	1.042***	0.641***	0.546***	1.032***
	(0.029)	(0.057)	(0.109)	(0.029)	(0.057)	(0.109)
Lev	0.018	−0.470**	−0.631	0.017	−0.480***	−0.650
	(0.086)	(0.185)	(0.404)	(0.086)	(0.185)	(0.406)
Growth	0.031	−0.001	0.033	0.030	0.002	0.031
	(0.019)	(0.035)	(0.062)	(0.019)	(0.035)	(0.062)
Board	0.215**	0.389**	0.278	0.221**	0.361**	0.241
	(0.092)	(0.173)	(0.464)	(0.092)	(0.172)	(0.465)
Loss	0.065***	−0.008	0.097	0.066***	−0.012	0.103
	(0.023)	(0.048)	(0.093)	(0.023)	(0.047)	(0.093)
Indep	0.121	1.020*	0.686	0.121	0.862	0.636
	(0.282)	(0.609)	(1.322)	(0.283)	(0.604)	(1.329)
Dual	0.003	0.044	−0.288***	0.003	0.036	−0.297***
	(0.023)	(0.045)	(0.098)	(0.023)	(0.045)	(0.098)

续表

Variable	(1)	(2)	(3)	(4)	(5)	(6)
	东部地区	中部地区	西部地区	东部地区	中部地区	西部地区
Top1	0.012	−0.054	−0.685	0.008	−0.034	−0.801
	(0.191)	(0.322)	(0.944)	(0.191)	(0.322)	(0.942)
FirmAge	0.686**	0.425	−0.263	0.664**	0.479	−0.416
	(0.290)	(0.619)	(1.220)	(0.290)	(0.619)	(1.217)
Mshare	0.134	0.569**	−0.184	0.142	0.572**	−0.183
	(0.115)	(0.245)	(0.501)	(0.115)	(0.245)	(0.502)
Inter	—	—	—	0.165	0.714**	0.039
				(0.142)	(0.363)	(0.557)
_cons	1.991*	4.306**	−5.733	1.959*	3.990*	−5.158
	(1.080)	(2.115)	(4.273)	(1.081)	(2.117)	(4.261)
N	3 964.000	770.000	546.000	3 964.000	770.000	546.000
r_2	0.408	0.598	0.470	0.407	0.599	0.467
r2_a	0.149	0.420	0.217	0.148	0.421	0.213
Year	Yes	Yes	Yes	Yes	Yes	Yes
Industry	Yes	Yes	Yes	Yes	Yes	Yes

注：$*p<0.1$，$**p<0.05$，$***p<0.01$。

2. 基于行业类型分析

本章对照《上市公司行业分类指引》(2012 年修订)，发现高科技上市公司行业代码涉及三个门类，这三个门类分别为制造业(C)，信息传输、软件和信息技术服务业(L)，科学研究和技术服务业(M)，因而把属于这三个门类的行业划分为高科技行业，剩余门类划分为非高科技行业。表8.9 报告了女性高管参与比例与企业创新投入分组回归的结果，第(1)行为高科技行业的回归，第(2)行为非高科技行业的回归，高科技行业中女性高管参与比例的系数为−0.232，在 10% 的显著水平下负显著，非高科技行业的女性高管比例的系数为−0.726，在 5% 的显著性水平下负显著，进一步说明了女性高管参与比例对创新投入存在抑制性，同时，进一步证明了研究假设 5 的稳定性。对照两组回归系数，高科技行业女性高管参与比例对企业创新投入的抑制效应比非高科技行业女性高管参与比例对创新投入的抑制效应更弱。这个结论与 Deze and Ross (2008) 的结论不同,他们认为"创新密集型"行业由女性担任高管的企业更有竞争优势,且企业绩效会提高,原因可能在于无论是在高科技行业还是在非高科技行业中,企业在高管的选择上更看重个人能力,并不看重性别。

表8.9　行业分组回归

Variable	(1) 高科技行业	(2) 非高科技行业
Fratio	-0.232^{*}	-0.726^{**}
	(0.130)	(0.310)
Size	0.632^{***}	0.885^{***}
	(0.028)	(0.064)
Lev	-0.035	0.072
	(0.086)	(0.203)
Growth	0.011	0.001
	(0.019)	(0.036)
Board	0.239^{***}	-0.052
	(0.086)	(0.249)
Loss	0.036	0.135^{***}
	(0.022)	(0.051)
Indep	0.278	-0.423
	(0.276)	(0.703)
Dual	-0.009	-0.016
	(0.023)	(0.052)
Top1	-0.167	0.275
	(0.175)	(0.552)
FirmAge	0.490^{*}	0.119
	(0.285)	(0.656)
Mshare	0.190^{*}	0.260
	(0.111)	(0.292)
_cons	2.000^{**}	-2.135
	(1.012)	(2.440)
N	4 034.000	1 246.000
r_2	0.413	0.359
r2_a	0.170	0.028
Year	Yes	Yes
Industry	Yes	Yes

注:$^{*}p < 0.1$,$^{**}p < 0.05$,$^{***}p < 0.01$。

三、实证二：女性高管与创新产出

（一）变量定义与测量

一般认为，专利作为新技术、新颖性、创造性的载体，在企业创新的研究中通常把公司专利数作为衡量企业创新的指标（陈宝杰，2015），因此，本章把公司专利数的自然对数（PAT）作为衡量创新产出的指标。为进一步研究女性高管与企业创新的关系，比较女性高管比例与企业创新投入、女性高管比例与创新产出（PAT）之间的异同，实证（一）中的被解释变量创新投入替换为创新产出，控制变量保持不变（公司规模、资产负债率、营业收入增长率、是否亏损、独立董事比例、董事人数、两职合一、第一大股东持股比例、公司成立年限、管理层持股比例、地区和年度）。此外，为探讨女性高管对不同类型专利的影响，本章根据 iFniD 数据库把专利类型分为发明专利、发明授权、实用新型以及外观设计四类。城市互联网水平对单个公司的影响是间接的，不能直接将女性高管比例和企业创新连接起来，进一步证明研究假设 6 的稳健性。本章把中介变量城市互联网发展水平（Inter）替换为企业数字化水平（Digi）。

（二）数据来源及样本选择

本章主要数据来自国泰安数据库（CSMAR），iFinD 金融终端，自变量的数据来源：来自国泰安数据库中的董高监个人特征数据以及董高监任职情况表。

因变量的来源：选取了 iFinD 数据库中 4 000 多家沪深上市公司的专利数据。中介变量的数据来源：（陈庆江，2021）对上市公司年报进行文本分析，对于衡量企业战略导向是一个可行的办法，某一类关键词在年度报告这类上市公司文件中出现的频率越高，企业的投入和资源也会向这一特定方面倾斜，因此在缺乏有效量化指标体系的条件下，对上市公司年报进行文本分析是刻画其数字化水平的一个现实方式，具体分为以下步骤：①通过上交所和深交所网站，提取整理样本公司 2016—2019 年的年报。②以"人工智能技术""区块链技术""云计算技术""大数据技术""数字技术应用"为关键词,在上市公司年报文本中进行相应的词频统计,作为衡量企业数字化水平(Digi)的代理指标。控制变量的数据来源:控制变量如企业规模、杠杆率、成长性、公司年龄、董事会规模等,部分直接使用国泰安中的数据,部分是对国泰安中的数据在 stata17.0 中进行计算得到。最终,通过对国泰安数据库中相关数据与公司专利表格进行横向合并,剔除金融行业,ST、*ST 或 PT 上市公司样本,以及相关数据缺失较多的企业,并对所有连续变量在 1% 和 99% 的分位数进行缩尾处理,最后得到 2016—2019 四年间共 3 646 个面板数据。

(三)模型构建

为进一步探究女性高管对创新不同环节的影响(创新投入与创新产出,创新投入为 INRD,创新产出为 PAT),本章把实证一模型 1 中的研发投入(INRD)替换为公司年度专利数的自然对数(PAT),建立模型 6,具体公式如下:

$$PAT = c_0 + c_1 Fratio + \sum Controls + \sum Industry + \sum Year + \varepsilon_6 \quad (8.6)$$

为了验证女性高管是否通过企业数字化提高创新产出,建立模型 7 如下:

$$PAT = \varphi_1 + \theta_1 Fratio + \sum Controls + \sum Industry + \sum Year + \varepsilon_1 \quad (8.7)$$

$$Digi = \varphi_2 + \theta_2 Fratio + \sum Controls + \sum Industry + \sum Year + \varepsilon_2 \quad (8.8)$$

$$PAT = \varphi_3 + \theta_3 Fratio + \theta_4 Digi + \sum Controls + \sum Industry + \sum Year + \varepsilon_3 \quad (8.9)$$

其中,Fratio 是自变量;Digi 是中介变量;PAT 是因变量;φ 是常数项;ε 表示模型的误差项;θ_1,θ_2,θ_3 和 θ_4 表示回归系数。若上述公式中的回归系数同时满足下列三个条件,则认为中介作用存在:①若式(8.7)中的回归系数 θ_1 显著,则可表明自变量 Fratio 与因变量 PAT 之间存在线性关系;②若式(8.8)中的回归系数 θ_2 显著,则可表明自变量与中介变量 PAT 之间存在线性关系;③若式(8.8)和式(8.9)中的 θ_4 显著,且 θ_3 与 θ_1 相比,数值显著变小,则意味着中介变量 Digi 有助于预测因变量 PAT。如果上述三个条件同时满足,说明 Fratio 对 PAT 的影响部分是直接的,部分是间接通过 PAT 这一中介实现的;如果 θ_3 不显著,则说明与 PAT 之间的关系存在一种完全的中介作用,即 Fratio 对 PAT 的影响全部是通过 Digi 这一中介间接实现的。

(四)样本分布、描述性统计和 Pearson 相关性分析

表8.10 列出了各变量的观测数目、均值、中位数、标准差和最小最大值。从描述性分析看,不同企业的专利产出数目存在较大的区别。此外,女性高管比例比偏低,最高比例为 0.500。表 8.11 报告了 Pearson 相关分析的结果,各变量的相关系数均在 0~0.406,粗略上看变量之前不存在多重共线问题,也不存在冗余变量。女性高管比例和互联网发展水平与公司专利显著相关,初步符合假设 5 与假设 6。但相关关系只能粗略地反映各个变量之间的关系,不能排除其他干扰项的影响,因此,本章在控制其他可能影响公司专利的因素情况下,进行严格的回归分析。此外,为了进一步证明变量之间不存在严重多重共线性问题,本书对除地区、行业和年份虚拟变量之外的变量进行方差膨胀因素检验,所有变量 VIF 均低于 5,均值(mean)为 1.240,故不存在多重共线性,见表 8.12。

表8.10 描述性分析

Variable	N	Mean	p50	SD	Min	Max
PAT	3 621	5.070	5.142	1.301	0	10.85
Fratio	3 636	0.208	0.200	0.112	0	0.500
Inter	3 636	0.440	0.402	0.192	0.134	0.985
Size	3 636	22.14	22.05	0.972	20.07	25.00
Lev	3 636	0.378	0.372	0.177	0.063 0	0.817
Growth	3 636	0.197	0.141	0.354	−0.495	1.896
Board	3 636	2.085	2.197	0.186	1.609	2.485
Top1	3 636	0.298	0.282	0.125	0.088 0	0.671
FirmAge	3 636	2.914	2.944	0.260	2.303	3.466
Mshare	3 636	0.188	0.134	0.187	0	0.681
TobinQ	3 636	2.062	1.723	1.141	0.816	11.46
ROA	3 636	0.039 0	0.042 0	0.076 0	−0.398	0.222

表 8.11　Pearson 相关分析

Variable	PAT	Fratio	Inter	Size	Lev	Growth	Board
PAT	1						
Fratio	−0.123 ***	1					
Inter	0.151 ***	0.080 ***	1				
Size	0.374 ***	−0.101 ***	0.020 0	1			
Lev	0.263 ***	−0.061 ***	0.104 ***	0.503 ***	1		
Growth	−0.040 **	0.004 00	−0.009 00	0.098 ***	0.026 0	1	
Board	0.090 ***	−0.166 ***	−0.045 ***	0.207 ***	0.107 ***	0.006 00	1
Top1	0.024 0	0.031 *	0.024 0	0.032 *	−0.004 00	−0.001 00	−0.064 ***
FirmAge	0.039 **	−0.020 0	−0.020 0	0.110 ***	0.101 ***	−0.087 ***	0.074 ***
Mshare	−0.068 ***	0.113 ***	−0.001 00	−0.244 ***	−0.208 ***	0.082 ***	−0.105 ***
TobinQ	−0.255 ***	0.077 ***	−0.069 ***	−0.406 ***	−0.313 ***	0.018 0	−0.091 ***
ROA	−0.019 0	−0.007 00	−0.063 ***	0.085 ***	−0.285 ***	0.268 ***	0.070 ***
	Top1	FirmAge	Mshare	TobinQ	ROA		
Top1	1						
FirmAge	−0.066 ***	1					
Mshare	0.017 0	−0.180 ***	1				
TobinQ	0.032 *	−0.039 **	−0.021 0	1			
ROA	0.181 ***	−0.040 **	0.093 ***	0.170 ***	1		

注：$^*p<0.1$，$^{**}p<0.05$，$^{***}p<0.01$。

表 8.12　共线性诊断

Variable	VIF	1/VIF
Size	1.760	0.568
Lev	1.620	0.619
ROA	1.380	0.722
TobinQ	1.310	0.761
Mshare	1.160	0.861
Growth	1.110	0.898
Board	1.090	0.919
Top1	1.050	0.949
Fratio	1.050	0.950
FirmAge	1.050	0.950

续表

Variable	VIF	1/VIF
Size	1.760	0.568
Inter	1.030	0.974
Mean	VIF	1.240

以下为本实证部分的检验思路:首先,检验女性高管比例对创新产出的影响。其次,检验城市互联网发展水平与企业创新产出的影响。再次,检验企业数字化水平对女性高管与创新产出之间的中介作用。最后,根据互联网水平的高低、是否为国有企业、是否为高科技企业进行分组回归。

(五)回归分析

回归分析见表8.13—表8.15。

表8.13　互联网发展水平与创新产出

Variable	(1)	(2)	(3)
	PAT	PAT	PAT
Size	0.173 ***	0.172 ***	0.174 ***
	(0.024)	(0.023)	(0.023)
Lev	−0.057	−0.059	−0.056
	(0.069)	(0.069)	(0.069)
Growth	−0.030 **	−0.030 **	−0.029 **
	(0.014)	(0.014)	(0.014)
Loss	0.042 **	0.042 **	0.041 **
	(0.018)	(0.018)	(0.018)
Indep	−0.296	−0.302	−0.99
	(0.216)	(0.216)	(0.216)
Board	−0.074	−0.075	−0.076
	(0.073)	(0.073)	(0.073)
Dual	−0.015	−0.014	−0.014
	(0.018)	(0.018)	(0.018)
Top1	−0.008	−0.007	−0.010
	(0.156)	(0.156)	(0.156)
FirmAge	0.491 **	0.503 **	0.506 **
	(0.238)	(0.238)	(0.238)

续表

Variable	(1) PAT	(2) PAT	(3) PAT
Mshare	0.228 **	0.233 **	0.227 **
	(0.092)	(0.092)	(0.092)
Fratio		0.197 *	
		(0.106)	
Inter			0.182 *
			(0.115)
_cons	−0.419	−0.478	−0.402
	(0.881)	(0.881)	(0.881)
N	3 621.000	3 621.000	3 621.000
r_2	0.547	0.547	0.547
r2_a	0.390	0.390	0.390
Year	Yes	Yes	Yes
Industry	Yes	Yes	Yes

注：$*p < 0.1$，$**p < 0.05$，$***p < 0.01$。

表 8.14　女性高管比例、创新投入与创新产出

Variable	(1) PAT	(2) RD	(3) PAT
Fratio	0.197 *	−0.278 **	0.218 **
	(0.106)	(0.141)	(0.106)
Size	0.172 ***	0.729 ***	0.117 ***
	(0.023)	(0.031)	(0.026)
Lev	−0.059	0.011	−0.060
	(0.069)	(0.092)	(0.069)
Growth	−0.030 **	0.027	−0.032 **
	(0.014)	(0.019)	(0.014)
Loss	0.042 **	0.079 ***	0.036 **
	(0.018)	(0.023)	(0.017)
Indep	−0.302	0.097	−0.309
	(0.216)	(0.287)	(0.215)
Board	−0.075	0.185 *	−0.089
	(0.073)	(0.097)	(0.072)

续表

Variable	(1)	(2)	(3)
	PAT	RD	PAT
Dual	−0.014	0.004	−0.014
	(0.018)	(0.024)	(0.018)
Top1	−0.007	0.165	−0.020
	(0.156)	(0.208)	(0.156)
FirmAge	0.503**	0.174	0.490**
	(0.238)	(0.317)	(0.237)
Mshare	0.233**	0.079	0.227**
	(0.092)	(0.123)	(0.092)
RD			0.075***
			(0.014)
_cons	−0.478	0.278	−0.499
	(0.881)	(1.171)	(0.877)
N	3 621.000	3 621.000	3 621.000
r_2	0.547	0.409	0.552
r2_a	0.390	0.204	0.396

注：$^*p < 0.1$，$^{**}p < 0.05$，$^{***}p < 0.01$。

表 8.15　女性高管比例与专利类型

Variable	(1)	(2)	(3)	(4)
	全部专利	发明专利	实用新型	外观设计
Fratio	0.197*	0.510***	0.346	0.015
	(0.106)	(0.185)	(0.241)	(0.199)
Size	0.172***	0.230***	0.043	0.081*
	(0.023)	(0.041)	(0.053)	(0.044)
Lev	−0.059	−0.010	0.091	−0.053
	(0.069)	(0.121)	(0.157)	(0.130)
Growth	−0.030**	−0.018	−0.071**	−0.024
	(0.014)	(0.025)	(0.033)	(0.027)
Loss	0.042**	0.093***	−0.022	0.021
	(0.018)	(0.031)	(0.040)	(0.033)
Indep	−0.302	−0.429	0.421	0.048
	(0.216)	(0.376)	(0.490)	(0.405)

续表

Variable	（1）全部专利	（2）发明专利	（3）实用新型	（4）外观设计
Board	−0.075	−0.066	0.096	−0.070
	(0.073)	(0.127)	(0.165)	(0.136)
Dual	−0.014	−0.009	−0.022	−0.018
	(0.018)	(0.032)	(0.041)	(0.034)
Top1	−0.007	−0.224	0.399	0.110
	(0.156)	(0.272)	(0.355)	(0.293)
FirmAge	0.503**	0.935**	0.376	0.562
	(0.238)	(0.415)	(0.540)	(0.446)
Mshare	0.233**	0.297*	0.361*	0.423**
	(0.092)	(0.161)	(0.209)	(0.173)
_cons	−0.478	−3.985***	−0.032	−2.430
	(0.881)	(1.533)	(1.998)	(1.649)
N	3 622.000	3 622.000	3 622.000	3 622.000
r_2	0.547	0.314	0.185	0.105
r2_a	0.390	0.075	−0.099	−0.206

注：$^*p < 0.1$，$^{**}p < 0.05$，$^{***}p < 0.01$。

表 8.16 为中介效应的检验结果，模型 1 中，女性高管比例与创新产出的系数为 0.397，且在 1% 的显著水平下显著，模型 2 为数字化水平对女性高管比例的回归结果，系数为 0.447，在 10% 的显著性水平下显著，中介效应成立。模型 3 中，女性高管比例的系数在控制了中介变量的情况下显著，说明了企业数字化水平发挥了部分中介的作用，女性高管参与比例的提高，可以提高企业数字化水平，并且能通过运用数字化能力促进企业创新。

表 8.16 女性高管比例、企业数字化与专利数目

Variable	（1）PAT	（2）Digi	（3）PAT
Fratio	0.397***	0.447*	0.401***
	(0.134)	(0.267)	(0.134)
Size	0.244***	0.211***	0.246***
	(0.028)	(0.056)	(0.028)

续表

Variable	（1）	（2）	（3）
	PAT	Digi	PAT
Lev	−0.116	−0.285	−0.119
	（0.091）	（0.182）	（0.091）
Growth	−0.055 ***	−0.054	−0.055 ***
	（0.018）	（0.035）	（0.018）
Loss	0.059 ***	−0.068	0.058 ***
	（0.022）	（0.044）	（0.022）
Indep	−0.110	−0.781	−0.117
	（0.281）	（0.561）	（0.281）
Board	−0.210 **	0.247	−0.208 **
	（0.092）	（0.183）	（0.092）
Dual	−0.016	0.042	−0.016
	（0.023）	（0.045）	（0.023）
Top1	0.039	−0.874 **	0.031
	（0.182）	（0.363）	（0.182）
FirmAge	3.032 ***	2.399 ***	3.054 ***
	（0.105）	（0.209）	（0.108）
Mshare	0.212 *	0.218	0.214 *
	（0.116）	（0.231）	（0.116）
Digi			−0.009
			（0.011）
_cons	−8.701 ***	−10.147 ***	−8.792 ***
	（0.621）	（1.240）	（0.632）
N	3 223.000	3 223.000	3 223.000
r_2	0.502	0.149	0.502
r2_a	0.191	−0.384	0.191
Year	Yes	Yes	
Indus	Yes	Yes	

注：$^* p < 0.1$，$^{**} p < 0.05$，$^{***} p < 0.01$。

表8.17报告了国有企业与非国有企业回归的结果，在国有企业中，女性高管比例与创新产出的系数为负并且不显著。在非国有企业中，女性高管比例与创新产出的系数为0.413，在1%的显著性水平上显著，似无相关SUR检验显示两个组别的系数差异显著。本章认为由于国有企

业与政府保持着更密切的联系,享受着国家资源和政策的最大支持,国有企业可能会牺牲自己的经营目标而追求其他非营利性目标,选聘女性管理者可能只是为了实现某种政治目的。因此,国有企业的女性管理者即使属于高管团队的一员,也很难有发挥创新能力的机会。女性高管比例与企业性质见表8.17。

表8.17　女性高管比例与企业性质

Variable	(1)	(2)
	PAT	PAT
Fratio	−0.050	0.413***
	(1.621)	(0.134)
Size	0.215	0.206***
	(0.434)	(0.029)
Lev	0.523	−0.157*
	(1.025)	(0.091)
Growth	0.531**	−0.040**
	(0.262)	(0.018)
Loss	0.405	0.043*
	(0.259)	(0.022)
Indep	0.246	−0.213
	(2.210)	(0.284)
Board	−1.204*	−0.187**
	(0.718)	(0.093)
Dual	0.043	−0.022
	(0.231)	(0.023)
Top1	−2.336	0.208
	(3.332)	(0.185)
FirmAge	1.041	0.591**
	(3.403)	(0.301)
Mshare	−1.946	0.209*
	(2.358)	(0.118)
_cons	−0.193	−1.153
	(13.971)	(1.148)
N	140.000	3 083.000
r_2	0.537	0.532
r2_a	−0.368	0.225
Year	Yes	Yes

续表

Variable	(1) PAT	(2) PAT
Indus	Yes	Yes

注：$^*p < 0.1$，$^{**}p < 0.05$，$^{***}p < 0.01$。

为检验城市互联网水平的调节作用，本章根据城市互联网水平的中位数（0.414）把城市互联网水平分为高低两组，模型 1 为城市互联网水平高组，女性高管比例系数为 0.562，在 1% 的显著性水平上显著，模型 2 为城市互联网水平低组，女性高管比例的系数为正，但不显著，似无相关 SUR 检验显示两组系数差异在 10% 水平上显著，具体见表 8.18。

表 8.18　基于互联网水平回归

Variable	(1) PAT	(2) PAT
Fratio	0.562***	0.138
	(0.183)	(0.200)
Size	0.186***	0.219***
	(0.041)	(0.047)
Lev	−0.079	−0.066
	(0.128)	(0.131)
Growth	0.026	−0.056**
	(0.023)	(0.027)
Loss	0.045	0.053
	(0.030)	(0.034)
Indep	−0.373	0.079
	(0.380)	(0.407)
Board	−0.196	−0.071
	(0.122)	(0.136)
Dual	0.020	−0.056
	(0.030)	(0.035)
Top1	−0.461	−0.058
	(0.300)	(0.265)
FirmAge	−0.142	0.850*
	(0.419)	(0.452)
Mshare	0.300*	0.202
	(0.158)	(0.171)

续表

Variable	(1)	(2)
	PAT	PAT
_cons	1.751	−2.273
	(1.556)	(1.711)
N	1 615.000	1 608.000
r₂	0.584	0.475
r2_a	0.214	0.076
Year	Yes	Yes
Indus	Yes	Yes

注:$^*p < 0.1$,$^{**}p < 0.05$,$^{***}p < 0.01$。

表8.19为高科技行业和非高科技行业的回归结果。无论是高科技行业还是非高科技行业,女性高管比例与创新产出的系数都为正,但前者的积极关系显著,后者不显著,说明高科技行业中女性更能充分发挥才能,因此得到更多关注和支持,推动创新产出。这与以往学者的观点基本一致,这可能是因为高科技行业与非高科技行业面临着不同的市场环境,高科技行业中的竞争更为激烈(刘婷,2019),让女性参与决策有助于决策的稳定性,而在非高科技行业中,采用先进技术或增加研发人员就可以降低成本,提高客户体验(薛镭 等,2011)。因此,相比非高科技企业,高科技企业中的女性高管比例增加对企业创新战略的正向影响更强。

表8.19 基于行业性质的回归

Variable	(1)	(2)
	高科技行业	非高科技行业
Fratio	0.259**	0.501
	(0.131)	(0.335)
Size	0.188***	0.185**
	(0.029)	(0.074)
Lev	−0.080	−0.091
	(0.092)	(0.234)
Growth	−0.060***	0.074*
	(0.018)	(0.044)

续表

Variable	(1) 高科技行业	(2) 非高科技行业
Loss	0.034 (0.022)	0.051 (0.056)
Indep	0.008 (0.269)	-0.142 (0.740)
Board	-0.131 (0.087)	-0.154 (0.253)
Dual	-0.009 (0.022)	-0.007 (0.058)
Top1	0.134 (0.166)	-0.340 (0.640)
FirmAge	0.844*** (0.289)	-0.188 (0.817)
Mshare	0.139 (0.113)	0.589* (0.300)
_cons	-1.586 (1.059)	0.564 (2.991)
N	2 365.000	858.000
r_2	0.577	0.467
r2_a	0.300	0.084
Year	Yes	Yes
Indus	Yes	Yes

注: $^*p < 0.1$, $^{**}p < 0.05$, $^{***}p < 0.01$。

（六）稳健性检验

本部分将从以下几个角度进行稳健性检验。①替换变量。Blau 指数用以衡量高管团队的性别多样化程度（Blau,1977），计算公式是 $1-Fratio-(1-Fratio)^2$，Blau 指数的取值区间为 $[0,0.5]$，取值越接近于 0.5，表明高管团队中的男女比例越均衡，用 Blau 指数替代女性高管比例，实证一的回归结果表明 Blau 指数与企业创新投入呈负相关关系（系数为 -0.419，在 10% 的水平上显著）。实证二中的回归结果表明 Blau 指数与企业创新产出呈正相关关系(系数为 0.700,在 5% 的水平上显著),且企业数字化水平的中介作用成立,实证假设 5、假设 7 进一步获得经验证据的支持。②改变样本范围。实证一与实证二的样本有所不同,前者包含了中国所有的上市企业,而后者的样本从沪深上市公司中获取。实证一中女性高管比例与创新投入的系数负显著(系数为 -0.385,在 1% 的水平上显著),实证二女性高管比例与创新投入的系数为负显著(系数为 -0.278,在 5% 的水平上显著),女性高管一定程度上抑制创新投入,但能够提高企业创新产出,支持实证假设 5。③变换计量模型。采用混合 OLS 对同一模型进行设定检验,结果显示,城市互联网水平对企业创新投入具有积极作用(系数为 0.445,在 1% 的显著性水平上显著),企业数字化水平更能显著提高创新产出(系数为 0.098,在 1% 的显著水平上显著,互联网水平、数字化能够促进企业创新,支持实证假设 6。综合以上稳健性分析可以认为,本书的实证估计结果是稳健的。

四、本章小结

本章对数字化、企业领导性别和创新等变量进行了实证研究,共分为两个部分:对创新投入的影响和对创新产出的影响。研究发现,女性高管对创新投入呈负面影响。这说明女性领导人偏好谨慎的决策风格。然而,女性高管对创新产出也有正面影响。这意味着女性高管虽然在创新投入方面比较谨慎,但更容易促使创新的成功。企业数字化以及所处的互联网发展环境对创新存在正向作用。在高科技行业,女性高管的证明作用体现得更充分,这意味着女性领导才能的发挥与所处的行业有较大关联。此外,女性高管参与比例的提高,可以提高企业数字化水平,并且能通过运用数字化能力促进企业创新。

第九章 性别差异与创业的相关理论

一、创业动机、行为理论综述

(一)相关概念和内涵

心理学家马斯洛将人的需求从低到高依次分为生理需求、安全需求、社交需求、尊重需求和自我实现需求五个层次。动机来源于需求,人的行为动机由自身需求决定。Vroom(1964)用函数的形式表示动机,认为动机是效价、期望、手段三者之间的乘积。Weiner(1985)提出动机是激发和维持个体进行活动,并导致该活动朝向某一目标的心理倾向或动力,是构成人类大部分行为的动力基础。人的理性行为是在动机的刺激下产生并不断被强化的。

在创业领域,创业行为的发生同样受到创业动机的影响。创业动机是激发和维持个体创业活动的内在动力,也是引导创业行为指向特定目标的个体心理过程。Bird(1989)等认为内在激励是进行创业的主要动机,如成为自己的老板、掌控未来、个人成就感等;还有很多学者认为经济利益才是创业的主要动机,如获取更高的报酬、增加自己的收入、改善生活条件等。Kuratko 等(1997)对来自美国中西部的创业者进行结构化访谈,提出了创业动机的四因素结构模型,其中包括外部报酬、独立自主、内部报酬、家庭保障。Robichaud 等(2001)把创业动机看作创业者通过经营所属的企业寻求达到的目标,创业的动机/目标决定了其行为模式。

Shane 和 Locke（2003）认为，创业动机是个体的一种意愿和自发性，会影响人们发现机会、获取资源以及开展创业活动。Baum 和 Locke（2004）认为，创业动机是创业者在追求成就的过程中，在自身内部形成的一种内部驱动力，有目标导向和自我效能感两个衡量指标。Choo 和 Wong（2006）则认为内在因素和外在因素的共同驱动才会激发个体的创业行为。动机是引起个体行动并促使行动导向某一目标的心理倾向，在内在需要和外在条件的共同驱动下，才会激发个体的创业活动。曾照英和王重鸣（2009）提出，创业动机是激发、维持、调节人们从事创业活动，引导创业活动朝向某一目标的内部心理过程或内在动机。窦大海和罗瑾琏（2011）依据马斯洛的需求层次理论将创业动机归纳为"经济需要的激励"和"社会需要的激励"。经济的需要主要是指生理和安全方面的需要，包括衣、食、住、行、疾病、安全和职业，这是人的最基本的需要。社会需要主要是指尊重和自我实现的需要，包括地位、认可、赞赏、尊重、独立、自信、成就、潜能、价值等，这类需要是在基本需要得以满足后所衍生出来的。段锦云（2012）提出，创业动机是驱动个体创业的心理倾向或动力，它是个体在环境的影响下，将自己的创业意向付诸具体行动的一种特殊心理状态。一般而言，创业者经济条件较差时经济性动机会更强，经济状况较好时创业动机变得更复杂，且社会性动机将进一步增强（罗明忠，2012）。

（二）创业动机理论综述

1. 推拉理论

Gilad 和 Levine（1986）提出了创业动机的推动理论和拉动理论。该理论认为创业动机包括推动型动机与拉动型动机，其中推动理论（push theory）强调个体创业行为的被动性与消极性，个体创业是由外在的消极不利因素推动的，如收入水平低、对当前的工作不满意、没有更好的就业选择、寻求更好的工资待遇等。这些消极因素激活了创业者的才能，而拉动理论（pull theory）则突出个体创业行为的主动性与积极性，认为创业者的创业动机是由内在积极因素产生的，如寻求独立、自我价值实现等。在这两种因素中，主要是"拉动"因素促使创业者成为创业者（Amit and

Muller,1995）。创业活动受到"拉动"因素、"推动"因素和其他影响因素的共同作用。

全球创业观察（GEM）在推拉理论的研究基础上，根据创业动机把创业活动划分为生存型创业和机会型创业，生存型创业是指那些迫于生存压力而又没有其他更好的选择方案时所进行的创业行为，其创业的目的是生计所迫或对现状不满。机会型创业多由商业机会驱动，其创业的主动性更强，创业的目的也不仅限于物质财富的回报，而是为了追求独立、自我实现或更大的发展空间等（Reynolds et al.,2005）。

2. 创业解放理论

Rindova 和 Barry（2009）从解放的视角指出个体创业的目的是摆脱权威束缚，追求自主，改变他们目前的社会地位，努力消除各种约束因素。他们认为创业过程主要包括追求自主、创作、做出声明这三大核心要素。他们认为希望获得自主是驱使个体创业的主要动力。

追求自主是解放的目标，许多创业者是想从被管束的职责中解放出来，摆脱约束。因此个体创业的动机不仅是为了追求机会，还是为了能摆脱工作环境中的约束，这种约束包括知识、心理、经济和社会等。创作是指为了维持和尽可能地推动创业过程的发展，对企业中的各种关系、职务安排和规章制度进行详细的界定，或者是创业者在创业过程中，通过吸引资金和社会资源的方式得以扩大创业的社会基础的各种活动。创作一般是创业者参与组织中的各种关系、组织结构、组织规范和规则的制订过程。做出声明是创业者对外说明创业活动的意义和产品的价值，从而尽可能多地获得各种支持，比如资金支持。声明的对象是那些关注产品的特殊观众，将修辞、演讲和倾听习惯与声明联系在一起，以引起观众的注意，因为，符号和文化资源也能影响人们对创业活动的理解和对产品的接受。

3. 简单和复杂理论模型

顾桥等（2005）在马斯洛需要层次理论的基础上提出简单和复杂两个理论模型。简单动机模型将创业者动机分为经济性动机和社会性动机两个维度。在经济性维度上，经济动机从基本生存型向发展改善型动机发展,两者之间的界限是创业者通过创业从社会获得的经济回馈低于或只达到创业者所在区域人均收入(包括经济和安全等)水平时仍然坚持创业,属于基本生存型动机;反之,属于发展改善型动机。在社会性维度上,社会性动机将从单一个体社会性动机向复杂社会性动机发展。单一个体社会性动机是指创业者主观上完全为了自己的社会性价值目标的追求,而复杂社会性创业动机是指创业者创业主观上是追求自身的社会价值目标实现,实际上创业者的创业社会溢出远大于创业者自身的社会性价值目标的满足,体现出创业者的社会责任。社会溢出是创业者对增加社会就业、促进社会经济发展、改善社会生活、影响社会创业的贡献。这种贡献实质上为创业者带来了更多的社会性需要的满足。简单型创业动机模型说明,创业者动机是循序渐进的,具有明显方向性,即从低级向高级发展。

复杂动机模型有三个维度,反映了创业者在创业过程中的生命周期、企业的生命周期与创业动机的空间关系。创业动机的发展在创业者个体发展及企业发展的影响和制约下遵循一定模式和时序。在创业者初次创业和创业企业成长初期,创业者的创业动机较为简单,经济性动机是其优势和主要的创业动机,其他的社会性动机还不强烈和明显,甚至是模糊的。这时创业者追求的主要目标是尽快取得盈亏平衡和获取经济回报。随着企业成长并盈利,创业企业也度过了高风险的初创期,创业者在基本经济需求得到满足的同时,创业经验也得到很好的积累,创业者创业动机变得更复杂,社会性需要逐步成为驱动创业者创业的力量。创业者企业实践的丰富,其综合素质和能力也得到了提升,这就为企业扩张奠定了智力基础。企业扩张从表象看是企业作为一个经济体的本质属性,但从实质上分析,是创业者(经营者)受地位、权力和成就等的社会性动机的驱使。企业发展到一定时期和一定规模后,创业企业的管理和营运都日趋成熟,企业决策方式也发生了显著变化,企业决策由早期的个体决策为主逐步转化为更多依赖集体决策,团队创业使得创业动机变得更复杂,但此时创业动机就如同企业战略一样清晰和明确。创业者每一次的创业实践可能仍然受经济性动机的驱使,但此时社会性创业动机较初次创业变得更明晰和强烈。创业者创业次数越多,创业动机就越向高级发展。

(三)创业行为理论综述

1. 创业行为

创业活动本身具有高不确定性和高风险性,对创业者的资源、能力等均有一定的要求。创业本质上是在市场上发现机会并利用机会的过程。Cooper 和 Dunkelberg(1986)根据创业动机是否为经济利益驱动,将创业者分为艺术型创业者和管理型创业者。艺术型创业者受到个人挑战或生活方式需求的强烈驱动。管理型创业者受到经济利益驱动或为家庭做贡献。Chaganti 等人(1995)则将创业动机分为四类:①个人挑战;②为家族做贡献;③经济需求;④生活方式需求。Amit 和 Muller(1995)则从动机的角度将创业行为划分为推动型创业和拉动型创业。推动型创业是创业者对现状不满,并受到一些非创业者特征因素的推动而从事的创业。拉动型创业是创业者受个人特质的影响和商业机会本身的吸引而产生的创业行为。

2001 年,GEM 报告在推动型创业和拉动型创业的基础上,提出了生存型创业和机会型创业的概念。Roynolds(2002)在 GEM 报告中指出,生存型创业是指由于缺乏更好的就业选择或对其他就业选择不满意而被动地从事创业活动,主要受类似于对当前工作薪资和时间不满意、就业困难等"推动"因素影响。生存型创业活动在日常生活中普遍存在,以行业进入壁垒低、社会资源依赖性低、经营风险低、顾客需求多样、规模经济不突出等为主要特征。这种创业类型既可以帮助创业者解决生存困境,实现自我雇用,也可以提高创业者的社会参与度。机会型创业则是个体为了追求更多自主性、自我实现等非物质回报,主动识别和利用机会而开展的创业活动,机会型创业不仅能够创造就业岗位,还能推动社会经济发展。与生存型创业相比,机会型创业不仅具有更好的成长性,而且在提高就业水平、促进经济发展等宏观方面的影响更大,机会型创业率的提高可以在一定程度上反映出创业的升级(Shane,2009;郑馨、周先波,2017)。

2. 计划行为理论

美国心理学家 Ajzen(1991)研究发现个体行为并不完全出于自愿,而是受多种因素的控制,由此提出了计划行为理论(theory of planned behavior,TPB)用于解释人的行为,认为所有可能影响行为的因素都是通过意向来间接影响行为的。计划行为理论包括行为态度(attitude)、主观规范(subjective norm)、知觉行为控制(perceived behavior control)、行为意向(behavior intention)和实际行为(behavior)5 个基本要素。

其中,行为态度指个人对行为所产生的可能后果及对个人的影响所进行的评价,包括正面评价或负面评价;主观规范指个人感知到社会群体以及他人对个体执行某一行为的看法,是对社会规范的主观认知;知觉行为控制来自 Bandura 的自我效能理论,指个人对执行某一行为难易程度的主观认知;行为意向指个人对采取行动的意愿。计划行为理论以期望价值理论为出发点,解释个体行为一般决策过程(段文婷,2008)。态度体现了个体内部因素,主观规范体现了外部环境的影响,知觉行为控制则是个体对自身完成某一行为的能力感知,主要观点有:①在实际控制条件充分的情况下,个体实际行为受到行为意向的决定作用;②准确的知觉行为控制反映了实际控制条件的情况,因此可作为实际控制条件的替代测量指标,预测实际行为的发生;③行为意向受到行为态度、主观规范、知觉行为控制的共同作用;④行为态度、主观规范、知觉行为控制分别受到对应信念的影响。

二、创业中的性别差异

(一)创业性别差异的表现形式

女性创业活动有助于提高女性的社会地位(Datta and Gailey,2012),减少失业(Bosse and Taylor,2012),并提高整体社会生活质量。尽管女性创业活动在世界各地具有重要的经济和社会意义,但女性创业参与度、创业动机和创业类型均与男性有所区别。全球创业观察(2018)调查显示,女性参与早期创业的比例为 10.54%,不到男性的 3/4;在 49 个经济体中,只有 3 个国家(马达加斯加、印度尼西亚和巴拿马)的女性创业率高于男性。此外,各国女性企业家与男性企业家的比例存在差异,多数国家差异较大。比如黎巴嫩、土耳其、苏丹和埃及,这一比例低于50%;而在其他国家,如西班牙、卡塔尔和泰国等,在创业方面没有明显的性别差异(GEM,2018)。

在创业动机方面,创业往往成为女性缺乏合适就业机会时的被动选择。在劳动力市场上,女性处于明显的弱势地位,她们普遍受教育水平偏低、缺乏工作经验、需要照顾家庭、生育等因素中断职业发展,这使她们往往难以找到合适的受雇机会(Coleman and Robb,2012)。因此,学者们发现多数女性是被外部推力因素推入(push)创业活动中的,如遭受工作歧视、需要改善家庭经济状况等。GEM 2012年的研究报告也证实了这种观点,女性创业更多是受需求所驱动,创业活动更多是自我雇用型和生存型创业,在发展中国家和贫困地区的女性创业中这种情况更明显(Strier,2010)。女性参与创业活动的背景和自身条件使她们在创业活动中也处于不利地位。

我国创业者的性别结构同样不均衡,女性创业者比例虽然从2002年的10.3%上升到2015年的25%,但是女性创业比例仍然低于男性创业者比例(Langowitz et al., 2015)。既往研究从两个角度解释了创业活动会出现性别差异的原因。一是从女性个体特征角度解释较低的创业率,包括心理因素、人口学特征、创业动机、创业能力等。女性因具有较低的风险偏好、竞争意识、人力资本和社会资本而在创业活动中处于弱势地位。二是从社会文化规范、政策制度和女性传统性别角色解释创业率的差异。比如,当前多数国家传统文化都将女性的家庭责任置于社会责任之上,导致女性成为工作和创业的次等选择(Gupta et al., 2009)。受上述文化规范的影响,创业以男性创业者为标榜,逐渐形成了"男性化"规范。这种对性别角色的传统男性规范性期望,导致女性难以建立成功的创业者形象,并容易陷入融资困难等境地,最终限制女性创业者的进入和发展(Bruce,1999)。

（二）创业性别差异产生的原因

1. 人力资本与性别差异

人力资本，如教育、经验、态度和信念等，是一个新生企业家开办企业所需的关键资源（Becker，1964；Brush et al.，2001）。研究表明，人力资本与新企业的启动、生存和绩效呈正相关（Cooper and Gimeno-Gascon，1992；Millan et al.，2014）。Klyver 和 Schenkel（2013）利用 41 个国家的创业板数据，研究了人力资本诸多代表变量，发现以正规教育、先前创业经验和能力感知形式的自我效能感衡量的人力资本与新生创业呈正相关。

虽然过往研究基本认同人力资本对创业行为的促进作用，但男性创业者与女性创业者人力资本的差异对创业行为的促进作用不尽相同。Hallward-Driemeier（2013）研究表明，发展中国家的女性创业者通常受教育程度较低，相关工作经验较少，在专业网络中的参与度低于男性同行。由于女性企业家受教育程度较低，在技术领域的专业化程度有限，她们往往比男性拥有更少的技术技能，这阻碍了她们进入高附加值行业或提高现有企业的生产率，进而出现企业规模小、盈利能力弱等问题（Campos et al.，2014）。另外，对于自己的创业技能女性也往往不如男性那样自信，这会加剧现有技能短缺的影响。因此，在人力资本方面，女性创业者的劣势导致其对创业行为的促进作用并不如男性创业者表现明显。

2. 社会资本与性别差异

创业的成功不仅取决于企业家的技能和知识，还取决于与之相关的社会网络，即社会资本。社会资本理论认为（Granovetter，1985；Coleman，1988），企业家可以依赖社会网络和关系获得创业支持（Bhagavatula et al.，2010）。一方面，创业相关社会资本所产生的信任和关系氛围有助于企业家获得资源和专业知识；另一方面，也有助于克服创业不确定性和复杂性，给予创业者信心。尤其是在企业初创阶段，由于创新性弱和合法性不足，新创企业缺乏市场信用和声誉，创业者难以在公开市场获取资源或交易成本较高，因此主要依赖关系网络获取创业资源、降低创业活动的不确定性和风险（Estrin et al.，2013）。

受文化价值观和社会角色的影响,女性占有的社会资本有限,有限的社会资本成为她们获取就业机会和参与创业活动的重要约束条件。传统社会文化往往贬抑女性的个人成就,宣扬女性服从男性、服务家庭的价值观念,对女性角色定位也以家庭为中心,这使女性的社会地位和参与经济活动的程度都低于男性(Swartz, 2012),难以有效扩大社会网络。女性社会网络的结构特点决定了多数女性的社会网络更多的是以家庭为基础的强关系网络,相比于一般的关系网络,强关系网络内部成员的信息更多冗余,无法为创业活动提供更多有效的指导(Emirbayer and Goodwin, 1994),女性的社会资本远少于男性(Brush, 2006)。

3. 风险偏好与性别差异

创业是高风险不确定性的活动,当个体厌恶风险时,会产生对未知的恐惧情绪,害怕失败。根据情绪认知评价理论,情绪是个体对外部环境特定事件的适应性反应,相应地,创业失败恐惧指创业者感知失败带来的潜在或实际威胁产生的负面情绪状态(Li, 2011;Welpe et al., 2011)。具体而言,实际或预期的环境变化会对创业者完成目标的能力构成威胁,并使创业者对失败威胁可能产生的厌恶性后果进行认知评估,如与失败相关的羞耻和尴尬、贬低自我价值、前途未卜、失去社会影响力以及令重要他人感到失望(Conroy,2001),进而产生与失败恐惧相关的消极情绪。多数实证研究表明对失败的恐惧感会阻止其从事创业活动(Cacciotti and Hayton, 2015)。Hessels 等(2011)从失败所带来的后果入手进行分析,认为失败恐惧是当个人预期无法达到某种成就时所产生的一种消极心理体验。人们害怕的并不是失败本身,而是失败带来的经济和心理等方面的损失。创业失败带来的羞愧和尴尬情绪越强烈,规避失败的动机也就越强烈,创建新企业也就变得越谨慎(Shepherd and Haynie, 2011)。

创业失败恐惧的形成和强弱与个体差异有关,性别便是其中之一(郝喜玲等,2020)。Wagner(2007)用创业失败恐惧解释男女创业活动数量差异问题,实证结果表明,相对于男性创业者,女性创业者表现出更高的失败恐惧,从而降低了其对机会前景的评估,减少了创业活动数量。类似地,Koellinger 等(2013)利用 17 个国家的数据进一步证实女性创业失败恐惧程度更高。虽然创业失败恐惧的性别差异得到部分数据的验证,但女性是否比男性更容易对失败产生恐惧仍存在争议（Langowitz and Minniti，2007）。一方面，大部分实证研究基于 GEM 数据，采用单一"是否"题目测量创业失败恐惧；另一方面将其视为衡量风险的指标，忽略了创业失败恐惧的多维特征。因此，失败恐惧的心理感知是否会因性别不同而产生差异还有待检验。

4. 社会规范（角色）与性别差异

由于男女在社会和家庭的角色分工以及女性的自我定位不同，女性在是否创业、怎样创业以及如何退出等问题上具有一定的独特性（Shelton，2006）。比如，女性的家庭责任会影响其管理企业的效率。因此，在进行新企业融资时，女性创业者往往在信用评级上处于劣势，进而导致该群体遇到创业融资的困难（Hisrich and Brush，1984）；再比如，受传统文化和社会角色的影响，中国女性强调婚姻家庭为主要目标，以"贤妻良母"为外在形象，创业这一彰显自我实现和事业成就的活动与女性传统的社会角色期望并不相符（Powell and Eddleston，2013），女性创业者因此遇到很大阻力。

另外，即便女性创业者取得较好的业绩，她们也不像男性那样经常作为成功的创业者角色而存在。创业活动存在"男性传统"和"性别偏见"现象（Ahl and Marlow，2012），因而更难向外界传递合法性信号（Murphy et al.，2007），导致外界对其所创企业的可行性、竞争力及潜在价值存有怀疑（Busenitz et al.，2014）。女性的家庭角色与其创业者身份相背离，而且女性创业者经常被贴上如下标签：较少的创业资源（Aidis et al.，2007）、较差的创业资格和能力、经营更为保守（Cliff，1998）、企业规模较小、绩效较差等。因此，社会缺乏对成功女性企业家的正确认识，女性面临比男性创业者更大的困难与挑战。

三、性别差异、互联网与创业

（一）互联网与创业行为

互联网是数字技术发展的产物，具有极强的技术性和渗透性。互联网信息技术影响着传统产品、服务和商业模式,有效促进了创业创新,并在此基础上提高了机会型创业率(Teece,2009)。创新带来了创业机会,是机会型创业的重要特征(Eckhardt and Shane,2003)。创业机会不仅是产品、服务或商业模式的创新,也是现有产品、服务或商业模式进入新的细分市场。互联网的普及和发展在降低信息不对称、提高信息充分性的同时,也提升了信息搜集与机会识别的效率(胡贝贝等,2015)。创业者通过互联网能够更快速地获取信息和识别机会,从而更加高效地发现新的细分市场,有利于机会型创业率的提高(吴挺、王重鸣,2016)。数字经济下的互联网创业是把大数据技术、通信技术、互联网媒体、智能制造和人工智能等数字技术融入创业机会和新商业模式而出现。自2020年以来,以网上办公、互联网教育、网购、直播授课、远程诊疗、云端旅游、网上娱乐和直播带货等为代表的数字经济形式发展强劲,推动消费和销售不断从线下转移到线上。互联网创业活动蓬勃发展,通信技术、大数据、区块链、云计算、物联网等数字技术持续革新,也对互联网创业方式进行不断的优化和创新。

我国数字经济下互联网创业正呈现出以下发展趋势:一是多数量多层次多样化的互联网创业主体涌现。二是数字经济下互联网创业生态系统逐步完善并形成良性循环。互联网企业、互联网平台、互联网金融机构、风险投资机构和创业孵化机构等为互联网创新创业提供了创新开发、创意落地、创业孵化、人才培育、平台支撑和投资融资等较为完备的成长生态。三是互联网创业政策制度体系不断完善。成本低廉的数字资源是互联网创业者的核心创业要素,互联网汇聚了各领域海量的人才、市场、管理、科技、金融和社会资本等各类资源,互联网创业者利用、整合这些资源,最大限度地发挥其效用,形成自身的核心竞争力。互联网各大平台有着先天的营销优势,如利用搜索引擎热度排名、微博文章和话题吸引流量,通过电子邮箱、虚拟社群论坛、直播短视频等平台开展营销活动。互联网具有跨地域、跨时间、平台化、共享化、多元化等特征,创业者利用互联网创业将极大地降低创业成本,促进创业活动的发展。

(二)互联网背景下的创业性别差异

互联网等高新技术的快速发展极大地促进了我国经济社会的高速发

展,进一步推动了社会经济结构转型升级。人们的生产和生活发生了巨大的变化,不再满足于基本的衣食住行,对生活品质、服务质量、精神需求等提出了更高的要求,推动消费市场不断提质增效。2020 年,我国服务业生产总值占比达到 54.5% ,同时消费逐渐开始成为我国经济增长的重要动力。随着家庭消费的不断升级,女性受教育程度和经济收入明显增加,女性在消费中的主导地位愈发突出。2022 年《中国妇女报》报道,目前我国超过七成的家庭消费决策由女性主导,移动互联网消费人群中女性占比达 57.6% ,而在消费市场增量中,80% 来自女性收入的增长。借助互联网平台,消费市场蓬勃发展,为女性提供了大量的就业和创业机会。在互联网、医院、零售服务等领域,女性创业活动开始不断增加,社群电商平台、直播带货、网红经济等商业模式应运而生。2022 年《中国妇女报》报道,我国目前主要电商平台女性创业者占比 40% 以上。

互联网的快速发展也降低了女性创业进入壁垒:一是互联网平台的发展催生了许多新兴领域的快速发展,为女性创业者提供了大量的创业机会。美妆护肤品、服装、母婴、知识付费等行业,借助直播带货、小红书营销、社群电商等互联网商业模式蓬勃发展,吸引了更多的潜在女性创业者开展机会型创业,推动女性需求型创业向机会型创业转变。二是互联网所具有的跨地域、跨时间、平台化、多元化等特征,能够为女性提供灵活的工作时间,使一部分居家育儿的女性也能灵活创业。三是创业信息透明化、创业成本降低。女性创业者能通过互联网更多了解与行业相关的信息以及消费者真实需求,为消费者提供定制化服务,进行小而精的创业活动,减少初期创业成本。四是能够借助更多的创新创业教育、培训等课程了解学习、创业政策和创业知识,同时通过参加各种线上创新创业比赛拓宽获取创业社会资本的渠道。五是利用互联网媒体能够对更多的成功女性创业者事例进行广泛宣传,形成示范效应,激励更多女性独立自主开展创业活动,同时在一定程度上扭转传统观念中女性应以家庭为中心的刻板印象。

四、本章小结

通过对创业动机、创业行为以及互联网背景下创业性别差异进行梳理可知:第一,创业动机是驱动创业者开展创业活动的心理倾向,根据创业动机可将创业行为划分为生存型创业和机会型创业。生存型创业更多的是出于生活所迫或对现状不满,而机会型创业多是由创业机会驱动,追求自我满足和自我实现等非物质回报,机会型创业具有更好的成长性,能够提供更多的就业岗位。创业活动能够增加个体收入,提高社会地位。在创业活动过程中,由于女性创业者和男性创业者在人力资本、社会资本、风险偏好以及社会规范等存在一定的差异,因此女性创业者在知识和技能水平、社会网络资源以及心理资本等方面存在劣势,以需求型创业为主;并且受到传统社会观念的影响,其所开展的创业活动社会认可度不高,开展创业活动时面临着更大的挑战。

第二,互联网的快速发展催生了以在线教育、直播带货、社群电商等为主的新兴行业,为创业者提供了更多的创业机会。创业者能借助互联网平台快速地获取更多有关行业数据和创业优惠政策,通过利用互联网平台提供的免费资源和教育培训课程,进一步学习创业活动相关知识,能提高互联网创业知识技能,并降低创业成本。通过互联网创新创业在线平台将人才、市场、管理、技术等资源进行整合,创造新型商业模式,能够吸引更多的金融投资。创业者能通过形成"博主""网红"等多元化标签,吸引广泛的粉丝群体,创业者和消费者进行直接的沟通,能够了解市场需求,提供定制化产品和服务。利用新媒体平台进行广泛宣传,能够有效地提高产品和服务的知名度。利用互联网技术构建在线创业者社群,能够和更多的创业者进行沟通交流,进一步拓宽创业社会资源。同时,互联网具有跨地域、跨时间、灵活性等特征,女性创业者能进行灵活性工作,缓解家庭和工作冲突,为更多的女性创业者开展创业活动提供了机会。

第十章 性别差异与创业的实证分析

一、问题提出

积极持续的创业活动不仅是一个国家和地区经济增长的关键驱动力,也有助于改变社会传统认知、推动社会进步。国际劳工组织(International Labour Organization,ILO)发布的《世界就业和社会展望:2021 年趋势》指出[①],在新冠疫情全球肆虐的背景下,创业有助于改善劳动力市场危机,促进就业增长。然而,创业同样是具有高不确定性和高风险的活动,初次失败率极高。有关数据显示,中国青年初创失败率高达 90%,大学生创业失败率更是高达 95%[②]。GEM 2019 年中国地区数据显示,在已识别创业机会的群体(18~64 岁)中,有 44.65% 的人会因害怕失败而不敢创业。毕竟与预期收益相比,人们更加关注失败对其造成的损失,进而推迟开展创业活动。因此,过往研究认为创业失败恐惧是制约创业活动开展的关键因素。

然而,上述推断通常简单地将传统的雇员工作和自雇创业看作两个互斥的选项。随着技术进步与零工经济(gig economy)的兴起,这一假设并不完全符合现实。许多从事全职雇员的劳动者能以兼职的方式参与其

---

① 《世界就业和社会展望:2021 年趋势》报告。
② 2015 年,国务院印发《关于大力推进大众创业 万众创新若干政策措施的意见》以及中国青年创业国际计划、IT 桔子等机构的调查。

他工作,雇用方式从单一逐渐变得多元。已有研究表明,兼职创业(hybrid entrepreneurship)是创业活动中重要且不断增长的组成部分。Folta 等(2010)认为与全职创业(full-time entrepreneurship)带来的预期收益相比,人们更关注创业成本及失败可能对其造成的损失,因此,相当一部分人选择兼职创业以减少失败风险。由此可知,创业决策一分为二的观点并没有真实反映失败恐惧对个体创业决策过程的影响,现实却是全职创业与兼职创业在风险性、转换成本以及创业存活等方面存在显著差异。当创业者选择不同的创业形式时,失败恐惧对其作用效果可能存在差异。另外,既往研究认为环境因素和个体特征均会影响他们对创业失败的感知,继而影响创业选择。例如,Noguera 等(2013)认为,女性具有较强的风险规避意识,对失败恐惧的感知程度要高于男性,从而可能会减少其创业活动的开展。然而上述研究均以理论建构居多,尚需通过实证研究加以探索。

综上所述,创业者失败恐惧的心理感知是否影响以及如何影响其创业选择决策(兼职创业与全职创业),还需通过实证加以探索。失败和恐惧的约束机制以及边界条件是否对创业选择产生影响也尚待实证结果检验。因此,针对现有文献的上述局限,本章重点探讨失败恐惧对其创业选择的影响,同时考察个体特征异质性对其失败恐惧主效应的作用差异。本章采用 GEM 2015—2017 中国区的创业调研数据进行实证研究,以实物期权理论和个体特征差异相关文献为基础,检验其理论假设。以此期望明确失败恐惧对其创业选择的影响机制,同时揭示不同群体下的失败恐惧作用差异,进而推动失败恐惧与创业决策研究并启发创业实践。

二、研究假设

(一)实物期权理论

实物期权理论是在风险和不确定情境下的个人投资框架,为不确定风险决策提供了重要的理论参考。该理论允许决策者在做出更重要的承诺之前收集信息和增强自身能力,从而减少投资的不确定性。"期权"通常是指以小的初始投资为后期更大的投资创造机会,如果其产生的信息看起来是有利或不利的,那么投资者再做出后续承诺或停止作出决定。

既往研究认为,实物期权理论可以很好地解释个体在风险和不确定情境下的创业选择,特别是兼职创业的出现。Folta 等(2010)认为,兼职创业类似于真正的投资行为,出现了许多兼职创业者最终转变成全职创业者的现象。这表明兼职创业通常被用作在投入全职创业之前"测试创业水域"的一种手段。O'Brien 等(2003)认为,当遇到较高的转化成本和不确定性时,个体通过保持原有期权推迟创业进入。同样兼职创业者也不必进入全职创业(完全自雇),因为与全职创业者相比,此时放弃创业会产生更少的沉没成本。因此,以小的初始投资为后期投资创造机会——实物期权理论具有解释创业进入与创业结果的能力。一方面,降低失败风险可以吸引人们从事创业活动;另一方面,考虑到兼职创业可以带来学习收益,通过他雇→兼职→全职(自雇)的创业方式要比他雇→全职(自雇)产生更好的创业结果。然而,由于强调投资风险以及不确定性的影响,实物期权理论是建立在风险中性和无偏好决策者假设之上的。因此,我们有必要将个体特征和决策偏好纳入实物期权理论,以探讨失败恐惧对个体创业决策的影响。在本章中,我们使用影响风险和不确定性感知的性别、年龄以及社会资本等个体特征结合实物期权理论预测个体的创业选择。

(二)失败恐惧与创业进入

既往研究表明失败恐惧对个人认知和行为的影响既有益也有害。尽管存在这种双重性,但大量研究均将恐惧视为创业行为的唯一障碍。人们害怕的并不是失败本身,而是失败带来的经济和心理等方面的损失。本章将创业者的失败恐惧定义为人们对当前创业情境进行综合评估后,由于预测到创业失败将会造成的经济和心理方面的损失,所产生的一种相对稳定的心理规避倾向。Shinnar 等(2012)在对中国、美国以及韩国的比较研究中发现,失败恐惧会对创业意愿产生负面影响,阻碍人们创业进入。创业失败带来的羞愧、尴尬情绪越强烈,规避失败的动机也就越强烈,创建新企业也就变得越谨慎。

另外,随着高新技术发展以及社会分工愈加明确,创业形式也呈现多元化。理论和实证研究表明,兼职创业与全职创业在面临的风险性、不确定性、转换成本和创业存活率等方面均有所区别。因此,当创业者选择不同的创业形式时,失败恐惧对其作用效果可能存在差异。创业活动需要一定的资源和时间投入,创业者在全职创业的过程中,面临着极大的风险和不确定性。一旦失败,创业者不仅在经济成本上遭受巨大损失,也会使创业信心受挫、重要的人对其失望等。创业者在经济和心理上预期的失败结果,将会大大阻碍其从事全职创业活动。兼职创业通常是指在拥有一份稳定工作的同时开展的创业活动。创业者首先通过兼职的方式投入较小的资本和时间到创业活动中,然后熟悉创业流程和相关信息并积累经验能力,检验自身是否适合创业,从而有效减少创业的不确定性和风险。由于存在一份稳定的收入进行"兜底",兼职创业者即使创业失败,其失败恐惧程度也远不及全职创业者,因此,兼职创业行为会得到大幅度提升。基于上述认识,本章提出以下假设:

假设 8a:与兼职创业相比,创业者失败恐惧的心理感知会阻碍其从事全职创业。

假设 8b:与全职创业相比,创业者失败恐惧的心理感知会促使其从事兼职创业。

(三)性别异质与失败恐惧

既有研究表明,女性创业在参与度、动机以及创业类型选择上均明显区别于男性。2016 年,GEM 行业研究数据指出:在尝试开展新业务作为自己职业的群体中,女性占比 42.23%,男性占比 57.77%。这反映出女性的创业预期低于男性,其参与创业活动会受制于多方面因素。首先,女性具有较强的风险规避和损失规避倾向,对失败恐惧的感知程度要高于男性,促使其选择兼职创业甚至不从事创业活动。其次,虽然实现创业在一定程度上会提高家庭经济收入以及社会地位,然而一旦创业失败,女性创业者往往会感受到多于男性创业者的指责、不理解。因此,对于女性而言,将大部分精力和资源投入存在高风险事业的想法会受到抑制,创业压力和失败造成的心理、经济成本损失会阻碍女性从事全职创业活动。最后,在人们的刻板印象中,创业是一项男性化事业,创业活动需要投入一定的时间和精力,特别是全职创业会加剧女性的工作—家庭冲突。相比之下,较小投入的兼职创业活动可能会使多数女性实现兼顾家庭需要和寻求额外收入的目标。性别异质在一定程度上影响了创业者面对不同创业形式的失败恐惧程度,继而影响其创业选择。基于上述认识,本章提出以下假设:

假设9a:相对于男性而言,女性更容易受到失败恐惧对其全职创业的抑制作用。

假设9b:相对于男性而言,女性更容易受到失败恐惧对其兼职创业的促进作用。

(四)社会资本与失败恐惧

社会资本作为支持创业活动的资源池,不仅能够帮助创业者识别创业机会,也能帮助创业者聚集和动员资源,增强创业信心并为创业活动提供保障。首先,由于新创企业存在新生弱性(liability of newness)、小而弱性(liability of smallness)以及合法性不足等问题,创业者难以在公开市场获取资源或交易成本较高。因此,初期创业者主要依赖关系网络获取创业资源,从而降低创业活动的不确定性、风险性以及创业者的失败恐惧感知,促进创业的实现。其次,创业者通过熟人创业等社会网络能够及时了解创业活动中存在的机会和挑战,并通过创业网络互相学习,了解不同的市场信息和资源,从而增强创业者创业信心,减少创业失败恐惧带来的消极影响。最后,由于创业者的主观偏好、职业特征、工作经历以及家庭背景存在差异,其社会资本构成存在着异质性,继而影响其所能摄取的知识和信息的数量与质量。社会资本水平越高的创业者所接触到的机会信息数量也就越多,质量也越高,对创业未知的恐惧也会下降并促进其从事

创业活动。基于上述分析,本章提出以下假设:

假设 10a:相对于低社会资本的创业者而言,具有高社会资本的创业者会削弱失败恐惧对全职创业的抑制作用。

假设 10b:相对于低社会资本的创业者而言,具有高社会资本的创业者会加强失败恐惧对兼职创业的促进作用。

本章的研究假设模型如图 10.1 所示。该模型的基本假设是个体失败恐惧的心理感知,是影响其创业决策的重要原因,一方面,其深层机制在于失败恐惧影响有意愿的创业者是否实践创业;另一方面,全职创业和兼职创业在风险性、不确定性上存在显著差异。但失败恐惧对创业决策的作用会受到社会资本和性别异质的影响。具体而言,女性群体会加大失败恐惧对其创业选择的上述作用(假设 9a、假设 9b);而高社会资本会削弱失败恐惧对全职创业的抑制作用,加强失败恐惧对兼职创业的促进作用(假设 10a、假设 10b)。特别地,为了详尽分析失败恐惧对创业选择的上述作用,本章以性别异质、社会资本水平高低为基准做分样本回归。其优势在于不仅可以明确不同群体下失败恐惧的作用差异(系数差异检验),还可以了解每个群体下失败恐惧对创业选择的作用效果。

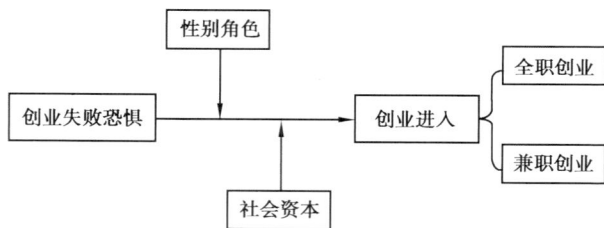

图 10.1 研究假设模型

三、研究设计

(一)样本选取与数据来源

本章主要分析创业选择决策问题,着重探讨个体失败恐惧感知对创

业决策的影响。因此,本章使用 GEM 2015—2017 报告的中国地区创业
活动数据。GEM 调查数据不仅涵盖了创业者个人层面(创业动机、创业
意愿以及人口学特征等)数据,也包括了社会大众对于创业活动的看法
(创业者的社会地位、媒体宣传强度等),是国内外学者在创业领域最常
用的数据来源。

为了消除异常值可能对本章实证结果造成的影响,本章剔除了年龄
大于 64 岁的群体,这也符合 GEM 对失败恐惧这一变量的条件设定,即要
求受访者的年龄为 18 ~ 64 岁,具备开展一项新业务基本的行为能力①。
另外,本章也将部分变量缺失的数据剔除,最终获得 2015 年、2016 年及
2017 年有效样本量共 7 992 个数据项。表 10.1 为样本描述性统计。由
于本章所用数据样本容量较大,为了检验受访者样本分布情况是否合理,
决定以国家统计局发布的第七次全国人口普查相关数据进行对比(具体
数据略)。对比结果显示,在人口学特征(性别、年龄以及受教育程度)方
面,本章样本数据分布状况与目前我国人口总体分布状况基本一致,减少
了样本分布不合理对本研究实证结果带来的影响。

表 10.1　样本描述性统计

类　　别	均　　值	分布状况		
性别	0.52	男性		女性
		51.54%		48.46%
年龄	39.50	18 ~ 35 岁	35 ~ 50 岁	50 ~ 64 岁
		41.73%	35.5%	22.77%
教育程度	3.12	义务教育阶段	专科	本科及以上
		63.38%	21.75%	14.22%

注:GEM 的教育程度划分标准与我国划分标准存在差异,本章将按照我国教育程度划分标
　　准对其重新归类。

---

① GEM 调查数据报告涉及的企业家行为和态度指标来源于成人人口调查(APS),旨在收集有
　关受访者创业活动、态度和愿望的详细信息。

（二）变量测量与定义

1. 被解释变量

1）创业进入

Aldrich 等（2005）认为初期创业者应满足以下 3 个特征。①参与创业活动不少于 12 个月。②个人拥有部分或全部的创业项目所有权。③过去三个月内无现金流短缺。由于 GEM 调查报告没有涉及创业者现金流的相关信息，因此，本章借鉴既有研究来定义初期创业者，即创业活动已经持续 12 个月以上，且个人拥有部分或全部的项目所有权来衡量个体是否参与创业活动。符合条件赋值为 1，不符合条件赋值为 0。

2）全职创业和兼职创业

Folta 等（2010）认为两种创业方式最明显的区别在于兼职创业者在开展新业务的同时，还承担着其他有薪工作。因此，在识别创业进入群体之后，以"是否承担其他有薪工作"区分全职创业者与兼职创业者两类群体。

2. 解释变量

Cacciotti 等（2016）认为，创业者的失败恐惧涉及感知失败经历风险及其后果。因此对其测量主要通过"创业失败是否会阻碍创立企业"这一条目实现，国内外诸多研究已经采用。本章采取 GEM 调查项"是否担心创业失败从而阻碍创业"作为失败恐惧的衡量指标，存在"失败恐惧"赋值为 1，否则为 0。

3. 控制变量

1）社会资本

以往研究大多从社会网络、信任度以及社会参与衡量个体的社会资本水平。本章借鉴刘鹏程等（2013）的做法，采用 GEM 调查项"您是否认识过去两年内创业的创业者"作为个体社会网络的衡量指标，以此间接衡量社会资本。另外，本章根据李新春等（2017）的研究，以调查项

"个人收入水平"，即"您的个人收入位于社会哪一层次？最高33%，中间33%，最低33%"作为另一代理测量指标。个体及其家庭的经济地位受其社会资本影响，社会资本量与其收入水平存在明显的正相关。而在将两个测量指标合成总体指标时采用累计赋值法。首先，将"是否认识两年内创业的创业者"赋值为1，0；其次，将个人收入水平低、中、高三个层次依次赋值为1，2，3；最后，将两个调查项的赋值加总求和，以此衡量创业者的社会资本水平。特别地，本章将社会资本水平"1—2""3—4"分别定义为低社会资本和高社会资本，以此检验假设10a与假设10b。

2）社会文化环境

Henrich 和 Joseph（2015）认为创业制度环境分为规制、规范以及认知三个维度，其中规范维度主要包括国家的价值观、社会文化等方面。借鉴已有研究，采用职业偏好、社会地位及媒体宣传三个指标加总求和测量社会文化环境。累计数值越大，说明社会大众对创业的态度是积极的，开展一项新业务是人们理想的职业选择。

另外，参考以往研究对可能影响创业者失败恐惧的其他因素进行控制。既有研究将创业者性别（男性="1"，女性="0"）、年龄、受教育程度以及工作年限等个人特征作为控制变量。本章考虑到数据变量的可获取性，主要选取创业者性别、年龄、受教育程度以及社会文化环境作为控制变量。

4. 模型构建

既往研究表明，实证研究的多值决策研究通常采用逻辑回归模型，即 Logit 或 Probit 回归模型。基于研究假设，本章构建以下 Logit 待检验模型：

$$\mathrm{Logit}(\mathrm{Ent\_choice}_\alpha) = \beta_0 + \beta_1\,\mathrm{Failure}_i + \beta_2\,\mathrm{Gender}_i + \beta_3\,\mathrm{EDU}_i + \beta_4\,\mathrm{Age}_i +$$
$$\beta_5\,\mathrm{Scapital}_i + \beta_6\,\mathrm{Sculture}_i$$

β_0 为常数项，X_i 为自变量，β_p 是自变量对应的偏回归系数，i 为样本编号。

其中：Ent_choice$_\alpha$ 表示创业选择（$\alpha=1$ 时，为创业进入；$\alpha=2$ 时，为全职创业；$\alpha=3$ 时，为兼职创业）；Failure 表示个体是否害怕创业失败；性别（Gender）、教育程度（EDU）、社会资本（Scapital）以及社会文化环境（Sculture）等为类别变量；年龄（Age）为连续变量；β_1—β_6 为各自变量对应的偏回归系数。

四、实证分析

（一）描述性统计与相关性分析

各变量均值、标准差及其相关系数如表 10.2 所示。从表 10.2 可以看出，创业进入、全职创业和兼职创业均与社会资本、社会文化环境存在显著正相关，与创业者的年龄存在显著负相关；失败恐惧与创业进入和全职创业无显著相关关系，而兼职创业存在显著正相关（$r=0.41$，$p<0.01$），这与假设 8b 预期相符；性别与失败恐惧存在显著负相关（$r=-0.038$，$p<0.01$），这与假设 9a 预期相符；社会资本与失败恐惧存在负相关（$r=0.021$，$p<0.1$），这与假设 10a、假如 10b 预期相符。初步结果表明，本章变量选取和研究假设存在一定合理性，为进一步验证变量间关系提供了基础。

（二）假设检验

本章主要采用 Stata16.0 软件进行实行分析。思路如下：首先，检验了创业者失败恐惧与其创业选择之间的关系；其次，进一步探究不同群体下失败恐惧对其创业选择的作用差异。具体而言，依次检验了性别、个体社会资本水平差异（高社会资本、低社会资本）下的失败恐惧对其创业决策之间的影响差异。实证结果如表 10.3、表 10.4 所示。

表 10.2　变量描述性统计和相关系数

变　量	均　值	标准差	1	2	3	4	5	6	7	8	9
1. 创业进入	0.149	0.356	1.000								
2. 全职创业	0.136	0.343	0.094***	1.000							
3. 兼职创业	0.072	0.258	0.132***	0.380***	1.000						
4. 失败恐惧	0.390	0.488	0.003	-0.002	0.041***	1.000					
5. 年龄	39.499	12.431	-0.073***	-0.059***	-0.026**	0.050***	1.000				
6. 性别	0.515	0.500	0.041*	0.043***	0.050***	-0.038***	-0.007	1.000			
7. 教育程度	3.116	1.194	0.147***	0.063***	0.081***	-0.002	-0.374***	0.046***	1.000		
8. 社会资本	2.597	1.037	0.240***	0.259***	0.175***	0.021*	-0.087***	0.053***	0.348***	1.000	
9. 社会文化	2.203	0.916	0.117***	0.127***	0.091***	0.133***	-0.047***	-0.001	0.053***	0.138***	1.000

注：$*p<0.1$，$**p<0.05$，$***p<0.01$。

表 10.3　失败恐惧与创业抉择关系及其边际效应

自变量	模型 1——创业进入		模型 2——全职创业		模型 3——兼职创业	
	回归系数	边际效应	回归系数	边际效应	回归系数	边际效应
失败恐惧	-0.023 (-0.34)	-0.002	-0.057 (-0.81)	-0.006	0.164* (1.81)	0.010
教育程度	0.009 (0.28)	0.001	-0.024 (-0.72)	-0.002	0.145*** (3.36)	0.009
性别	0.208*** (3.12)	0.024	0.157** (2.28)	0.017	0.334*** (3.69)	0.021
年龄	-0.012*** (-4.05)	-0.001	-0.012*** (-4.07)	-0.001	-0.001 (-0.31)	-0.000
社会资本	0.806*** (20.45)	0.093	0.818*** (19.95)	0.088	0.739*** (13.54)	0.046
社会文化	0.366*** (8.44)	0.042	0.375*** (8.29)	0.040	0.476*** (7.46)	0.030
常数项	-4.606*** (-20.63)		-4.610*** (-19.93)		-6.568*** (-20.42)	
chi2	734.05***		679.15***		414.71***	
Pseudo R^2	0.109		0.107		0.100	
No. Obs	7 992		7 992		7 992	

注：$^*P<0.1$，$^{**}P<0.05$，$^{***}P<0.01$，括号内为 Z 值。

表 10.4　不同群体下的失败恐惧与创业抉择关系

变量	全职创业				兼职创业			
	男性	女性	高社会资本	低社会资本	男性	女性	高社会资本	低社会资本
创业失败 恐惧	-0.168* (-1.75)	0.076 (0.73)	-0.094 (-1.19)	0.084 (0.58)	0.065 (0.55)	0.310** (2.18)	0.252** (2.50)	-0.191 (-0.95)
教育程度	-0.099** (-2.25)	0.076 (1.52)	0.036 (1.00)	0.098 (1.49)	0.057 (1.04)	0.280*** (4.04)	0.228*** (4.77)	0.165* (1.87)

续表

变量	全职创业				兼职创业			
	男性	女性	高社会资本	低社会资本	男性	女性	高社会资本	低社会资本
年龄	-0.015 ***	-0.008 *	-0.007 **	-0.016 ***	-0.002	0.001	0.008 *	-0.020 **
	(-3.64)	(-1.79)	(-2.10)	(-2.61)	(-0.30)	(0.08)	(1.74)	(-2.44)
社会文化	0.445 ***	0.293 ***	0.368 ***	0.492 ***	0.434 ***	0.548 ***	0.452 ***	0.662 ***
	(7.22)	(4.38)	(7.23)	(5.40)	(5.41)	(5.20)	(6.34)	(4.89)
性别			0.156 **	0.289 **			0.376 ***	0.342 *
			(2.02)	(2.02)			(3.67)	(-7.88)
社会资本	0.822 ***	0.815 ***			0.768 ***	0.707 ***		
	(14.75)	(13.41)			(10.75)	(8.37)		
常数项	-4.254 ***	-4.945 ***	-2.154 ***	-3.740 ***	-5.861 ***	-7.259 ***	-4.654 ***	-4.801 ***
	(-14.10)	(-13.82)	(-8.66)	(-8.67)	(-14.71)	(-13.56)	(-13.50)	(-7.88)
chi2	381.32 ***	297.05 ***	72.11 ***	54.89 ***	221.48 ***	179.47 ***	94.86 ***	49.35 ***
Pseudo R²	0.110	0.104	0.017	0.034	0.092	0.105	0.032	0.049
No. Obs	4 119	3 873	4 351	3 641	4 119	3 873	4 351	3 641

注：$*P<0.1$，$**P<0.05$，$***P<0.01$，括号内为 Z 值。

为检验假设 8a、假设 8b，如表 10.3 所示的模型 1、模型 2 和模型 3 分别以创业进入、全职创业以及兼职创业为因变量，验证自变量失败恐惧对创业选择的具体影响。结果表明，失败恐惧对个体是否从事创业活动并无显著影响（$\beta=-0.023$，$P>0.1$）；将创业活动进一步细分后，创业失败恐惧对全职创业的阻碍作用并不成立（$\beta=-0.057$，$P>0.1$），假设 8a 未得到支持；失败恐惧对兼职创业活动则存在促进作用（$\beta=0.164$，$P<0.1$），假设 8b 得到支持。另外，表 10.3 的数据结果也表明无论对何种创业选择而言，性别、社会资本和社会文化环境均对其起到促进作用。以创业进入为例，当控制其他影响因素时，男性参与创业活动的概率是女性的 1.23 倍；个体社会资本水平和社会文化环境每提升 1 个单位，参与创业活动的概率就分别增加 9.30%、4.21%。

表 10.4 显示了不同群体下失败恐惧对其创业选择的作用差异结果。

从全职创业来看,男性群体下的失败恐惧对其产生阻碍作用($\beta=-0.168$,$P<0.1$),而女性群体下的失败恐惧对其无显著影响($\beta=0.076$,$P>0.1$),假设 9a 未得到支持。笔者认为,原因在于中国男性普遍存在"好面子"、自尊心强等特质,一旦失败便会产生强烈的耻辱感,进而导致男性群体下的失败恐惧对全职创业的阻碍作用大于女性群体。高社会资本群体和低社会资本群体下的失败恐惧对全职创业均无显著影响($\beta=-0.094$,$P>0.1$;$\beta=0.084$,$P>0.1$),假设 10a 未得到支持。可见,不论个体的社会资本水平高低与否,失败恐惧的心理感知均不会对全职创业行为产生阻碍作用。

从兼职创业来看,男性群体下的失败恐惧对其无显著影响($\beta=0.065$,$P>0.1$),而女性群体下的失败恐惧对其产生显著的促进作用($\beta=0.310$,$P<0.05$),且大于全样本下的作用强度($0.310>0.164$),假设 9b 得到支持;高社会资本群体的失败恐惧对其产生显著的促进作用($\beta=0.252$,$P<0.05$),且大于全样本下的作用强度($0.252>0.164$),而低社会资本群体的失败恐惧对其无显著影响($\beta=-0.191$,$P>0.1$),假设 10b 得到支持。

五、本章小结

(一)研究结论与理论贡献

本章基于 GEM 2015—2017 年中国地区报告数据,以实物期权理论和个体差异相关文献为理论基础,揭示了个体创业失败恐惧对其创业选择的影响机制。研究结论表明:个体失败恐惧不会阻碍其参与全职创业行为,反而对兼职创业行为具有促进作用;失败恐惧受性别异质和个体社会资本水平影响,女性以及高社会资本群体均会加强失败恐惧对其兼职创业的促进作用。我们认为原因有以下两方面:一方面,基于情绪认知评价理论的创业研究认为失败恐惧作为风险厌恶的重要表现形式,其对创业选择决策的影响具有暂时性;另一方面,个体从事风险行为(如开展创业)的态度会受到其收益或损失的关联强度影响。

本章的研究对中国创业管理活动具有积极的实践启示。第一,在中国推动实现"大众创业，万众创新"的国家发展战略背景下，创业主体已由精英创业拓展到大众创业，应积极鼓励、引导创业方式多元化。第二，要建立创业容错机制、塑造宽容的社会文化氛围。社会舆论应对那些务实进取、敢为人先的试错精神持包容、谅解态度，并培育和鼓励"成功的失败"文化。第三，进行创业网络联结、构建高质量社会资本。政府或相关机构应完善政策宣传机制、加大"创业榜样"的宣传力度并搭建创业学习交流平台、众创空间等软硬设施，促进创业实现。

第十一章　动态视角下创新创业的性别差异

一、问题提出

本书前十章主要使用截面数据分析了创新创业、新技术接受、价值观等领域存在的性别差异，属于静态视角的研究。2014年以来，创新创业受到越来越多的关注，有关部委文件数超过200件，而地方性文件数量则多达600件[①]。在政策的驱动下，2014—2018年，我国新增众创空间近7000个、服务型企业近17万家[②]。得益于政策的支持，大学生、失业人员、农转非人员、青年农民工以及退役军人等都面临的就业问题得到了缓解，经济发展水平也稳步提升（张车伟，2020；李丽，2020；陈建伟和赖德胜，2019；王震，2020）。根据相关理论，个人行为往往受到社会环境的影响。一方面，社会环境中的价值观导向影响个人的价值观，而社会环境中的政策或正式制度则直接影响了个人行为取向。因此，在我国创新创业政策密集出台的背景下，不同群体对创新创业机会的认知也会有较大差异，故有必要采用动态视角，以双创政策出台生效为节点，进行对比研究。

以往对双创政策的探讨多以文本分析为主，缺少实证证据（林飞龙和陈传波，2019；黄鲁成 等，2018）。本章认为双重目的之一是使广泛的社会群体以丰富的形式参与创业活动。与受雇于人不同，创业行为常常伴

---

① 数据来源：双创政策解读平台。
② 数据来源：中国产业信息网。

随着较高的风险,故许多人将其排除在职业生涯选项之外(Callanan and Zimmerman,2016)。一些研究也指出,在我国,处于特定社会阶层的人群更容易选择创业①。钱颖一(2015)指出:"双创过程中政府不宜直接介入企业经营,但要为创业创新营造一个适宜的生态系统。"②早期研究关注个体特征因素,而近期学者也越来越重视创业生态系统的作用③,毕竟个体层面的性格、人格等特征是很难受政策干预的。一个创业友好的环境能够为个人提供各类要素支持,从而强化其进入创业的信心和动力。因此,若"双创"政策取得一定效果,个体应当感知到创业环境有明显改善,且这种改善应当能够明显刺激个体的创业意愿,并促进其创业行为。通过探索双创前后创业系统各要素对创业行为的影响,为后续政策调整提供依据。

进行"双创"政策前后的对比分析还有助于厘清各变量的相对重要性。影响创新创业意愿的因素十分复杂:在 CNKI 进行检索时,至少能够整理出 20~30 个显著变量。但目前绝大多数研究只聚焦个别变量,这使人们只能看到变量的显著性而无法了解其稳定性④。例如一般学者均认为女性风险偏好较低,因此对创新创业行为更为排斥。如果这些因素确实能通过直接或间接的方式影响创业意愿,则应当作为控制变量进入模型。在一般的回归模型分析中,重要控制变量是否加入会影响其他相关

---

① 一些研究证实了包括大五人格、调节焦点、成就需求和风险偏好等性格和心理特征与创业行为的关系(张云亮 等,2020;姜诗尧 等,2019;Kerr et al.,2018)。但从宏观数据看,创业行为还是多见于中低阶层,因为他们在正规就业市场上并不占优势。这也是为什么一些研究发现我国农村地区家庭财富和社会资源与创业行为正相关,但在城市地区关联度则不高(琚琼,2020;Sun 等,2019)。我国传统文化中按士、农、工、商划分不同民众阶层。尽管"四民"之说最初并没有进行排序,但封建统治者出于经济和政治需要大多抑制商业发展,将从商者归为"四民"中的"贱籍"。事实上,尽管商人缴纳的赋税更多,但真实财产并不容易核算;且商人流动性强,不像农民依附于土地。抑商思想在商鞅变法时期就已开始盛行。受传统文化的影响,我国大多数创业父母并不希望子女继续创业道路(Yueh,2009)。

② 资料来源:中国青年网新闻,2015 年 3 月 11 日。

③ 例如葛晶 等(2018)发现金融环境对高学历人才的创业意愿有正面影响,杨学儒(2019)等强调文化要素的重要性,贺小刚 等(2019)则研究了法制环境缺失和腐败行为对创业的负面作用。

④ 实证类研究目前似乎只有王亚欣 等(2020)对影响农民工创业的 20 多个因素进行了系统梳理,并根据效用大小进行了分级。

变量的显著性甚至系数的正负。因此,关于创业意愿的研究应当考虑建立研究范式,识别出最本质的要素并建立基准模型[①]。此外,创业意愿只是创业行为的预测指标,最终是否能转化为创业行为还存在争议。本章在探索创业意愿影响因素的同时还将分析其与创业行为的关联,最终为更好地开展创业服务提供理论支持。

综上所述,本章将利用2011—2017年全球创业观察数据,聚焦全职创业和兼职创业两种形式,探索"双创"政策出台前后,女性对创新创业认知的演变趋势。与全职创业相比,兼职创业风险低、成本少、存活率高(孙秀娟 等,2014)且还有可能向全职创业转化(Raffiee and Feng,2014;Block and Landgraf,2014;Solesvik,2017)。此外,考虑到许多创业者依赖非正式融资渠道突破资金瓶颈(Leydend et al.,2014;Sun et al.,2019),本章将"为创业者提供资金"作为间接参与创业行为。其基本结构如下:基于创业生态系统理论,梳理出环境影响创业意愿和行为的机制。在实证阶段则验证"双创"政策实施之后这些机制是否发挥出应有的作用,并进行因果效应分解,最后给出结论和建议。

二、文献综述与研究假设

(一)创业生态系统理论

创业生态系统是特定区域内以促进创业活动为目标的一系列行动主体进行良性互动形成的群落(Cohen,2006)。根据相关理论,适宜的创业

[①] 根据李子奈和齐良书(2010)的研究,计量经济学应用研究的目的之一在于找到最优变量集,可依靠从"复杂到简单"和从"简单到复杂"两种技术路线。前者基于基础模型逐步添加变量,后者则是在建模时尽可能地多纳入变量,再剔除不显著的并优化模型。显然,当前创业意愿的研究并未能从纷繁复杂的变量中归纳基准模型,只依据研究主题搭配不同变量。此外,许多研究只关注显著性,并未对比系数大小,使得相关结论更容易受到质疑。事实上,在其他领域的实证研究中,根据基准模型进行拓展已成为一种惯例。例如区域创新和经济发展的实证研究离不开知识生产函数模型,因为包含了 R&D 投入、技术溢出以及人力资本等最核心要素。诚然,还有许多研究使用结构方程模型进行分析,由于采用协方差矩阵估计参数无须特别关注控制变量,但又会产生新的问题,例如并没有进行多时间、多地点的重复采样研究以得到稳定的结果。

环境往往包含多个主体和多层要素①。Cohen(2006)认为创业生态系统应包含非正式网络、正式网络、大学、政府、支撑服务、资金服务、人才库七个要素,Isenberg(2011)则将其归纳为金融、政策、文化、支撑要素、人力资本和市场六个维度。Spigel(2017)则将其整合为文化维度、社会维度和物质维度三个层次。沙德春和孙佳星(2020)基于此方法分析了我国创业生态系统的演变。综上所述,创业生态系统应当至少包括以下七个相对独立的要素,具体如图11.1所示。其中人力资本要素为创业活动提供智力支持;市场要素则包含对市场环境的规范;金融要素为创业者提供融资渠道;网络要素促进了信息的流通和市场信任的培育;政策要素移除创业的制度阻碍;文化要素促使创业成为职业生涯规划的常规选项,鼓励创新和冒险;支撑要素则包括一系列基础性的设施,为创业活动提供各类保障。

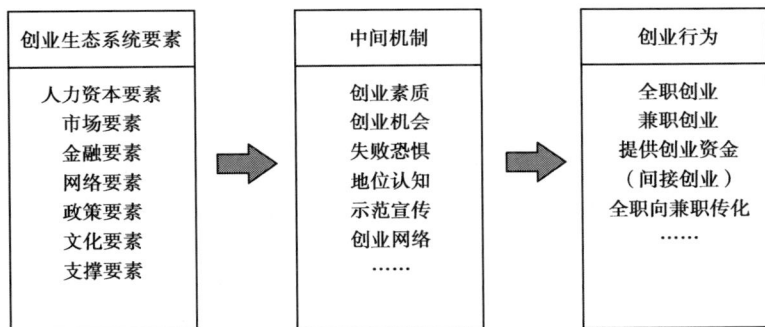

创业生态系统要素	中间机制	创业行为
人力资本要素 市场要素 金融要素 网络要素 政策要素 文化要素 支撑要素	创业素质 创业机会 失败恐惧 地位认知 示范宣传 创业网络 ……	全职创业 兼职创业 提供创业资金 (间接创业) 全职向兼职传化 ……

图 11.1　创业生态系统与创业行为机制图

(二)创业生态系统对创业影响机制

从作用机制上看,创业生态系统能否切实影响个体创业决策取决于供需匹配程度,即环境给予创业者的支持是否符合创业者的需要(徐德英和韩伯棠,2015)。周翼翔(2020)因而指出"创业政策供给与创业需求"

---

① 创业生态系统的提法始于20世纪90年代。Moore(1993)认为产业的变革和转型往往来自不同商业生态系统间的竞争,而非单个企业的竞争。2000年以后,生态系统概念被越来越多地引入创业领域。尽管定义多种多样,但学者普遍认为创业生态系统强调多个主体之间的良性互动(Isenberg,2011;Gauthier,2017)。

的匹配程度是影响创业者行为的关键因素之一。

以图 11.1 为例，公开透明的市场要素有利于创业者获取更多关于顾客、技术和市场的信息，为识别创业机会提供了可能（Spigel，2017；Shelton and Minniti，2018）。诚然，能否准确利用这些机会存在较大个体差异。一些警觉性高的个体对市场需求异常敏感，总能发现机会并察觉其商业价值。但机会并不总能被创造，个人特征需要与外部机会相匹配才能转化为创业活动（张爱丽，2009）①。以高等院校和教育机构为载体的人力资本要素则能为创业者提供必要的技能、知识和领导才能（Raagmaa and Keerberg，2017）并实现技术成果的转化（Kenney and Patton，2011）。创业技能和素质能显著增强个体在创业活动中的自信心，提高其对复杂环境的适应能力，最终使个体具备较高水平的创业效能感（尹苗苗，2019）。一些实证研究也发现，对创业者进行技能和知识的培训与教育，能显著提升其创业意愿（Ijsselstein，2010；向辉和雷家骕，2014）。

天使投资、风险投资等金融要素能够帮助创业者摆脱资金约束（Stam，2015），这减少了创业者对经济损失的担忧。Shepherd（2003）使用"二分法"测量创业失败成本，即财务成本和非财务成本。许多创业者通过银行借贷或亲友筹集的方式获得创业资金。一旦创业失败，将威胁后续基本生活能力，也会给创业者带来羞愧和内疚等心理负担（郝喜玲等，2020）。尽管失败恐惧对创业活动有着极大的抑制作用（张秀娥，2018），但可以通过制度进行调节。例如政府发布的扶持政策，又如无息贷款或融资平台等往往能在一定程度上减轻创业失败恐惧，促进创业活动（李雪灵，2014）②。

文化要素对创业活动的影响首先在于是否提高社会对创业者地位的认同，这直接影响个体是否将创业作为常规就业形式而非万不得已的选

---

① 现有研究一般将创业机会分为发现型和创造型。发现型机会的影响因素先验知识、反事实思维、社会资源、认知偏差等，而创造型机会则可能诞生于多个主体进行共同利益协调的过程。然而发现型机会和创造型机会并不是相互排斥的，现实中两者常常相互转化（蔡莉 等，2018）。

② 学者发现不同群体对失败恐惧的感知存在差异。例如年轻创业者渴望实现自我价值，更在乎失败后自我价值的否定（张凯竣和雷家骕，2012；丁桂凤 等，2016）。家庭妇女在创业时则更看重经济维度上的损失（郝喜玲 等，2020）

择（Spigel，2015）。Mueller 和 Thomas（2001）指出个体创业者的动力来源于负向激励（如对现状的不满或存在经济压力等）和正向激励（对社会地位或个人成就的追求）两类。对许多创业者而言，经济上的成功并不是唯一动力，他们可能更希望获得社会的认同。而创业者社会地位在不同国家则因文化或制度差异存在明显区别。例如，欧洲对创业者的认同远不如美国，企业家或商人被认为是自私自大的。创业者们需要付出额外的努力获取道德的合法性，自豪感对创业行为的推动作用因而受到了削弱（Montero et al.，2018）。即便在欧洲，也存在较大性别差异。经济状况较为稳定的德国，其创业上的表现反而处于欧盟末尾（Kalden et al.，2017）。

创业网络要素能够让个体有机会接触其他创业者，树立模范效应（Wyrwich et al.，2016）。创业的榜样作用能使这些待创业者更加了解创业活动的价值和意义，从而强化其自身创业动机（Kacperczyk，2013；Schmutzler，et al.，2018）。另外，创业网络还兼具工具性和情感性的双重功效；前者促进信息和资源的分享（Kwon et al.，2013）；后者提供情感上的鼓励和支持。创业的过程充满艰辛和挑战，而社会网络也具备缓解精神压力、促进心理健康的作用（Waverijnet al.，2017）①。

（三）双创政策与创业生态系统

创业生态系统的演进可以分为初始和成熟两个阶段。假设某人拥有一项"新的想法"或"创意"并能产生社会或经济价值，此时他可以通过创业来实现这一想法，但也可以把该"创意"卖给现有企业。由于创业面临较大风险和不确定性，个体只有在确信回报大于付出（经济或非经济成本）时才会考虑创业（Foss and Klein，2012）。因此，当政府开始鼓励创业时，新创企业数量有明显增加；而成功创业者往往能够找到那些被现有企

---

① 关于创业网络研究还存在一个争议，即是否需要将互动性考虑在内。有学者认为如果没有和社会网络中的创业者进行频繁互动，则无法达到传递有价值信息、改变个人价值观的作用（Eesley and Wang，2017）。一些研究也常常以"互动频率"作为区别不同社交网络类型的关键指标（Xiong et al.，2019）。但另一些学者则认为在创业网络中互动性并不重要。那些有同事创业的个体更容易进入创业，即使他们与这些同事并没有维持较亲密的朋友关系（Nanda and Sorensen，2010）。

业或组织忽略的市场机会。此外,开始出现一些周边组织(如大学、孵化器平台)为个体更好地探索创业机会提供帮助和便利(Canter, et al.,2021)。创业者和创业者之间开始形成一定的社会网络,互相分享经验。成功的创业者常常被作为榜样进行宣传(Harima et al.,2020)。在这一阶段,创业知识、创业网络以及对创业机会的识别是促进个体创业的主导因素。

但随着创业环境的不断优化,出现大量的风投资本家,顾问机构、法律机构、孵化器机构和教育机构等围绕创新创业持续提供支持。获得金融资本的限制越来越少,人力资本也变得更具创业导向。成功企业家的榜样效应在扩大,导致群体行为效应(Canter, et al.,2021)。更重要的是,创业文化在逐步形成。全球化视野和风险性行为受到越来越多的重视,创业者的社会地位也在不断提升(Harima et al.,2020)。个体创业行为的动因越来越多源自个人价值的实现,而非经济利益的考量,创业也将越来越走向平民化(Lehmann and Seitz, 2017)。因此,当创业环境逐渐变得成熟时,对创业者社会地位的认可以及创业榜样的示范宣传对创业意愿/行为的作用在逐渐增大①。

从历史演进上看,我国改革开放以来的创业政策大致分为五个阶段②。早期鼓励创业的目的主要在于活跃市场经济,鼓励中小企业发展;而后期则是为了应对严峻的宏观经济环境,希望通过创业解决就业问题,促进经济结构转型。因此,相较之前,"双创"政策更强调普惠性和低门槛性,希望创业能成为大众共识(林飞龙和陈传波,2019)。从传播方式上看,微博、微信公众号、论坛等社交媒体成了政策宣传工具,使"双创"政策得到群众的广泛关注(黄鲁成 等,2018)。学者指出,"双创"政策中人才培养、税费减免和金融支持等是主要的供给型政策工具;而健全法律

---

① 创业生态系统经历了初始阶段和增长阶段后,可能像其他经济周期一样走向下降并重启,但也可能进入一个良性自循环阶段(Cantner, 2021;Harima et al.,2020)。鉴于观点的冲突,本章不对后面阶段展开过多讨论。

② 根据林飞龙和陈传波的研究,我国创业政策的五个阶段为:1978—1986,其背景是为了重塑农民与土地的关系;1986—1995,其背景是为了实现向市场经济的转变;1995—2001,其背景深化改革开放,扩大非公有制规模;2001—2010,其背景是解决失业问题;2010至今,其背景是为了经济发展找寻新引擎。

法规是主要环境型政策工具(王宏起 等,2018;陈伟 等,2020)。然而,增强市场稳定性、减少市场管制的需求型政策相对缺失(杨婷,2020)。从政策类型上看,我国的双创政策属于典型的推动型,即通过优化环境和降低税费减少新创企业投入成本。而美国的政策多为拉动型,通过鼓励技术转移放大新创企业的产出预期(李政 等,2018)。

图 11.2 所示为在政策变迁下,创新创业倾向变化的理论机制。由于各要素都存在变化,在知觉控制、主观态度、行为规范上都与之前有所区别,进而影响了最终的创业倾向。因此,基于计划行为理论可知,创新创业政策的变迁是能够带来创新创业倾向改变的。

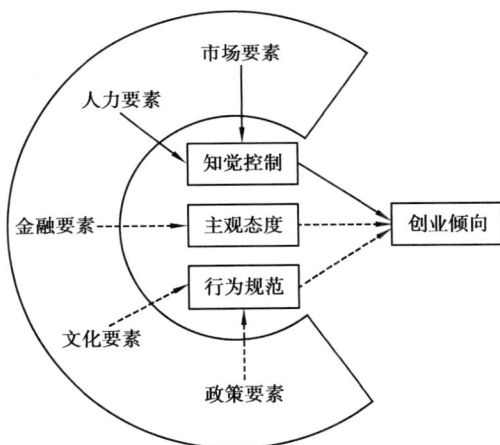

图 11.2　政策变迁与创新创业倾向

(四)研究假设

"双创"政策为创业生态系统中各要素的效用带来如下改变。首先,是否具备创业素质、是否识别创业机会与创业效能感相关,这是促进创业行为的最主要因素之一(Newman et al. , 2019)。创业网络对个体创业意愿的作用主要集中于两点:①提供创业相关的指导和帮助(情感或物质);②创业能够成为追求职业生涯成功的可取路径之一。Wyrwich 等(2015)发现外部环境能够明显增强或削弱创业网络的促进作用,在对创业认可度较低的德国东部,创业网络的促进作用明显要弱于对创业认可度较高的德国西部。Timmons 的创业三要素理论同样凸显了这三个要素的作用。因此,上述三个要素是促进创业行为的核心变量,在"双创"前后都应当呈现正显著的状态。

假设 11a:创业素质、创业机会、创业网络对创业意愿/行为存在促进作用。

假设 11b:该促进作用在"双创"前后同样显著。

得益于新媒体的广泛传播,文化要素的作用可能得到显著增强。媒体对成功企业家的宣传以及对创业者地位的肯定能显著影响个体创业行为。在欠发达地区,非正式借贷作为正式金融工具的替代十分普遍(Guiso et al. ,2004)。创业项目的民间借贷可能主要源于集体之间相互帮助的传统或规则,因而更容易产生于小型社区内部(Ngoasong and Kimbu, 2016)。然而,在"双创"的热潮下,因为对创业项目的肯定而给予资金支持的情况可能也会变得更普遍,而不再只是因为强关系的约束,不得不提供资金帮助。因此,地位认知和示范宣传两个变量将能正向影响创业行为。

假设 12a:地位认知和示范宣传对创业意愿/行为存在促进作用。

假设 12b:该促进作用"双创"之后变得更加显著。

由于创业活动的高风险性和高不确定性刺激了消极情绪的产生,以往一些研究认为,失败恐惧对创业行为存在抑制作用(Conroy et al. , 2002;Shinnar et al. 2012)。但"双创"之后各类补贴和支持政策的逐步普及,创业者对创业失败的经济负担和心理负担都会有所减弱,失败恐惧对全职创业的负面影响可能不再显著。此外,失败恐惧对兼职创业的正面促进作用会得到进一步彰显。与全职创业相比,兼职创业面临的风险和不确定性都较低(孙秀娟 等,2014)。那些对创业有渴望但又害怕失败的个体将更容易把兼职创业作为一种"尝试",并在适当情境下转化为全职创业(Raffiee and Feng, 2014)①。此外,由于出借人不是创业活动的主要承担者,失败恐惧对间接创业行为应当不存在明显影响。综上所述,

---

① 并非所有的兼职创业者都会转化为全职创业,创业激情和自我实现的需求可能是主要影响要素。对很多人而言,即便兼职阶段取得了较大的经济成功也未必会转化为全职(Thorgen et al. , 2014;Block and Landgraf, 2014)。

"双创"之后失败恐惧应当能够促进兼职创业和间接创业行为。

假设13a：失败恐惧对全职创业存在抑制作用，对兼职创业和间接创业存在促进作用。

假设13b：失败恐惧的作用在双创之后更加显著。

三、数据描述及变量说明

本书综合 GEM2012—2017 年的数据，其中 2015—2017 年的数据可视为"双创"之后，2012—2014 年的数据视为"双创"之前。2014 年"大众创业"首次被提出，但在 2015 年才被写进政府工作报告，加上时滞性因素，政策的发力可能也在 2015 年之后，故以 2015 年为区分标准。

如表 11.1 所示，自 2014 年起有兼职创业意愿和全职创业意愿的人数比例均高于政策发布的前两年，但在 2017 年开始回落。这说明政策发布当年存在刺激效果，但持续性可能不强。双创政策对间接创业行为的刺激可能最为显著，2015—2016 年有 11%～12% 的样本为其他创业者提供过资金支持，远高于"双创"之前。尽管在 2017 年开始回落，但仍然显著高于 2012—2014 年。

表 11.1　各年度创业意愿人数比例

时间	全职创业意愿/%	兼职创业意愿/%	间接创业/%
2012 年	13.01	6.01	2.00
2013 年	17.65	7.51	2.00
2014 年	24.77	12.68	3.00
2015 年	21.82	9.81	11.00
2016 年	22.63	11.62	12.00
2017 年	18.19	8.29	7.18

表 11.2 展示了个体对创业生态系统各要素的感知程度。2012—2016 每年均有 70% 左右的样本认为在媒体上经常可以看到关于成功企业的故事（宣传示范）。"双创"之后，超过 70% 的受访者认为创业者具有较高的社会地位，且受人尊敬（地位认知），该数据稍高于"双创"之前，说

明对创业者的社会认可度在逐步提升。2015—2017 年,认为在未来半年内存在较好的创业机会(创业机会)的人数每年有一定增长,说明市场环境得到了一定改善;认为自身具备足够创业技能和知识的人数在"双创"之后有下降趋势(创业素质);因为担心失败而拒绝创业(失败恐惧)的人数比重有所上升,且在 2017 年达到较高水平;创业网络指标(有朋友或熟人在两年内从事过创业活动)也有所下降,从 2011 年的 61% 下降到 2016 年的 48%。整体而言,从受访者主观感受上看,2014 年之后创业环境并没有得到显著改善。

表 11.2 　2012—2017 年创业环境变量统计

时间	创业网络/%	创业机会/%	创业素质/%	失败恐惧/%	宣传示范/%	地位认知/%
2012 年	46.64	10.50	29.67	27.80	74.39	68.41
2013 年	42.73	12.25	27.74	26.49	64.39	64.27
2014 年	52.47	12.01	23.15	23.89	63.35	66.66
2015 年	46.58	15.11	24.05	30.47	71.87	72.39
2016 年	48.71	18.57	24.52	37.87	73.66	74.65
2017 年	39.63	25.62	22.09	40.25	69.34	72.53

表 11.3 展示了基于人口学特征分类后对创业生态系统的感知水平。鉴于篇幅关系,没有将样本按调查年份再分组。整体来看,GEM 调查涵盖人群大多具备小学到中学的文化水平,受教育年限在 6～12 年。全国第六次人口普查(2010)数据显示,我国初中、高中文化水平人数比例约为 52.82%,与 GEM 调查所得数据基本一致(31.83%＋19.56%),其中,31.83% 和 19.56% 分别对应的是 GEM 调查中学阶段和中学毕业的比例,中学毕业即完成中学教育,对应具备高中文化水平的人数比例;而中学阶段则意味着未完成高中学历教育,对应具备初中文化水平的比例。这说明 GEM 数据具备普遍性。男性比例稍高于女性比例,这也与人口普查数据相似。全职就业的人数比例要低于非全职就业,具体包括学生、离退休和兼职就业等情况。

表 11.3　创业环境变量分样本统计

指标	分　类	创业机会/%	创业素质/%	失败恐惧/%	地位认知/%	宣传推广/%	创业网络/%
性别	男性(51.8%)	17.33	31.23	28.36	68.77	70.66	51.85
	女性(48.2%)	12.71	21.95	29.18	67.84	68.75	47.61
教育程度	学前教育(1.12%)	7.88	29.88	45.61	52.37	47.75	51.82
	小学阶段(8.31%)	13.12	23.51	30.89	69.22	68.45	46.10
	小学毕业(27.22%)	16.77	28.68	28.43	69.63	71.42	51.80
	中学阶段(31.83%)	17.46	29.48	29.05	66.16	70.54	56.06
	中学毕业(19.56%)	16.04	28.86	25.26	69.53	75.56	53.97
	高等教育以上(11.96%)	33.73	25.30	40.96	83.13	79.52	65.06
收入	后段33%(29.03%)	10.75	20.33	31.96	69.02	70.38	39.91
	中段33%(33.53%)	13.57	23.20	30.26	67.52	68.60	50.72
	前段33%(37.44%)	20.20	34.46	26.08	68.86	70.66	57.00
就业状况	全职就业(46.82%)	13.40	23.53	29.94	69.26	70.49	51.23
	非全职就业(53.18%)	16.24	28.84	27.91	67.51	69.05	48.51
年龄	18~30岁(27.32%)	29.68	20.91	36.08	74.51	78.73	45.87
	31~40岁(18.23%)	30.35	24.91	39.89	75.29	76.03	51.43
	41~50岁(19.57%)	27.31	23.87	40.69	75.75	71.32	46.88
	51~60岁(19.62%)	22.61	16.86	40.81	74.48	67.18	38.77
	61岁以上(15.26%)	19.26	12.79	34.21	71.76	57.85	29.83

在对创业环境的感知上,存在一定的性别差异、就业差异和教育水平差异。男性更看好目前的就业机会,对自身的就业素质也更自信。是否接受高等教育是一个明显的"分水岭"。有超过80%的高学历样本认可创业者的社会地位,而低学历样本中这一比例不超过70%。有超过33%的高学历样本对创业机会持乐观态度,在低学历样本中这一比例不超过18%。上述结果也与既有研究相符(傅联英和骆品亮,2020)。有意思的

是,高学历群体和低学历群体对创业失败较为担忧,反倒是中等学历群体相对不受失败恐惧的影响。这或许是因为低学历群体更担忧经济上的损失,而高学历群体更在乎机会成本或情感成本。整体而言,人口学特征对创业环境的感知存在一定的影响,进而可能会有助于预测不同的创业行为。

四、实证结果分析

(一)基准回归分析

本章使用 Logit 模型对变量关系进行验证。表 11.4 展示了 2015—2017 数据回归结果,表 11.5 则展示了 2012—2014 数据回归结果。考虑到是否接受高等教育对创业行为影响较大,故将教育变量由等级变量替换为是否具备大学及以上学历的虚拟变量。本章选择汇报优势比。举例而言,是否接受高等教育这一指标对预测全职创业意愿的优势比是 0.741,意味着在其他变量不变的前提下,若样本从未接受高等教育(=0)转变为接受高等教育(=1)时,全职创业意愿与无全职创业意愿的人数之比为变动前的 0.741。同理,收入等级预测全职创业意愿优势比是 1.121,意味着在其他变量不变的前提下,若样本收入提升一个等级,全职创业意愿/无全职创业意愿的人数之比增加 12.1%。因此,机会识别、创业素质、创业网络和宣传示范均对预测全职创业意愿有显著正向影响,其中强度最大的是创业素质。对于兼职创业而言,只有地位认知不显著,其余创业环境变量均能显著提高兼职创业意愿。其中失败恐惧对兼职创业的影响为正,这验证了之前的研究,对创业失败有担忧的个体容易选择兼职创业的方式降低风险。在对间接创业影响因素回归时去掉了创业网络变量,增加了家庭人口规模变量。这是因为给创业者提供资金时必然具备创业网络,此时自变量将没有任何理论价值。而家庭人口规模越大时,接触到有资金需求的创业者概率也会增大,故将其放入回归模型。结果显示失败恐惧、宣传示范、创业素质和机会识别都对间接创业行为有正向影响。

表 11.5 展示了 2012—2014 年回归结果,即"双创"政策实施之前,机会识别、创业素质和创业网络仍然是正显著因素。地位认知、宣传示范并

不显著,失败恐惧对全职创业有负面影响。由此可见,机会识别、创业素质和创业网络对创业意愿具有恒常性的影响;但地位认知、宣传示范和失败恐惧对创业行为的影响则不具备稳定性。整体而言,"双创"之后,创业方面的宣传推广对创业意愿的刺激作用显著增强;失败恐惧也不再制约全职创业,对兼职创业的促进作用还有所提升。从人口结构上看,"双创"之后,高学历群体进行全职创业的意愿有所减弱,鼓励大学生创业的相关政策可能并没有取得应有效果。女性参与兼职创业的意愿也要低于男性。

表 11.4 2015—2017 创业意愿影响因素

因　　素	全职创业	兼职创业	间接创业
高等教育	0.741 *** (0.003)	1.278 ** (0.039)	1.229 ** (0.036)
年龄	0.983 *** (0.000)	0.997 (0.472)	1.017 (0.219)
性别	0.925 (0.244)	0.801 ** (0.010)	0.928 (0.349)
非全职就业	0.932 (0.192)	1.066 (0.354)	0.828 *** (0.001)
收入等级	1.121 *** (0.007)	1.066 (0.345)	1.436 *** (0.000)
机会识别	1.810 *** (0.000)	1.985 *** (0.000)	1.291 *** (0.001)
创业素质	3.164 *** (0.000)	2.521 *** (0.000)	1.688 *** (0.000)
创业网络	2.461 *** (0.000)	2.052 *** (0.000)	—
地位认知	0.897 (0.184)	1.005 (0.815)	1.118 * (0.077)
宣传示范	1.426 *** (0.001)	1.341 *** (0.002)	1.202 * (0.054)
失败恐惧	0.897 * (0.067)	1.226 *** (0.019)	1.255 *** (0.002)

续表

因　素	全职创业	兼职创业	间接创业
家庭人口规模	—	—	1.091 (0.001)
No. Obs	938 1	938 1	938 1
Pseudo R^2	0.110 6	0.100 3	0.062 1

注：表内汇报优势比（OR）和 p 值。$^*p<0.1$，$^{**}p<0.05$，$^{***}p<0.01$。

表 11.5　2012—2014 创业意愿影响因素

因　素	全职创业	兼职创业	间接创业
高等教育	1.061 (0.569)	1.266** (0.028)	1.312* (0.070)
年龄	0.975*** (0.000)	0.988*** (0.001)	1.023*** (0.000)
性别	0.955 (0.545)	0.901 (0.239)	0.911 (0.376)
非全职就业	0.628 (0.000)	1.691 (0.000)	1.091 (0.440)
收入	1.145*** (0.006)	1.311*** (0.000)	1.455*** (0.000)
机会识别	1.522*** (0.000)	1.729*** (0.000)	1.386*** (0.005)
创业素质	2.613*** (0.000)	2.123*** (0.000)	1.839*** (0.000)
创业网络	2.201*** (0.000)	1.878*** (0.000)	—
地位认知	0.958 (0.169)	0.907 (0.119)	0.877 (0.104)
宣传示范	1.132 (0.118)	1.152 (0.121)	1.221 (0.075)
失败恐惧	0.687*** (0.000)	0.881 (0.145)	0.828* (0.094)

续表

因　素	全职创业	兼职创业	间接创业
家庭人口规模	—	—	1.214 (0.000)
No. Obs	9 856	9 856	9 856
Pseudo R^2	0.108 1	0.112 3	0.044 1

注:表内汇报优势比(OR)和 p 值。$^*p<0.1$，$^{**}p<0.05$，$^{***}p<0.01$。

（二）交互作用分析

既有研究除了探讨上述变量的直接作用,还对其边界效应进行了总结。例如创业机会的识别是一个主观认知的过程,具备某些特征的个体(如学历、创业经验等)更容易识别出创业机会(张红和葛宝山,2014;张爱丽,2020)。同理,失败恐惧的感知也容易受多种因素的制约(郝喜玲等,2020)。本章使用外国学者自行开发的 med4way 命令进行交互效应的检验(VanderWeele, 2014),其原理是将因果效应进行分解。本章选择汇报系数最大的总效应(TE),不包含调节和中介的直接效应(CDE)以及交互效应(INTref)。

$$Y_1 - Y_0 = (Y_{10} - Y_{00}) + (Y_{11} - Y_{10} - Y_{01} + Y_{00})(M_0)$$
$$+ (Y_{11} - Y_{10} - Y_{01} + Y_{00})(M_1 - M_0)$$
$$+ (Y_{10} - Y_{00})(M_1 - M_0)$$

其中,Y 为因变量,M 为调节变量。自变量对因变量的效果记为 $Y_{10}-Y_{00}$,第二部分 $(Y_{11}-Y_{10}-Y_{01}+Y_{00})(M_0)$ 为交互效应。M_1-M_0 为自变量公式后两项涉及的效应且在本例中占比极小,故不作汇报,具体说明见表11.6。本章将人口学变量与创业环境变量进行交互,按照惯例在基础回归阶段不显著的变量则不进行交互。

表11.6　因果效应分解说明

效　应	对应公式	解　释
总效应	Y_1-Y_0	自变量 X 变化导致因变量 Y 变化的总值

续表

效应	对应公式	解释
间接效应	$(Y_{10}-Y_{00})(M_1-M_0)$	中介变量 M 变化时导致因变量 Y 变化的值,乘以自变量 X 变化时对中间变量 M 带来变化的值
调节效应	$(Y_{11}-Y_{10}-Y_{01}+Y_{00})(M_0)$	当只有中介变量 M 变化,自变量 A 不变化时,带来的因变量 Y 的变化
中介效应	$(Y_{11}-Y_{10}-Y_{01}+Y_{00})(M_1-M_0)$	当只有自变量 X 变化,中介变量 M 不变化时,带来的因变量 Y 的变化
直接效应	$(Y_{10}-Y_{00})$	当自变量 X 变化时,导致中介变量 M 变化的值

表 11.7 输出了回顾结果,第一列包含几个主要创业环境变量,其中地位认知在基础回归中均不显著,故不需要再检验其调节效应。与全职创业相关的调节变量有年龄、高等教育和收入;与兼职创业相关的调节变量有高等教育和性别;与间接创业有关的调节变量为就业和收入。整体而言,总效应中由直接效应构成的比例较高,说明调节效应并不普遍,但也有几个变量例外,表 11.7 中以加粗字体体现。例如在年龄和创业网络的交互中,直接效应为 1.955,而交互效应为 -0.479。这意味着,创业网络整体提高了全职创业的意愿;但对于年龄段在 18~30 岁的受访者来说,创业网络的促进作用有所减弱。是否具备创业素质提高了受访者全职创业的意愿(直接效应 $=1.882$),但对于低收入群体而言,全职创业意愿还得到了进一步加强(交互效应 $=0.253$),故总效应大于直接效应。同理,未受过高等教育的受访者在拥有创业网络的情况下,愿意进入全职创业的比例也更高。上述结果在一定程度上说明即使在正规就业市场上占优势,收入或社会地位较高的群体进入创业的意愿仍然较低。兼职创业方面,对创业机会的识别提高了兼职创业的意愿,总效应为 0.938。未具备高等教育学历的人在识别创业机会后,进入兼职创业的意愿更高,其交互效应为 0.269。性别差异体现在对创业素质的利用上,男性在具备创业素质的情况下,愿意进入兼职创业的概率要大于女性,其交互效应为

0.255。收入水平同样调节了间接创业概率,对于低收入群体而言,若具备创业素质,选择借钱帮助他人创业的概率要高于不具备创业素质的受访者。总体而言,高学历年轻女性进入创业的意愿较弱。这说明"双创"之后并没有从根本上改变个体对创业的传统观念。

表 11.7　因果效应分解(2015—2017)

变量	全职创业			兼职创业		间接创业	
	年龄	高等教育	收入	高等教育	性别	就业	收入
创业机会	TE＝1.312	TE＝1.233	TE＝0.763	**TE＝0.938**	TE＝0.871	TE＝0.124	TE＝0.186
	CDE＝1.166	CDE＝1.214	CDE＝0.540	**CDE＝0.642**	CDE＝0.711	CDE＝0.145	CDE＝0.158
	RIE＝0.140	RIE＝0.027	RIE＝0.157	**RIE＝0.269**	RIE＝0.155	RIE＝−0.013	RIE＝0.024
创业素质	**TE＝2.249**	TE＝2.208	**TE＝2.184**	TE＝1.472	**TE＝1.423**	TE＝0.467	**TE＝0.547**
	CDE＝2.547	CDE＝2.285	**CDE＝1.882**	CDE＝1.515	**CDE＝1.181**	CDE＝0.488	**CDE＝0.308**
	RIE＝−0.239	RIE＝−0.068	**RIE＝0.253**	RIE＝−0.044	**RIE＝0.255**	RIE＝−0.019	**RIE＝0.172**
创业网络	**TE＝1.578**	**TE＝1.456**	TE＝1.484	TE＝1.266	TE＝1.212		
	CDE＝1.955	**CDE＝1.197**	CDE＝1.387	CDE＝1.264	CDE＝1.326		
	RIE＝−0.479	**RIE＝0.267**	RIE＝0.054	RIE＝0.015	RIE＝−0.119		
宣传示范	TE＝0.417	TE＝0.311	TE＝0.299	TE＝0.574	TE＝0.596		
	CDE＝0.287	CDE＝0.217	CDE＝0.142	CDE＝0.739	CDE＝0.528		
	RIE＝0.123	RIE＝0.005	RIE＝0.149	RIE＝−0.174	RIE＝0.038		
失败恐惧				TE＝0.326	TE＝0.298	TE＝0.201	TE＝0.172
				CDE＝0.315	CDE＝0.135	CDE＝0.187	CDE＝0.184
				RIE＝0.004	RIE＝−0.019	RIE＝0.041	RIE＝−0.006

注:年龄和收入为等级变量,参照等级为 1;其他二元变量参照等级为取值＝0 的情况。

(三)创业意愿与创业行为

创业意愿研究目前存在的一个明显缺陷是无法真正将意愿和行为联系起来(Gielnik et al. , 2014)。许多人拥有强烈的创业动机但始终无法将想法转化为实际创业行为(何良兴和张玉利,2020)。既有研究大多数依赖于截面样本,只能在单一时点采集数据,无法真实了解创业意愿转化为创业行为的时间和条件。GEM 问卷中除了关于创业意愿的问题也收集受访者是否预计会在未来三年内实施创业。如果受访者认为三年内会实施创业,则意味着已经形成较为详细的计划并开始着手准备,最终成功创业的可能性将大幅提高。

图 11.3 展示了创业环境因素影响下全职创业意愿与创业筹备行为的关联。横坐标为全职创业意愿从无到有的过程,纵坐标为样本在回答未来三年内是否实施创业这一问题是选择"是"的概率。实线和虚线对应了对创业环境变量的感知。左起第一幅图依次是宣传示范、创业网络、创业素质、创业机会、失败恐惧、地位认知。所有曲线向上倾斜,意味着当具备全职创业意愿时,未来三年内实施创业的概率较高。各图中实线和虚线的差异并不十分显著,且存在重合的情况。这说明环境变量并不能直接影响创业行为,更多是通过影响创业意愿间接影响创业行为。值得注意的是,双创之前创业意愿对创业行为促进作用可能还要高于双创之后。例如双创之前,具备创业素质的受访者认为自己未来三年内能够创业成功的概率约为50%,而双创之后这一比例约为40%,最高点位于纵坐标的50%左右,高于双创之后的40%。

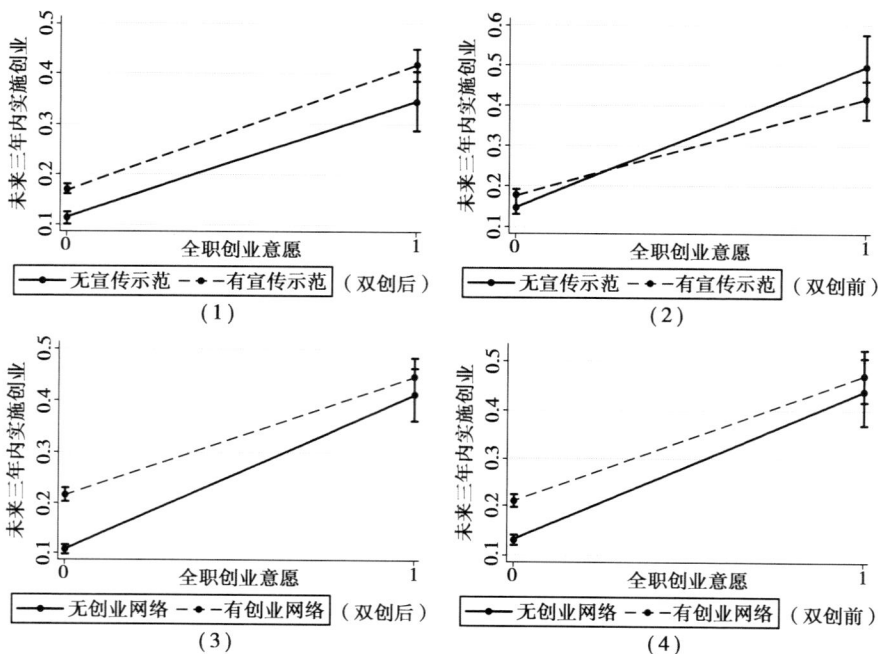

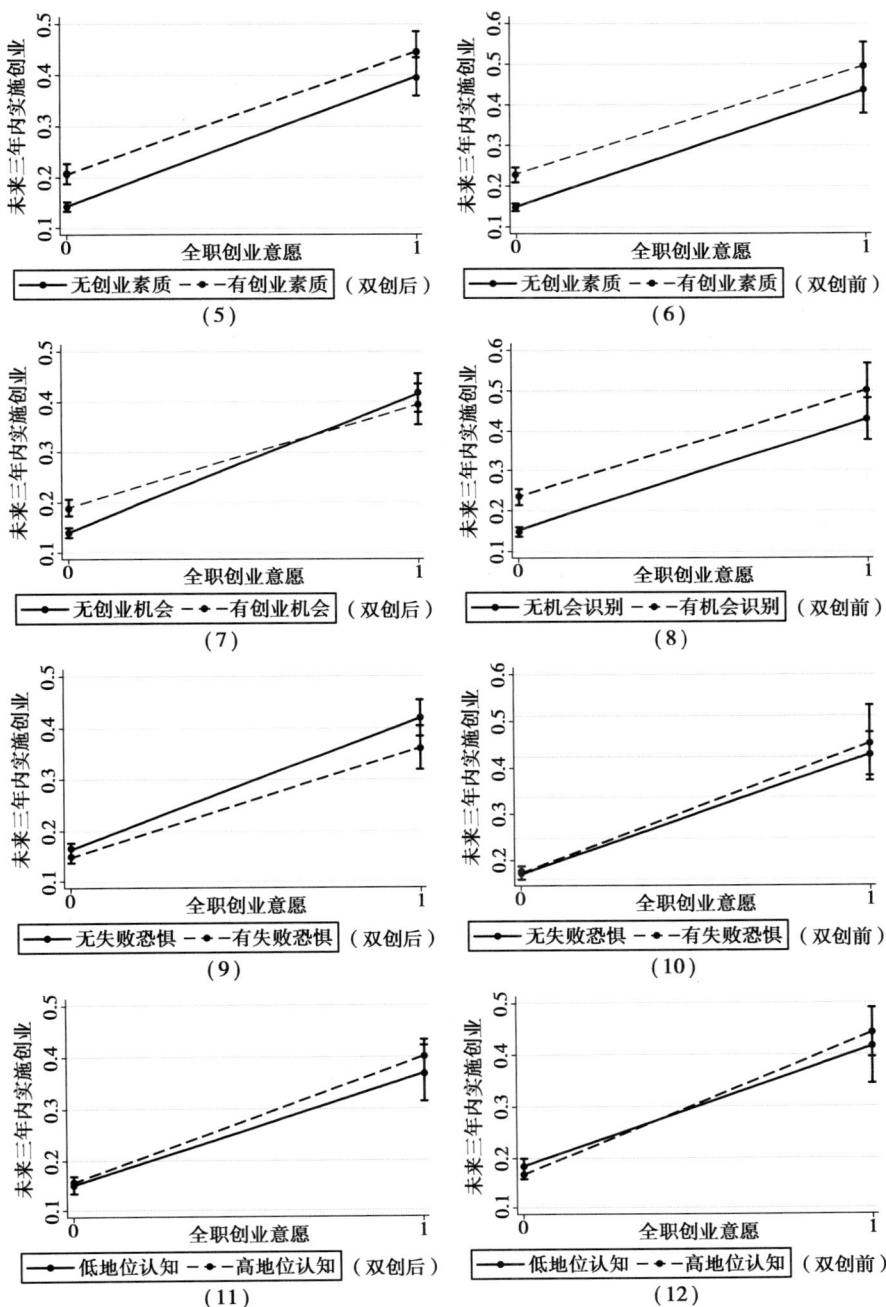

图 11.3　全职创业意愿与创业筹备行为

　　图 11.4 展示了创业环境因素影响下兼职创业意愿与创业筹备行为的关联。左起第一幅图依次是创业网络、创业素质、地位认知、宣传示范、失败恐惧、创业机会。各图中曲线仍然向上倾斜,说明有兼职创业意愿的样本未来三年内创业的概率高于无兼职意愿的样本,说明创业意愿是能够用于预测创业行为的。有创业网络的样本未来三年内实施创业的概率要高于没有创业网络的样本,说明创业网络对创业行为同时存在间接和直接两种效应。"双创"之前,对创业机会的识别提升了未来三年内实施创业的概率,但"双创"政策实施之后机会识别的直接作用并不明显。"双创"前后,兼职创业意愿对创业行为的作用效果没有明显差异,预测概率在 25% ~ 30%。说明"双创"政策并没能将兼职创业意愿转化为更多的创业行为。

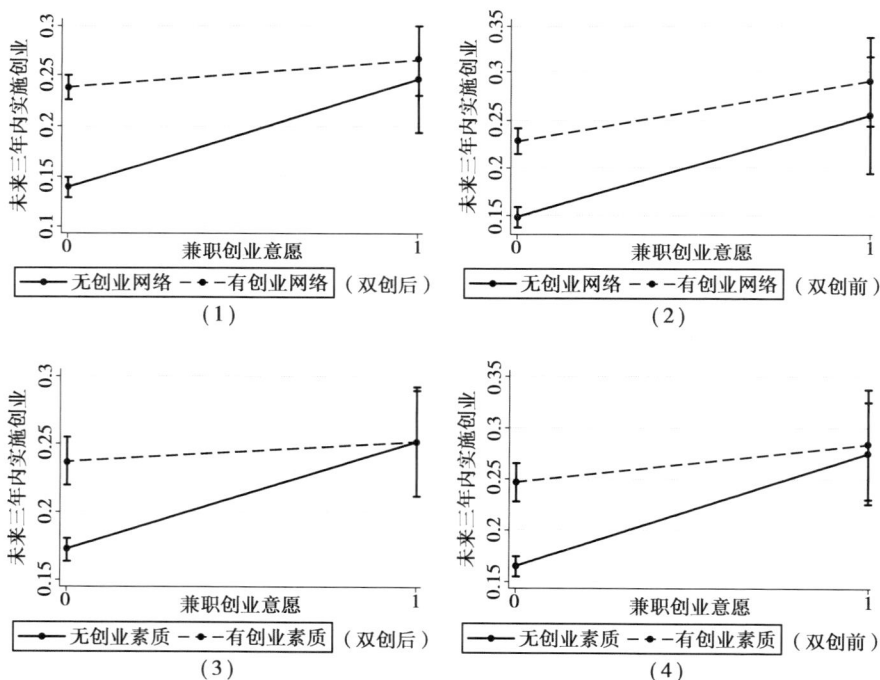

（1）

（2）

（3）

（4）

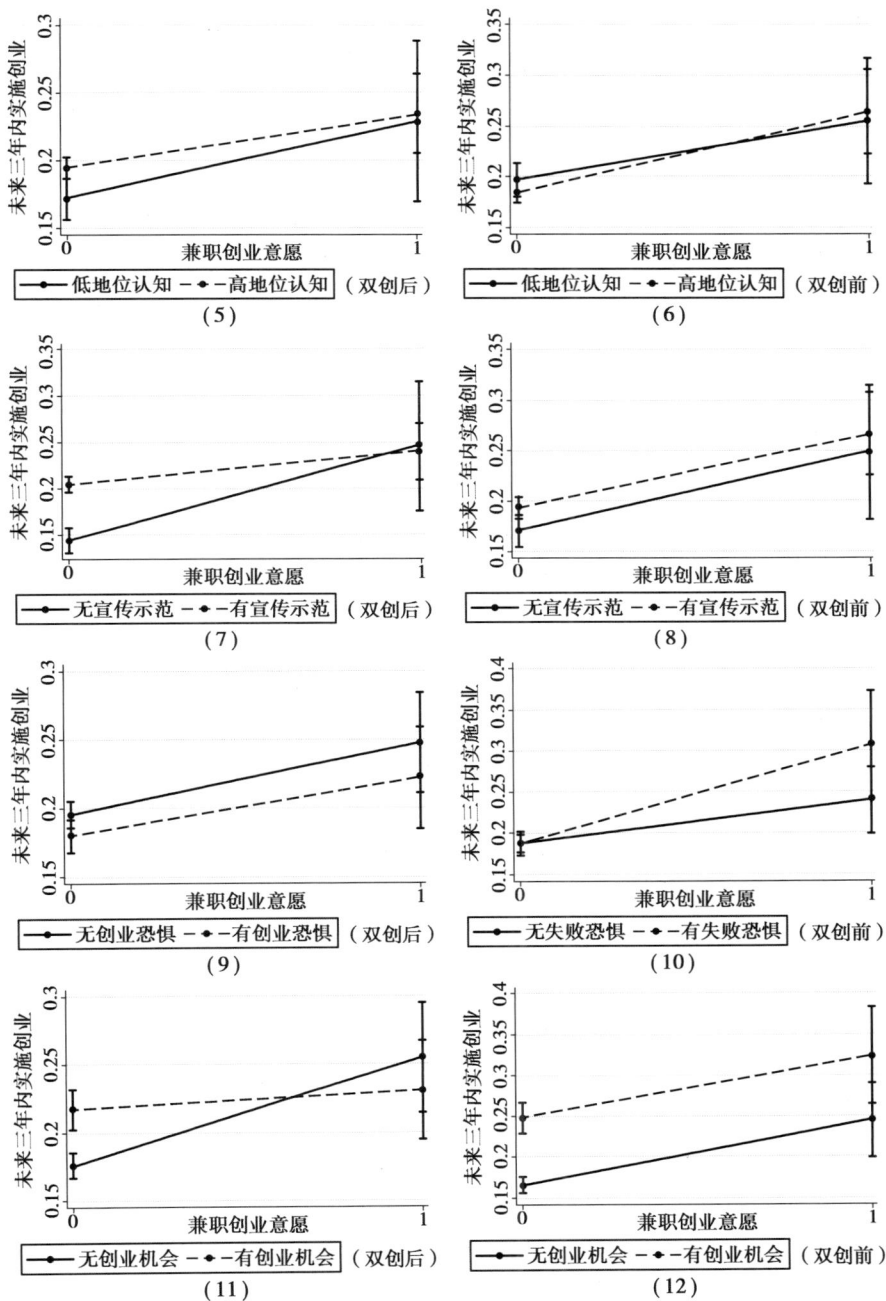

（5）

（6）

（7）

（8）

（9）

（10）

（11）

（12）

图 11.4 兼职创业意愿与创业筹备行为

图 11.5 展示了创业环境因素影响下间接创业与创业筹备行为的关

联。左起第一幅图依次是失败恐惧、地位认知、宣传示范、创业机会和创业素质。如前文所述,间接创业行为和创业网络高度重合故不作分析。各图中曲线仍然向上倾斜,说明若存在给他人提供创业资金的行为时,未来三年内实施创业的概率较高。"双创"前,是否识别创业机会以及是否接触创业宣传与未来创业行为无关,曲线呈现重叠状态。但"双创"后,创业机会和创业宣传的直接作用有所增强。总体而言,"双创"前创业环境变量对未来创业行为的促进作用更显著,预测概率在 40% ~ 50%。而"双创"之后,这一比例只在 30% ~ 35% 之间波动。基准回归模型中创业网络变量没有纳入对间接创业行为预测的模型,故也不进入交互作用图形。

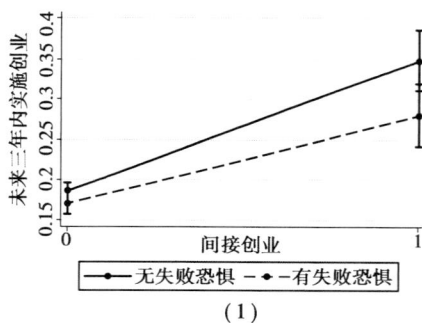

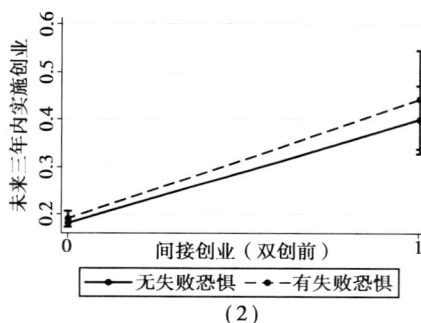

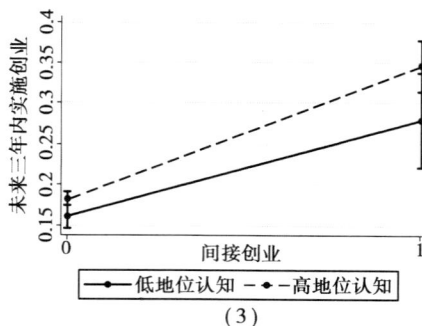

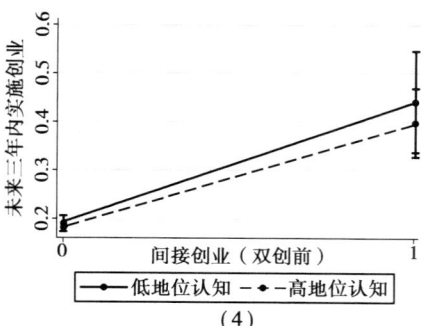

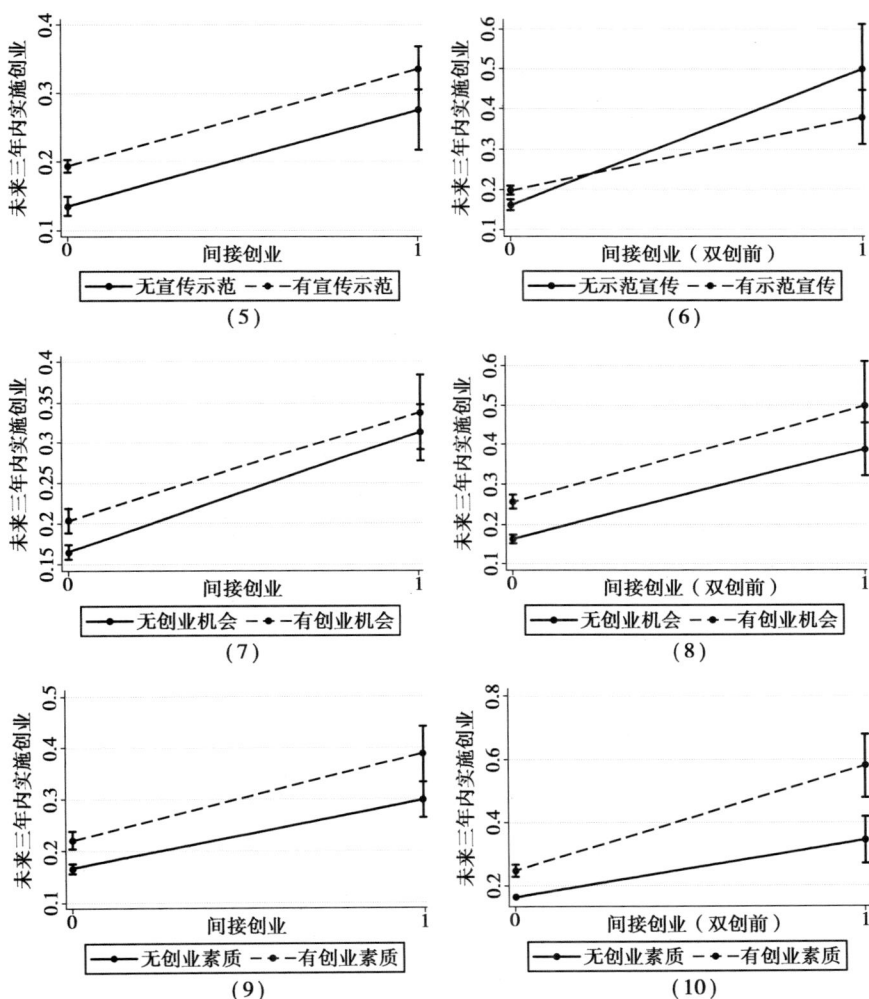

图 11.5　间接创业与预期创业行为

五、本章小结

本章首次基于 GEM 数据对比了"双创"前后个体创业意愿和行为差异,具有如下理论贡献。第一,本章从显著性和恒常性两个维度区分了各要素的效应,为后续研究提供了理论指导。其中,创业网络、机会识别和创业素质属于恒常显著因素,既有研究也证实了这些要素在预测创业意愿时的有效性(张秀娥和张坤,2016;Wyrwich et al.,2016)。失败恐惧和宣传示范两个因素属于非恒常的显著变量,仅在双创之后显著,这也意味着以往研究提及的关于失败恐惧的"双刃剑"效应并不会自然发生(陈江涛等,2020;何良兴和张玉利,2020)。本章探索了不同创业模式的影响因素。例如教育水平较高的个体更愿意以兼职的形式进入创业而不是以全职的形式进入创业。失败恐惧能在一定程度上促进兼职创业意愿,但对全职创业意愿没有显著作用。更重要的是,本章首次将间接创业行为纳入分析。已有研究对个体参与兼职创业的动机以及兼职创业向全职创业转化的过程做了充分探索(Block and Landgraf,2014;Solesvik,2017),而对为创业者提供资金支持的这种间接创业行为则关注较少。

本章从一个新的角度探索了创业意愿和创业行为的关联。如前所述,目前关于创业意愿和创业行为的研究还存在较大的不足,有学者基于逻辑推演方法归纳了从创业意愿过渡到创业行为的作用机理(潘涌和茅宁,2019),但实证研究始终只能基于已成功创业的样本展开。通常情况下,成功创业者势必具备强烈动机,机缘巧合下的创业行为可能十分少见。因此,基于已创业者样本探索创业意愿和创业行为的关联价值有限。本章发现具备创业意愿的个体,开始筹备并预计在未来三年内实施创业的概率确实高于缺乏创业意愿的个体,这意味着创业意愿的确能够预测创业行为。但兼职创业意愿对创业行为的转化效果普遍高于全职创业意愿,这也从侧面证实了兼职创业门槛和风险均较低(孙秀娟等,2014)。在控制了创业意愿后,大多数创业环境要素的感知对创业筹备行为没有直接影响,这明确了创业环境的改善主要通过强化创业意愿来间接影响创业行为。

结　语

　　随着社会经济的不断发展,越来越多的女性成为创新创业的主力军。而在社会科学领域,对性别差异的探讨从未停止。一些学者认为,女性的性格特征和决策偏好有差异,而另一些学者则对此持怀疑态度,认为这一差异会随着社会的进步而不断缩小。本书通过大量的数据和分析,结合数字化背景,探索了性别差异的起源以及新技术接受领域、复杂情境、创新领域和创业领域的具体差异程度。本书的总体结论表明,性别差异体现得并不明显。女性在创新创业的决策行为和偏好与男性相似。例如女性企业家的性别角色认知并不传统,对新兴事物的认可程度并不低,对创新创业等风险行为的偏好也没有明显薄弱。

　　结合本书的研究,对进一步释放女性创新创业理论提出以下一些建议。首先,要持续加大高端女性人才建设,具体如下。第一,积极培育科技领域的女性人才。鼓励女性人才牵头申报国家级、省部级创新创业项目,对成功立项个体和团队可考虑适当上调支持经费。引入配额制度,提高女性人才在各类学术组织、团体、研究会中的任职比例。第二,积极培育女性青年人才。遴选有潜力的女性科技人才赴国内外一流大学进行学术深造和领导力培训。将部分现有针对高端人才的配套服务向女性青年科技人才普及。第三,加强女性人才储备。鼓励女大学生参与科技竞赛活动,设置理工科专业优秀女大学生奖学金。推广本科导师制度,引导更多女大学生选择科研作为终身职业。第四,支持女性人才发展研究。鼓励高等院校和科研机构关注促进女性人才成长、发展的理论基础与实践经验。在各地方定期组织的科技工作者调查中加强关于女性科技工作者发展动态的调研。

其次,呼吁各地优化女性高端人才的工作环境,具体如下。第一,减轻女性高端人才负担。对孕哺期承担省部级以上科研任务延长结题时间或延期考核评价。对孕期和法定生育产假结束后哺乳期一年内女性科技人才,实行弹性工作制。第二,延长服务周期。推动落实女性高端人才延迟退休政策。符合条件的女性高端人才可自愿选择年满60周岁或年满55周岁退休。对少数年满60周岁且具有高级职称,因工作需要延长退休的女性高端人才应当给予政策支持。第三,提供健康保障。鼓励高等院校、科研院所和有条件的企业设立母婴室、爱心小屋,对于在生育友好型工作环境创建工作中表现突出的单位,加大表彰奖励力度。第四,促进职业发展。营造平等健康、包容和谐的社会环境。关注女性在科学研究工作中的性格优势、正面宣传父亲陪伴在儿童成长中的作用,为女性职业发展创造更加公平的社会环境。

尽管做了最大的努力,但本书仍然存在一定的局限性,这也将成为未来的研究方向。第一,本书仍然以中国数据为主,这可能存在一定的局限性。与世界其他国家相比,我国的性别包容程度近年来有很大的提升,在许多领域已经做到了基本平等。未来的研究可以结合其他国家数据做进一步探索。第二,本书以实证研究为主,缺乏深入的案例分析。实证研究能够观察到数字的变化,但对于这些变化背后的逻辑则可能存在解释力不足的问题。第三,创新创业并不是一个随机现象。可能存在某些性格特征的人更容易选择这些行为。因此,背后的混淆因素无法得到完美控制,本书所得到的一些结论或许也存在一定偏差。不管如何,性别问题仍然是一个值得关注的社会学、经济学、管理学研究对象。随着"元宇宙""虚拟现实"等AI技术的兴起,每个人在现实中和虚拟中可能存在不同的性别身份,这些身份交织后带来的影响值得进一步探索。

参考文献

[1]《管理学》编写组.管理学[M].北京:高等教育出版社,2019.

[2] 包星宇.CEO 的文化背景对企业投资的影响研究:基于方言的视角
[D].重庆:重庆大学,2019.

[3] 边燕杰.城市居民社会资本的来源及作用:网络观点与调查发现[J].
中国社会科学,2004(3):136-146,208.

[4] 卜令通,许亚楠,陈传明,等.中国制造企业创新战略变革模式选择:
基于战略三角框架的模糊集定性比较分析[J].科技进步与对策,
2022,39(11):104-113.

[5] 蔡莉,鲁喜凤,单标安,等.发现型机会和创造型机会能够相互转化
吗?:基于多主体视角的研究[J].管理世界,2018,34(12):81-94.

[6] 蔡莉,王玲,杨亚倩.创业生态系统视角下女性创业研究回顾与展望
[J].外国经济与管理,2019,41(4):45-57.

[7] 陈宝杰.女性参与高管团队对企业创新绩效的影响:来自中国中小板
上市公司的实证分析[J].科技进步与对策,2015,32(5):146-150.

[8] 陈传明,孙俊华.企业家人口背景特征与多元化战略选择:基于中国
上市公司面板数据的实证研究[J].管理世界,2008(5):124-133.

[9] 陈德富,杜义飞,倪得兵,等.技术能力演化路径与利基市场选择:MY
公司的案例研究[J].管理学报,2011,8(9):1291-1297.

[10] 陈建伟,赖德胜.周期性与结构性因素交织下就业结构性矛盾及其
政策应对[J].中国特色社会主义研究,2019,10(1):32-38.

[11] 陈江涛,吴燕晴,邓志华.眼观六路还是吐丝自缚?创业失败恐惧的

双刃剑效应[J].中国地质大学学报(社会科学版),2020,20(6):
138-152.

[12] 陈立杰,邹洁.企业创新中的中层管理者人格特质拥挤效应研究
[J].经营与管理,2019(2):45-50.

[13] 陈立杰.动态环境下管理者人格特质对团队创新的影响研究[D].
衡阳:南华大学,2019.

[14] 陈飘飘.上市公司管理者特质、负债融资与企业价值的实证研究
[D].沈阳:沈阳工业大学,2018.

[15] 陈庆江,王彦萌,万茂丰.企业数字化转型的同群效应及其影响因素
研究[J].管理学报,2021,18(5):653-663.

[16] 陈伟,王秀锋,孙伟男.政策工具视角下"大众创业,万众创新"政策
文本量化研究[J].科学管理研究,2020,38(2):10-17.

[17] 陈欣彦,王培龙,董纪昌,等.房价收入比对居民租购选择的影响研
究[J].管理评论,2020,32(11):66-80.

[18] 程建青,罗瑾琏,杜运周,等.何种创业生态系统产生女性高创业活
跃度?[J].科学学研究,2021,39(4):695-702.

[19] 程立茹.互联网经济下企业价值网络创新研究[J].中国工业经济,
2013(9):82-94.

[20] 邓德英,姚金艳.高职院校管理者人格特质对其管理工作的影响
[J].现代商贸工业,2019,31,40(24):78-79.

[21] 丁栋虹,袁维汉.互联网使用与女性创业概率:基于微观数据的实证
研究[J].技术经济,2019,38(5):68-78.

[22] 丁桂凤,侯亮,张露,等.创业失败与再创业意向的作用机制[J].心
理科学进展,2016,24(7):1009-1019.

[23] 丁桂凤,张媛,古纯文.大学生乐观、创业失败恐惧与创业意向的关
系[J].中国心理卫生杂志,2018,32(4):339-343.

[24] 段玉婷,王玉荣,卓苏凡.产业互联网下企业创新"竞合"网络与创
新绩效[J].技术经济,2021,40(8):51-62.

[25] 范黎波,杨金海,史洁慧.女性领导力特质对员工绩效的影响研
究:基于团队氛围的中介效应[J].南京审计大学学报,2017,14

（4）:34-43.

[26] 方华. 企业管理者的实践智力和人格特质对领导效能的影响[D].
上海:华东师范大学,2015.

[27] 傅联英,骆品亮.学而优则"市"?:学历高级化对创业意愿的影响及
其作用机制研究[J].产业经济评论(山东),2020(1):18-40.

[28] 淦未宇.女性高管抑制了企业 R&D 投资吗?:基于中国上市公司的
实证检验[J].西南政法大学学报,2018,20(2):124-135.

[29] 葛晶,王满仓,李勇.金融抑制、行业垄断与高学历创业[J].经济学
动态,2018(12):83-95.

[30] 郭爱妹.性别与领导力研究的范式转变[J].妇女研究论丛,2016
(3):117-123.

[31] 郭峰,邹波,郭津毓,等.大数据环境下企业行为对创新能力与企业
绩效的作用机理研究[J].科学学与科学技术管理,2017,38(4):
126-136.

[32] 郭瑞芸.多重视角下管理者能力对公司绩效的影响[D].太原:山西
大学,2019.

[33] 韩丹妮.高管性别差异与会计稳健性:基于过度自信视角的实证研
究[D].重庆:重庆大学,2016.

[34] 韩瑞玲,吴清.女性高管对企业技术创新的影响[J].开发研究,
2018(4):148-154.

[35] 郝喜玲,陈雪,杜晶晶,等.创业失败恐惧研究述评与展望[J].外国
经济与管理,2020,42(7):82-94.

[36] 郝喜玲,涂玉琦,刘依冉,等.失败情境下创业韧性的研究框架构建
[J].外国经济与管理,2020,42(1):30-41.

[37] 何良兴,张玉利.失败恐惧与创业抉择关系研究:宽容氛围与创业精
神的视角[J].研究与发展管理,2020,32(2):94-105.

[38] 何平林,孙雨龙,李涛,等.董事特质与经营绩效:基于我国新三板企
业的实证研究[J].会计研究.2019(11):49-55.

[39] 何威风.我国上市公司高管背景特征与财务重述行为研究[J].管
理世界,2010(7):144-155.

［40］何瑛,张大伟.管理者特质、负债融资与企业价值［J］.会计研究,
2015(8):65-72.

［41］何永清,卜振兴,潘杰义.创业企业的源创新战略构建:基于多案例
研究［J］.北京交通大学学报(社会科学版),2022,21(1):103-111.

［42］贺小刚,朱丽娜,吕斐斐,等.创业者缘何退出:制度环境视角的研究
［J］.南开管理评论,2019,22(5):101-116.

［43］贺新闻,王艳,伦博颜.高管团队性别多元化对创新型企业绩效影响
机制研究:基于技术密集度的视角［J］.科学管理研究,2020,38
(1):113-118.

［44］胡新华,喻毅,韩炜.谁更能建构高质量的社会网络?:创业者先前经
验影响社会网络构建的作用研究［J］.研究与发展管理,2020,32
(5):126-138.

［45］黄俊,陈信元.集团化经营与企业研发投资:基于知识溢出与内部资
本市场视角的分析［J］.经济研究,2011,46(6):80-92.

［46］黄玲,周勤.创意众筹的异质性融资激励与自反馈机制设计研究:
以"点名时间"为例［J］.中国工业经济,2014(7):135-147.

［47］黄鲁成,赵昀芃,吴菲菲,等.基于微博的国家政策社会响应分析:以
"双创"政策为例［J］.情报杂志,2018,37(12):99-105.

［48］彼得·A.霍尔,戴维·索斯凯斯,等.资本主义的多样性:比较优势
的制度基础［M］.王新荣,译.北京:中国人民大学出版社,2018.

［49］姜诗尧,李艳妮,李圭泉.创业者调节焦点、注意力配置对创业战略
决策的影响［J］.管理学报,2019,16(9):1375-1384

［50］焦豪,李倩,杨季枫.企业技术创新管理:研究现状与关键科学问题
［J］.管理学报,2022,19(7):947-955.

［51］金重远.欧洲均势与世界稳定:回顾和展望［J］.学术月刊,1995,27
(10):3-9.

［52］琚琼.家庭财富对创业决策的影响:基于 2018 年 CFPS 数据的研究
［J］.财经问题研究,2020(3):66-74.

［53］李长娥,谢永珍.区域经济发展水平、女性董事对公司技术创新战略
的影响［J］.经济社会体制比较,2016(4):120-131.

[54] 李成彦,王重鸣,蒋强. 性别角色认定对领导风格的影响:以女性创业者为例[J]. 心理科学,2012,35(5):1169-1174.

[55] 李赋薇,杨俊.女性创业者身份认同策略选择及其行为影响:理论模型与未来议题[J].外国经济与管理,2020,42(12):17-29.

[56] 李光.浅析中国企业管理思想创新[J].经济问题,2005(11):44-46.

[57] 李海燕.管理者特质、技术创新与企业价值[J].经济问题,2017(6):91-97.

[58] 李君然,陈俊廷,封凯栋,等."双创"背景下劳动者技能对创业行为的影响:全国劳动力动态调查分析[J].科技进步与对策,2020,37(17):9-17.

[59] 李兰,仲为国,王云峰.中国女企业家发展:现状、问题与期望:2505位女企业家问卷调查报告[J].管理世界,2017(11):50-64.

[60] 李丽.经济新常态下稳就业的内涵探析、现实困境与路径选择[J].经济问题,2020(11):18-25.

[61] 李世刚.女性高管、过度投资与企业价值:来自中国资本市场的经验证据[J].经济管理,2013,35(7):74-84.

[62] 李树文,罗瑾琏,梁阜.领导与下属性别匹配视角下权力距离一致与内部人身份认知对员工建言的影响[J].管理学报,2020,17(3):365-373.

[63] 李新春,叶文平,朱沆.社会资本与女性创业(1):基于 GEM 数据的跨国(地区)比较研究[J]. 管理科学学报,2017,20(8):112-126.

[64] 李雪灵,范长亮,申佳,等.创业失败与失败成本:创业者及外部环境的调节作用[J].吉林大学社会科学学报,2014,54(1):159-166.

[65] 李玉刚,叶凯月,方修园.技术创新对企业增长影响的研究综述与展望[J].技术经济与管理研究,2022(6):24-28.

[66] 李玉花,简泽.从渐进式创新到颠覆式创新:一个技术突破的机制[J].中国工业经济,2021(9):5-24.

[67] 李政,罗晖,李正风,等.基于质性数据分析的中美创新政策比较研究:以"中国双创"与"创业美国"为例[J].中国软科学,2018(4):18-30.

[68] 李子彪,吕鲲鹏,李叶,等. 精神-制度-行为:企业创新胜任力研究 [J]. 科技管理研究,2020,40(9):112-119.

[69] 李子奈,齐良书. 关于计量经济学模型方法的思考[J]. 中国社会科学,2010(2):69-83.

[70] 李自杰,张雪峰. 国家文化差异、组织文化差异与企业绩效:基于中外合资企业的实证研究[J]. 财贸经济,2010(9):93-98.

[71] 梁桂保,崔伊菡. 高管团队特征、高管持股与企业创新投入:以中国民营上市企业为例[J]. 湖南商学院学报,2021,28(4):45-56.

[72] 梁巧转,杨林,狄桂芳. 社会性别特征与领导风格性别差异实证研究[J]. 妇女研究论丛,2006(3):9-13.

[73] 梁上坤,闫珍丽,徐灿宇. 女性高管与公司创新:来自中国上市公司的经验证据[J]. 财务研究,2020(3):39-53.

[74] 林乐,谢德仁. 分析师荐股更新利用管理层语调吗?:基于业绩说明会的文本分析[J]. 管理世界,2017(11):125-145.

[75] 林龙飞,陈传波. 中国创业政策 40 年:历程回顾与趋向展望[J]. 经济体制改革,2019(1):9-15.

[76] 刘汉辉,李博文,宋健. 互联网使用是否影响了女性创业?:来自中国家庭追踪调查(CFPS)的经验证据[J]. 贵州社会科学,2019(9):153-161.

[77] 刘琨. 人格特质对管理者工作绩效影响研究[D]. 成都:西南交通大学,2011.

[78] 刘鹏程,李磊,王小洁. 企业家精神的性别差异:基于创业动机视角的研究[J]. 管理世界,2013(8):126-135.

[79] 刘婷,杨琦芳. "她力量"崛起:女性高管参与对企业创新战略的影响[J]. 经济理论与经济管理,2019(8):75-90.

[80] 刘运国,刘雯. 我国上市公司的高管任期与 R&D 支出[J]. 管理世界,2007(1):128-136.

[81] 刘铮. 高管特征与企业创新:文献综述与展望[J]. 改革与开放,2021(5):66-72.

[82] 鲁元平,王军鹏,王品超. 身份的幸福效应:基于党员的经验证据

[J].经济学动态,2016(9):29-40.

[83] 马继迁,陈虹,王占国.互联网使用对女性创业的影响:基于 CFPS 数据的实证分析[J].华东经济管理,2020,34(5):96-104.

[84] 马永强,张泽南.金融危机冲击、管理者盈余动机与成本费用粘性研究[J].南开管理评论,2013,16(6):70-80.

[85] 莫怡青,李力行.零工经济对创业的影响:以外卖平台的兴起为例[J].管理世界,2022,38(2):31-45.

[86] 宁家骏."互联网+"行动计划的实施背景、内涵及主要内容[J].电子政务,2015(6):32-38.

[87] 潘涌,茅宁.创业加速器研究述评与展望[J].外国经济与管理,2019,41(1):30-44.

[88] 彭华雯.管理者特质对财务决策的影响探究:以格力为例[J].现代营销(信息版),2019(2):137.

[89] 戚耀元,戴淑芬,葛泽慧."互联网+"环境下企业创新系统耦合研究:技术创新与商业模式创新耦合案例分析[J].科技进步与对策,2016,33(23):76-80.

[90] 秦子初,梅晚霞."互联网+"对企业创新绩效的影响研究:基于两阶段创新价值链视角[J].科技创业月刊,2022,35(3):1-7.

[91] 丘雨田,李洪鑫,陶秀俐,等.管理者创新能力对企业绩效的影响研究[J].现代商贸工业,2021(6):60-61.

[92] 荣竹.企业管理者内外倾人格特质、人际交往能力与社会资本关系研究[D].扬州:扬州大学,2017.

[93] 沙德春,孙佳星.创业生态系统40年:主体-环境要素演进视角[J].科学学研究,2020,38(4):663-672.

[94] 邵剑兵,吴珊.CTO女性高管与企业创新投入:基于财务资源冗余的视角[J].财会通讯,2019(6):57-63.

[95] 沈小波,陈语,林伯强.技术进步和产业结构扭曲对中国能源强度的影响[J].经济研究,2021,56(2):157-173.

[96] 孙秀娟,段锦云,田晓明.国外兼职创业研究进展述评及展望[J].外国经济与管理,2014,36(10):61-70.

［97］唐贵瑶,吴湘繁,吴维库,等. 管理者大五人格与心理契约违背对辱虐管理的影响:基于特质激发理论的实证分析[J]. 心理科学,2016,39(2):454-460.

［98］田晖. 中外合资企业企业文化冲突与绩效关系实证研究:基于中国合资企业的数据[J]. 系统工程,2011,29(1):90-97.

［99］田志龙,钟文峰.企业家讲话中如何清楚表达"为何做"?:华为任正非基于利益相关者要素的意义沟通及其话语逻辑分析[J]. 管理学报, 2019,16(10):1423-1434.

［100］汪金爱, 宗芳宇. 国外高阶梯队理论研究新进展:揭开人口学背景黑箱[J]. 管理学报, 2011,8(8):1247-1255.

［101］汪林,储小平,彭草蝶,等.家族角色日常互动对家长式领导发展的溢出机制研究:基于家族企业高管团队日志追踪的经验证据[J]. 管理世界,2020,36(8):98-110.

［102］王宏起,李婧媛,李玥. 基于政策文本的"双创"政策量化研究[J]. 情报杂志,2018,37(1):59-65.

［103］王进, 陈晓思. 学校环境与学生成绩的性别差异:一个基于广州市七所初中的实证研究[J]. 社会, 2013, 33(5):159-180.

［104］王念新,吕爽,周园等.连续发起人的经验对众筹成功的影响:经验相关性的调节效应分析[J]. 管理工程学报,2020,34(4):89-100.

［105］王清,周泽将.女性高管与 R&D 投入:中国的经验证据[J]. 管理世界,2015(3):178-179.

［106］王亚欣,宋世通,彭银萍等. 基于交互决定论的返乡农民工创业意愿影响因素研究[J]. 中央民族大学学报(哲学社会科学版),2020,47(3):120-129.

［107］王震.新冠肺炎疫情冲击下的就业保护与社会保障[J].经济纵横,2020(3):7-15.

［108］魏江,刘嘉玲,刘洋. 新组织情境下创新战略理论新趋势和新问题[J]. 管理世界,2021,37(7):182-197.

［109］温忠麟,叶宝娟.中介效应分析:方法和模型发展[J].心理科学进展,2014,22(5):731-745.

[110] 向辉,雷家骕.大学生创业教育对其创业意向的影响研究[J].清华大学教育研究,2014,35(2):120-124.

[111] 熊艾伦,蒲勇健,王睿.女性高管对企业创新决策的影响[J].管理工程学报,2019,33(1):30-36.

[112] 熊艾伦,王子娟,张勇,等.性别异质性与企业决策:文化视角下的对比研究[J].管理世界,2018,34(6):127-139.

[113] 徐德英,韩伯棠.政策供需匹配模型构建及实证研究:以北京市创新创业政策为例[J].科学学研究,2015,33(12):1787-1796.

[114] 徐泽磊,于桂兰.战略变革前瞻性对企业创新绩效的影响研究[J].管理学报,2020,17(8):1150-1158.

[115] 许治,张建超.新中国成立以来政府对科技人才注意力研究:基于国务院政府工作报告(1954—2019年)文本分析[J].科学学与科学技术管理,2020,41(2):19-32.

[116] 薛镭,杨艳,朱恒源.战略导向对我国企业产品创新绩效的影响:一个高科技行业-非高科技行业企业的比较[J].科研管理,2011,32(12):1-8.

[117] 闫昊生,孙久文,蒋治.创新型城市、所有制差异与企业创新:基于目标考核视角[J].世界经济,2021,44(11):75-101.

[118] 闫娜.管理者角色理论视角下女性领导能力提升策略[J].领导科学,2021(8):80-82.

[119] 颜士梅,吴珊.女性角色特征与领导角色特征的匹配性分析:基于国外相关研究的综述[J].妇女研究论丛,2014(5):118-123.

[120] 杨栋,朴艺芳,赵利军.中国企业管理思维方式变革研究的突破与创新[J].商业时代,2014(31):98-100.

[121] 杨学儒,叶文平,于晓宇,等.哪些创业失败者更可能卷土重来?:基于松-紧文化与制度环境的跨国比较研究[J].管理科学学报,2019,22(11):1-18.

[122] 杨艳玲,郑雁玲,田宇.渐进还是突破?双元创新对新企业绩效的影响[J].科技管理研究,2022,42(9):76-81.

[123] 叶晓阳,丁延庆.扩张的中国高等教育:教育质量与社会分层[J].

社会,2015,35(3):193-220.

[124] 易伟义,余博.区域创新能力提升路径研究[J].宏观经济管理,2012(12):49-50.

[125] 尹苗苗,张笑妍.我国大学生创业能力提升路径探析[J].科研管理,2019,40(10):142-150.

[126] 游志郎,余耀东,韩小明,等.银行高管薪酬的权力诱因与风险后果研究[J].外国经济与管理,2017,39(4):41-51.

[127] 约瑟夫·熊彼特.经济发展理论:对于利润、资本、信贷、利息和经济周期的考察[M].何畏,易家详,等译.北京:商务印书馆,1990.

[128] 曾春影,茅宁,易志高.CEO 的知青经历与企业并购溢价:基于烙印理论的实证研究[J].外国经济与管理,2019,41(11):3-14.

[129] 曾萍,邬绮虹.女性高管参与对企业技术创新的影响:基于创业板企业的实证研究[J].科学学研究,2012,30(5):773-781.

[130] 张爱丽.创业经验一定能促进创业机会开发吗?[J].科学学研究,2020,38(2):288-295.

[131] 张爱丽.试析个人因素与机会因素的匹配对创业机会识别的作用[J].外国经济与管理,2009,31(10):59-封3.

[132] 张长令.完善电动汽车分时租赁模式[J].中国发展观察,2014(11):67.

[133] 张车伟."十四五"中国就业新变化和新机遇[J].新经济导刊,2020(3):45-49.

[134] 张浩,孙新波.网络嵌入视角下创业者外部社会资本对创业机会识别的影响研究[J].科学学与科学技术管理,2017,38(12):133-147.

[135] 张红,葛宝山.创业机会识别研究现状述评及整合模型构建[J].外国经济与管理,2014,36(4):15-24.

[136] 张凯竣,雷家骕.基于成就目标理论的大学生创业动机研究[J].科学学研究,2012,30(8):1221-1227.

[137] 张树满,原长弘.资源型企业技术创新主体作用发挥与自主创新绩效提升[J].科技管理研究,2022,42(8):18-25.

［138］张韬磊，吴燕丹.我国女性体育参与的文化解读与时代特征［J］.武汉体育学院学报，2017,51（4）:21-25.

［139］张婷婷.区域文化、管理者特质与企业财务行为［D］.北京:对外经济贸易大学,2017.

［140］张秀娥，张坤.创业教育对创业意愿作用机制研究回顾与展望［J］.外国经济与管理,2016,38（4）:104-113.

［141］张云亮，冯珺，赵奇锋，等.风险态度对中国城乡家庭创业的影响分析:来自中国家庭金融调查 3 期面板数据的证据［J］.财经研究,2020,46（3）:154-168.

［142］赵龙凯，江嘉骏，余音.文化、制度与合资企业盈余管理［J］.金融研究,2016（5）:138-155.

［143］赵向阳，李海，Andreas Rauch.创业活动的国家（地区）差异:文化与国家（地区）经济发展水平的交互作用［J］.管理世界,2012（8）:78-90.

［144］郑馨，周先波，陈宏辉，等.东山再起:怎样的国家制度设计能够促进失败再创业?:基于 56 个国家 7 年混合数据的证据［J］.管理世界,2019,35（7）:136-151.

［145］中华人民共和国国务院新闻办公室.中国性别平等与妇女发展（2015 年 9 月）［N］.人民日报,2015-09-23（22）.

［146］周翼翔.创业者对创业政策的行为选择机理研究［J］.科研管理,2020,41（9）:142-150.

［147］周泽将.女性报告了更加稳健的会计信息吗?［J］.合肥安徽大学学报（哲学社会科学版）,2012,36（5）:145-151.

［148］祝继高，叶康涛，严冬.女性董事的风险规避与企业投资行为研究:基于金融危机的视角［J］.财贸经济,2012（4）:50-58.

［149］ABRAHAM M. Pay formalization revisited: considering the effects of manager gender and discretion on closing the wage gap［J］. Academy of Management Journal, 2017, 60（1）:23-42.

［150］ALMAZAN A, SUAREZ J. Entrenchment and severance pay in optimal govern structures［J］. The Journal of Finance,2003,58（2）:519-547.

[151] AMICHAI-HAMBURGER Y. Youth internet and wellbeing [J]. Computers in Human Behavior, 2013, 29(1):1-2.

[152] AMORE M D, BENNEDSEN M, LARSEN B, et al. CEO education and corporate environmental footprint[J]. Journal of Environmental Economics and Management, 2019,94:254-273.

[153] ANDERSON H J, BAUR J E, GRIFFITH J A, et al. What works for you may not work for (gen) me: limitations of present leadership theories for the new generation[J]. The Leadership Quarterly, 2017, 28(1):245-260.

[154] ARVATE P R, GALILEA G W, TODESCAT I. The queen bee: a myth? The effect of top-level female leadership on subordinate females [J]. The Leadership Quarterly, 2018,29(5):533-548.

[155] BARBER J S, AXINN W G. Gender role attitudes and marriage among young women[J]. The Sociological Quarterly, 1998,39(1): 11-31.

[156] BARON R M, KENNY D A. The moderator-mediator variable distinction in social psychological research: conceptual, strategic, and statistical considerations [J]. Journal of Personality and Social Psychology, 1986, 51(6):1173-1182.

[157] BART C, MCQUEEN G. Why women make better directors [J]. International Journal of Business Governance and Ethics, 2013,8(1): 93-99.

[158] BEAMAN L, CHATTOPADHYAY R, DUFLO E, et al. Powerful women: does exposure reduce bias? [J]. The Quarterly Journal of Economics, 2009,124(4): 1497-1540.

[159] BERDAHL J L, COOPER M, GLICK P, et al. Work as a masculinity contest[J]. Journal of Social Issues, 2018,74(3):422-448.

[160] BLOCK J H, LANDGRAF A. Transition from part-time entrepreneurship to full-time entrepreneurship: the role of financial and non-financial motives[J]. International Entrepreneurship and Management Journal,

2016,12(1):259-282.

[161] BOOHENE R, SHERIDAN A, KOTEY B. Gender, personal values, strategies and small business performance: a ghanaian case study[J]. Equal Opportunities International, 2008, 27(3): 237-257.

[162] BRIEGER S A, FRANCOEUR C, WELZEL C, et al. Empowering women: the role of emancipative forces in board gender diversity[J]. Journal of Business Ethics, 2019,155(2):495-511.

[163] BROWN R. Social identity theory: past achievements, current problems and future challenges [J]. European Journal of Social Psychology,2000,30(6):745-778.

[164] BYRNE J, RADU. LEFEBVRE M, FATTOUM S, et al. Gender gymnastics in CEO succession: masculinities, femininities and legitimacy[J]. Organization Studies, 2021,42(1):129-159.

[165] BYRNES J P, MILLER D C, SCHAFER W D. Gender differences in risk taking: a meta-analysis[J]. Psychological Bulletin, 1999,125 (3):367-383.

[166] CACCIOTTI G, HAYTON J C, MITCHELL J R, et al. A reconceptualization of fear of failure in entrepreneurship[J]. Journal of Business Venturing, 2016, 31(3): 302-325.

[167] CACCIOTTI G, HAYTON J C. Fear and entrepreneurship: a review and research agenda[J]. International Journal of Management Reviews, 2015, 17(2):165-170.

[168] CALLANAN G A, ZIMMERMAN M. To be or not to be an entrepreneur [J]. Journal of Career Development,2016,33:173-177.

[169] CAMERON A C, GELBACH J B, MILLER D L. Robust inference with multi clustering[J]. Journal of Business & Economic Statistics, 2011, 29(2): 238-249.

[170] CAMPOS-SORIA J A, ROPERO-GARCÍA M A. Occupational segregation and the female-male wage differentials: evidence for spain [J]. Gender Issues, 2016,33(3):183-217.

［171］CARLSON J. Subjects of stalled revolution: a theoretical consideration of contemporary American femininity［J］. Feminist Theory, 2011,12 (1):75-91.

［172］COLLINSON D, HEARN J. Naming men as men: implications for work, organization and management［J］. Gender, Work & Organization, 1994,1(1):2-22.

［173］CROMIE S, HAYES J. Towards a typology of female entrepreneurs ［J］. The Sociological Review, 1988, 36(1):87-113.

［174］DANIELIS R, ROTARIS L, RUSICH, et al. The potential demand for carsharing from university students: an italian case study［R］. 2015, Working Papers SIET 2015-ISSN 1973-3208.

［175］DE MENEZES L M, KELLIHER C. Flexible working, individual performance, and employee attitudes: comparing formal and informal arrangements ［J］. Human Resource Management, 2017, 56 (6): 1051-1070.

［176］DERKS B, VAN ELLEMERS N, et al. Gender bias primes elicit queen-bee responses among senior police women［J］. Psychological Science, 2011, 22(10):1243-1249.

［177］DERKS B, VAN LAAR C, ELLEMERS N. The queen bee phenomenon: why women leaders distance themselves from junior women, leadership quarterly［J］. The Leadership Quarterly, 2016,27(3):456-469.

［178］DOVIDIO J F, GAERTNER S L, SAGUY T. Another view of "we": majority and minority group perspectives on a common ingroup identity ［J］. European Review of Social Psychology, 2007,18(1):296-330.

［179］EAGLY A H, Karau S J. Role congruity theory of prejudice toward female leaders［J］. Psychological Review, 2002,109(3):573-598.

［180］EAGLY A H. Female leadership advantage and disadvantage: resolving the contradictions ［J］. Psychology of Women Quarterly, 2007,31(1):1-12.

［181］EKINSMYTH C. Challenging the boundaries of entrepreneurship: The spatialities and practices of UK "Mumpreneurs"［J］. Geoforum, 2011,42(1):104-114.

［182］ELLEMERS N, Spears R, Doosje B. Self and social identity［J］. Annual Review of Psychology, 2002,53(1):161-186.

［183］ELLEMERS N, VAN DEN HEUVEL H, DE GILDER D, et al. The underrepresentation of women in science: differential commitment or the queen bee syndrome?［J］. British Journal of Social Psychology, 2011,43:315-338.

［184］ELLEMERS N. Women at work［J］. Policy Insights from the Behavioral and Brain Sciences, 2014,1(1):46-54.

［185］ERNST K E, LEWIS S, HAMMER L B. Work-Life initiatives and organizational change: overcoming mixed messages to move from the margin to the mainstream［J］. Human Relations, 2010,63(1):3-19.

［186］ESTRIN S, MICKIEWICZ T, STEPHAN U. Entrepreneurship, social capital, and institutions: social and commercial entrepreneurship across nations［J］. Entrepreneurship Theory and Practice, 2013, 37 (3): 479-504.

［187］FACCIO M, MARCHICA M T, MURA R. CEO, gender, corporate risk-taking and the efficiency of capital allocation［J］. Journal of Corporate Finance, 2016, 39:193-209.

［188］FANIKO K, ELLEMERS N, DERKS B, et al. Nothing changes, really: why women who break through the glass ceiling end up reinforcing it［J］. Personality & Social Psychology Bulletin, 2017,43 (5):638-651.

［189］FANIKO K, ELLEMERS N, DERKS B. The queen bee phenomenon in Academia 15 years after: Does it still exist, and if so, why?［J］. The British Journal of Social Psychology, 2021,60(2):383-399.

［190］FITZSIMMONS T W, CALLAN V J, PAULSEN N. Gender disparity in the C-suite: do male and female CEOs differ in how they reached the top?［J］. The Leadership Quarterly, 2014,25(2):245-266.

[191] FOLTA T B, DELMAR F, WENNBERG K. Hybrid entrepreneurship [J]. Management Science. 2010, 56(2): 253-269.

[192] FRINK D D, ROBINSON R K, REITHEL B, et al. Gender demography and organization performance[J]. Group & Organization Management, 2003, 28(1):127-147.

[193] GOSWAMI A, DUTTA S. Gender differences in technology usage—a literature review[J]. Open Journal of Business and Management, 2016,4(1):51-59.

[194] GUILLÉN L, MAYO M, KARELAIA N. Appearing self-confident and getting credit for it: why it may be easier for men than women to gain influence at work[J]. Human Resource Management, 2018, 57(4): 839-854.

[195] GUPTA V K, GOKTAN A B, GUNAY G. Gender differences in evaluation of new business opportunity: a stereotype threat perspective [J]. Journal of Business Venturing, 2014, 29(2): 273-288.

[196] HAMARI J, SJÖKLINT M, UKKONEN A. The sharing economy: why people participate in collaborative consumption[J]. Journal of the Association for Information Science and Technology, 2016,67(9): 2047-2059.

[197] HENRICH J. Culture and social behavior[J]. Current Opinion in Behavioral Sciences, 2015(3): 84-89.

[198] HENRY C, FOSS L, FAYOLLE A, et al. Entrepreneurial Leadership and gender: Exploring theory and practice in global contexts[J]. Journal of Small Business Management, 2015,53(3):581-586.

[199] HERATH D. Social capital under conditions of ethnic conflict: How does social capital impact on development in micro settings? [J]. Sri Lanka Journal of Social Sciences, 2018, 41(1): 49.

[200] HESSELS J, GRILO I, THURIK R, et al. Entrepreneurial exit and entrepreneurial engagement [J]. Journal of Evolutionary Economics, 2011, 21(3): 447-471.

[201] HOPLAND A O, MATSEN E. STRØM B. Income and choice under risk[J]. Journal of Behavioral and Experimental Finance, 2016,12: 55-64.

[202] HOYT C L, MURPHY S E. Managing to clear the air: stereotype threat, women, and leadership[J]. The Leadership Quarterly, 2016, 27(3):387-399.

[203] HUANG J K, KISGEN D J. Gender and corporate finance: are male executives overconfident relative to female executives? [J]. Journal of Financial Economics, 2013, 108(3):822-839.

[204] HUANG Q H, Gamble J. Social expectations, gender and job satisfaction: front-line employees in China's retail sector[J]. Human Resource Management Journal, 2015,25(3):331-347.

[205] ISAAC C, LEE B, CARNES M. Interventions that affect gender bias in hiring: A systematic review[J]. Academic Medicine:Journal of the Association of American Medical Colleges, 2009,84(10):1440-1446.

[206] JAYACHANDRAN S. The roots of gender inequality in developing countries[J]. Annual Review of Economics, 2015(7):63-68.

[207] JENNINGS J E, MCDOUGALD M S. Work-family interface experiences and coping strategies: implications for entrepreneurship research and practice [J]. Academy of Management Review, 2007, 32 (3): 747-760.

[208] KANTER R M. Men and women of the corporation[M]. New York: Basic Books,1993.

[209] KE S Z. Domestic market integration and regional economic growth— China's recent experience from 1995-2011[J]. World Development, 2015,66:588-597.

[210] KENNEY M, PATTON D. Does inventor ownership encourage university research-derived entrepreneurship? a six university comparison [J]. Research Policy, 2011,40(8):1100-1112.

[211] KERR S P, KERR W R, XU T N. Personality traits of entrepreneurs:

a review of recent literature [J]. Foundations and Trends in Entrepreneurship, 2018,14(3):279-356.

[212] KHAN W A, VIEITO J P. Ceo gender and firm performance[J]. Journal of Economics and Business, 2013, 67:55-66.

[213] KIM and Howard E Aldrich, PHILLIP H. Social capital and entrepreneur-ship[J]. Foundations and Trends in Entrepreneurship, 2005, 1(2): 55-104.

[214] KOBURTAY T, SYED J. HALOUB R. Congruity between the female gender role and the leader role: a literature review[J]. European Business Review, 2019,31(6):831-848.

[215] KOSSEK E E, BUZZANELL P M. Women's career equality and leadership in organizations: creating an evidence-based positive change[J]. Human Resource Management, 2018,57(4):813-822.

[216] KROOK M L. Contesting gender quotas: dynamics of resistance[J]. politics, groups, and identities, 2016, 4(2):268-283.

[217] KWON S W, HEFLIN C, RUEF M. Community social capital and entrepreneurship[J]. American Sociological Review, 2013,78(6): 980-1008.

[218] LANGEVANG T, NAMATOVU R, DAWA S. Beyond necessity and opportunity entrepreneurship: Motivations and aspirations of young entrepreneurs in Uganda [J]. International Development Planning Review, 2012,34(4):439-460.

[219] LESLIE L M, MAYER D M, KRAVITZ D A. The stigma of affirmative action: a stereotyping-based theory and meta-analytic test of the consequences for performance[J]. Academy of Management Journal, 2014,57(4):964-989

[220] LEWIS P. Postfeminism, femininities and organization studies: exploring a new agenda[J]. Organization Studies, 2014,35 (12): 1845-1866.

[221] LEYDEN D P, LINK A N, SIEGEL D S. A theoretical analysis of the

role of social networks in entrepreneurship [J]. Research Policy, 2014,43(7):1157-1163.

[222] LIU J, KWAN H K, LEE C, et al. Work-to-family spillover effects of workplace ostracism: the role of work-home segmentation preferences [J]. Human Resource Management, 2013,52(1): 75-93.

[223] LIÑÁN F. Skill and value perceptions: how do they affect entrepreneurial intentions? [J]. International Entrepreneurship and Management Journal, 2008,4(3):257-272.

[224] LYNESS K S, HEILMAN M E. When fit is fundamental: performance evaluations and promotions of upper-level female and male managers [J]. The Journal of Applied Psychology, 2006,91(4):777-785.

[225] MARTIN E, SHAHEEN S. The impact of carsharing on public transit and non-motorized travel: an exploration of north American carsharing survey data[J]. Energies, 2011, 4(11):2094-2114.

[226] MILLER D, XU X W. CEO long-term orientation and elite university education[J]. Strategic Organization, 2020,18(4): 520-546.

[227] MONTERO J, FUENTELSAZ L, MAÍCAS J P. How the culture of a country explains the social status of entrepreneurs [J]. Universia Business Review, 2018,59(3):76-113.

[228] MOORE J F. Predators and prey: a new ecology of competition[J]. Harvard Business Review, 1993:75-83.

[229] MOTA F P B, CILENTO I. Competence for internet use: integrating knowledge, skills, and attitudes[J]. Computers and Education Open, 2020,1:100015.

[230] MUELLER S L, THOMAS A S. Culture and entrepreneurial potential: a nine country study of locus of control and innovativeness [J]. Journal of Business Venturing, 2001,16(1):51-75.

[231] MYRONIUK T W, VEAREY J. Social capital and livelihoods in johannesburg: differential advantages and unexpected outcomes among foreign-born migrants, internal migrants, and long-term south african

residents [J]. International Migration Review, 2014, 48 (1): 243-273.

[232] NADIN S. Entrepreneurial identity in the care sector: navigating the contradictions[J]. Women in Management Review, 2007, 22 (6): 456-467.

[233] NANDA R, SØRENSEN J B. Workplace peers and entrepreneurship [J]. Management Science, 2010, 56(7):1116-1126.

[234] NASON R S, BACQ S, GRAS D. A behavioral theory of social performance: Social identity and stakeholder expectations [J]. Academy of Management Review, 2018, 43(2):259-283.

[235] NEWMAN A, OBSCHONKA M, SCHWARZ S, et al. Entrepreneurial self-efficacy: A systematic review of the literature on its theoretical foundations, measurement, antecedents, and outcomes, and an agenda for future research[J]. Journal of Vocational Behavior, 2019, 110:403-419.

[236] NG C W, CHIU, W C K. Managing equal opportunities for women: sorting the friends from the foes[J]. Human Resource Management Journal, 2001, 11(1):75-88.

[237] NOGUERA M, ALVAREZ C. URBANO, D. Socio-cultural factors and female entrepreneurship [J]. International Entrepreneurship and Management Journal, 2013, 9(2): 183-197.

[238] OLIVER M B, HYDE J S. Gender differences in sexuality: a meta-analysis, psychological bulletin[J]. Psychological Bulletin, 1993, 114(1): 29-51.

[239] OOSTERBEEK H, VAN PRAAG M, IJSSELSTEIN A. The impact of entrepreneurship education on entrepreneurship skills and motivation [J]. European Economic Review, 2010, 54(3):442-454.

[240] PAWLUCZUK A, LEE J, GAMUNDANI A M. Bridging the gender digital divide: an analysis of existing guidance for gender digital inclusion programmes' evaluations[J]. Digital Policy, Regulation and

Governance, 2021, 23(3):287-299.

[241] PERRYMAN A A, FERNANDO G D, TRIPATHY A. Do gender differences persist? An examination of gender diversity on firm performance, risk, and executive compensation [J]. Journal of Business Research, 2016, 69(2):579-586.

[242] POWELL G N, EDDLESTON K A. Linking family-to-business enrichment and support to entrepreneurial success: do female and male entrepreneurs experience different outcomes? [J]. Journal of Business Venturing, 2013, 28(2): 261-280.

[243] RAAGMAA G, KEERBERG A. Regional higher education institutions in regional leadership and development[J]. Regional Studies, 2017, 51(2):260-272.

[244] RAFFIEE J, FENG J. Should I quit my day job?: A hybrid path to entrepreneurship[J]. Academy of Management Journal, 2014, 57(4):936-963.

[245] RAHIMI B, NADRI H, LOTFNEZHAD AFSHAR, H, et al. A systematic review of the technology acceptance model in health informatics[J]. Applied Clinical Informatics, 2018, 9(3):604-634.

[246] RINDFLEISH J, SHERIDAN A. No change from within: senior women managers' response to gendered organizational structures[J]. Women in Management Review, 2003, 18(6):299-310.

[247] RUIZ-JIMÉNEZ J M, DEL MAR FUENTES-FUENTES M. Management capabilities, innovation, and gender diversity in the top management team: an empirical analysis in technology-based SMEs [J]. BRQ Business Research Quarterly, 2016, 19(2):107-121.

[248] RYAN M K, HASLAM S A. The glass cliff: Exploring the dynamics surrounding the appointment of women to precarious leadership positions [J]. Academy of Management Review, 2007, 32 (2): 549-572.

[249] SANCHIS LLOPIS J A, MILLAN J M, BAPTISTA R, et al. Good

times, bad times: entrepreneurship and the business cycle [J]. International Entrepreneurship and Management Journal, 2015, 11 (2): 243-251.

[250] SCHAEFERS T. Exploring carsharing usage motives: A hierarchical means-end chain analysis[J]. Transportation Research Part A: Policy and Practice, 2013,47:69-77.

[251] SCHAUMBERG R L, FLYNN F J. Uneasy lies the head that wears the crown: The link between guilt proneness and leadership [J]. Journal of Personality and Social Psychology, 2012, 103 (2): 327-342.

[252] SCHEEPERS D. Turning social identity threat into challenge: status stability and cardiovascular reactivity during inter-group competition [J]. Journal of Experimental Social Psychology, 2009, 45 (1): 228-233.

[253] SCHMID K, HEWSTONE M, TAUSCH N. Secondary transfer effects of intergroup contact via social identity complexity[J]. The British Journal of Social Psychology, 2014,53(3):443-462.

[254] SCHMITT D P, LONG, A E, MCPHEARSON A, et al. Personality and gender differences in global perspective[J]. International Journal of Psychology. 2017,52(S1):45-56.

[255] SCHMUTZLER J, ANDONOVA V, DIAZ-SERRANO L. How context shapes entrepreneurial self-efficacy as a driver of entrepreneurial Intentions: A multilevel approach[J]. Entrepreneurship Theory and Practice, 2019,43(5):880-920.

[256] SHAHEEN S A, RODIER C J. Travel effects of a suburban commuter carsharing service: carlink case study[J]. Transportation Research Record: Journal of The Transportation Research Board, 2005,1927 (1):182-188.

[257] SHEPHERD D A, HAYNIE J M. Venture failure, stigma, and impression management: a self-verification, self-determination view

［J］. Strategic Entrepreneurship Journal, 2011, 5(2): 178-197.

［258］SHEPHERD D A, Learning from business failure: Propositions of grief recovery for the self-employed［J］. Academy of Management Review, 2003,28(2):318-328.

［259］SHINNAR R S, GIACOMIN O, JANSSEN F. Entrepreneurial perceptions and intentions: the role of gender and culture ［J］. Entrepreneurship Theory & Practice, 2012, 36(3): 465-493.

［260］SIMSEK Z, FOX B C, HEAVEY C. What's past is prologue［J］. Journal of Management,2015, 41(1): 288-317.

［261］SLATER S F, MOHR J J, SENGUPTA S. Radical product innovation capability: literature review, synthesis, and illustrative research propositions［J］. Journal of Product Innovation Management, 2014, 31(3):552-566.

［262］SOJO V E, WOOD R E, WOOD S A, et al. Reporting requirements, targets, and quotas for women in leadership［J］. The Leadership Quarterly, 2016, 27(3):519-536.

［263］SOLESVIK M Z. Hybrid entrepreneurship: how and why entrepreneurs combine employment with self-employment［J］. Technology Innovation Management Review, 2017,7(3):33-41.

［264］SPIGEL B. The relational organization of entrepreneurial ecosystems ［J］. Entrepreneurship Theory and Practice, 2017,41(1):49-72.

［265］STAINES G, TAVRIS C, JAYARATNE T E. The queen bee syndrome［J］. Psychology Today, 1974,7: 55-60.

［266］STAM E. Entrepreneurial ecosystems and regional policy: a sympathetic critique［J］. European Planning Studies, 2015,23(9):1759-1769.

［267］STETS J E, BURKE P J. Identity theory and social identity theory ［J］. Social Psychology Quarterly, 2000,63(3):224.

［268］STROHMEYER R, TONOYAN V, JENNINGS J E. Jacks-(and Jills)-of-all-trades: on whether, how and why gender influences firm innovativeness［J］. Journal of Business Venturing, 2017, 32 (5):

498-518.

[269] SUN X H, XIONG A L, LI H Y, et al. Does social capital influence small business entrepreneurship? Differences between urban and rural China[J]. The Annals of Regional Science,2023,70(3):819-837.

[270] SUTTON R M, ELDER T J, DOUGLAS K M. Reactions to internal and external criticism of outgroups: social convention in the intergroup sensitivity effect [J]. Personality and Social Psychology Bulletin, 2006, 32(5):563-575.

[271] SWAIL J, MARLOW S. Embrace the masculine; attenuate the feminine—gender, identity work and entrepreneurial legitimation in the nascent context[J]. Entrepreneurship & Regional Development, 2018,30(1/2):256-282.

[272] TOOR S U R, OFORI G. Leadership versus management: how they are different, and why [J]. Leadership and Management in Engineering, 2008,8(2):61-71.

[273] TOOR S U R. Differentiating leadership from management: an empirical investigation of leaders and managers[J]. Leadership and Management in Engineering, 2011,11(4):310-320.

[274] TU S H, LIAO P S. Gender differences in gender-role attitudes: a comparative analysis of Taiwan and Coastal China [J]. Journal of Comparative Family Studies, 2005,36(4):545-566.

[275] VAN DEURSEN A J A M, VAN DIJK J A G M. Modeling traditional literacy, internet skills and internet usage: an empirical study[J]. Interacting with Computers, 2016, 28(1):13-26.

[276] VIAL A C, NAPIER J L, BRESCOLL V L. A bed of thorns: female leaders and the self-reinforcing cycle of illegitimacy [J]. The Leadership Quarterly, 2016, 27(3):400-414.

[277] VILJMAMAA A, VARAMÄKI E, JOENSUU-SALO S. Best of both worlds? Persistent hybrid entrepreneurship[J]. Journal of Enterprising Culture, 2018, 25(4): 339-359.

[278] WANG H N, SMYTH R, CHENG Z. The economic returns to proficiency in English in China[J]. China Economic Review, 2017, 43:91-104.

[279] WANG M Q, MARTIN E W, SHAHEEN S A. Carsharing in Shanghai, China: analysis of behavioral response to local survey and potential competition[J]. Transportation Research Record: Journal of The Transportation Research Board, 2012, 2319(1):86-95.

[280] WAVERIJN G, HEIJMANS M, GROENEWEGEN P P. Neighbourly support of people with chronic illness: is it related to neighbourhood social capital? [J]. Social Science & Medicine, 2017,173:110-117.

[281] WEISS D, FREUND A M. Still young at heart: negative age-related information motivates distancing from same-aged people [J]. Psychology and Aging, 2012, 27(1):173-180.

[282] WYRWICH M, STUETZER M, STERNBERG R. Entrepreneurial role models, fear of failure, and institutional approval of entrepreneurship: a tale of two regions[J]. Small Business Economics, 2016,46(3): 467-492.

[283] YANG N, CHEN C C, CHOI J, et al. Source of work-family conflict: a Sino-U. S. comparison of the effects of work and family demands [J]. Academy of Management Journal, 2000,43(1):113-123.

[284] YUEH L. China's entrepreneurs[J]. World Development, 2009, 37 (4):778-786.

[285] ZALTMAN G, DUNCAN R, HOLBECK J. Innovations and organizations [M]. New York, Wiley: 1973.

[286] ZHANG L, ZHANG Z, JIA M, et al. A tiger with wings: CEO-board surname ties and agency costs[J]. Journal of Business Research, 2020, 118:271-285.

[287] ZHAO K M, ZHANG M, KRAIMER M L, et al. Source attribution matters: mediation and moderation effects in the relationship between work-to-family conflict and job satisfaction [J]. Journal of

Organizational Behavior, 2019,40(4):492-505.

[288] ZHAO K, ZHANG M, FOLEY S. Testing two mechanisms linking work-to-family conflict to individual consequences: do gender and gender role orientation make a difference? [J]. The International Journal of Human Resource Management, 2019,30(6):988-1009.

[289] ZHENG J, SCOTT M, RODRIGUEZ M, et al. Carsharing in a university community[J]. Transportation Research Record: Journal of The Transportation Research Board, 2009,2110(1):18-26.

[290] ZHOU B B, KOCKELMAN K M. Opportunities for and impacts of carsharing: a survey of the Austin, texas market[J]. International Journal of Sustainable Transportation, 2011,5(3):135-152.

[291] ZHOU J P. Carsharing on university campus: Subsidies, commuter benefits, and their impacts on carsharing[J]. Transportation Research Part D: Transport and Environment, 2014(32):316-319.

[292] ZHOU J P. Study of employee carsharing on the university campus[J]. Journal of Urban Planning and Development, 2013, 139(4):301-310.

[293] ZUCKERMAN M. Behavioral expressions and biosocial bases of sensation seeking[M]. Cambridge: Cambridge University Press, 1994.